當代名家旅行文學 90

印度慢吞吞

India in Slow Motion

馬克・涂立（Mark Tully）、吉莉安・萊特（Gillian Wright）◎著
鄭家瑾◎譯

致謝詞

我們要感謝所有在本書旅程中幫助我們的人，特別是I. B.辛格、奧加的馬杜卡爾・沙、馬力歐・米蘭達和他的家人、波席瓦・納隆哈、斐德列克・納隆哈、克勞德・阿瓦雷斯・G. S.拉德哈克里希納、烏岱・馬胡卡、尤瑟夫・賈米爾、普許卡・喬哈里、所有在旅行中給我們時間的人，還有在我們德里的家的小組：辦公室裡的拉維・普拉薩德・納拉揚南、廚房的拉姆・常德和巴布里。

目錄

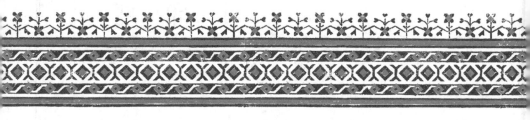

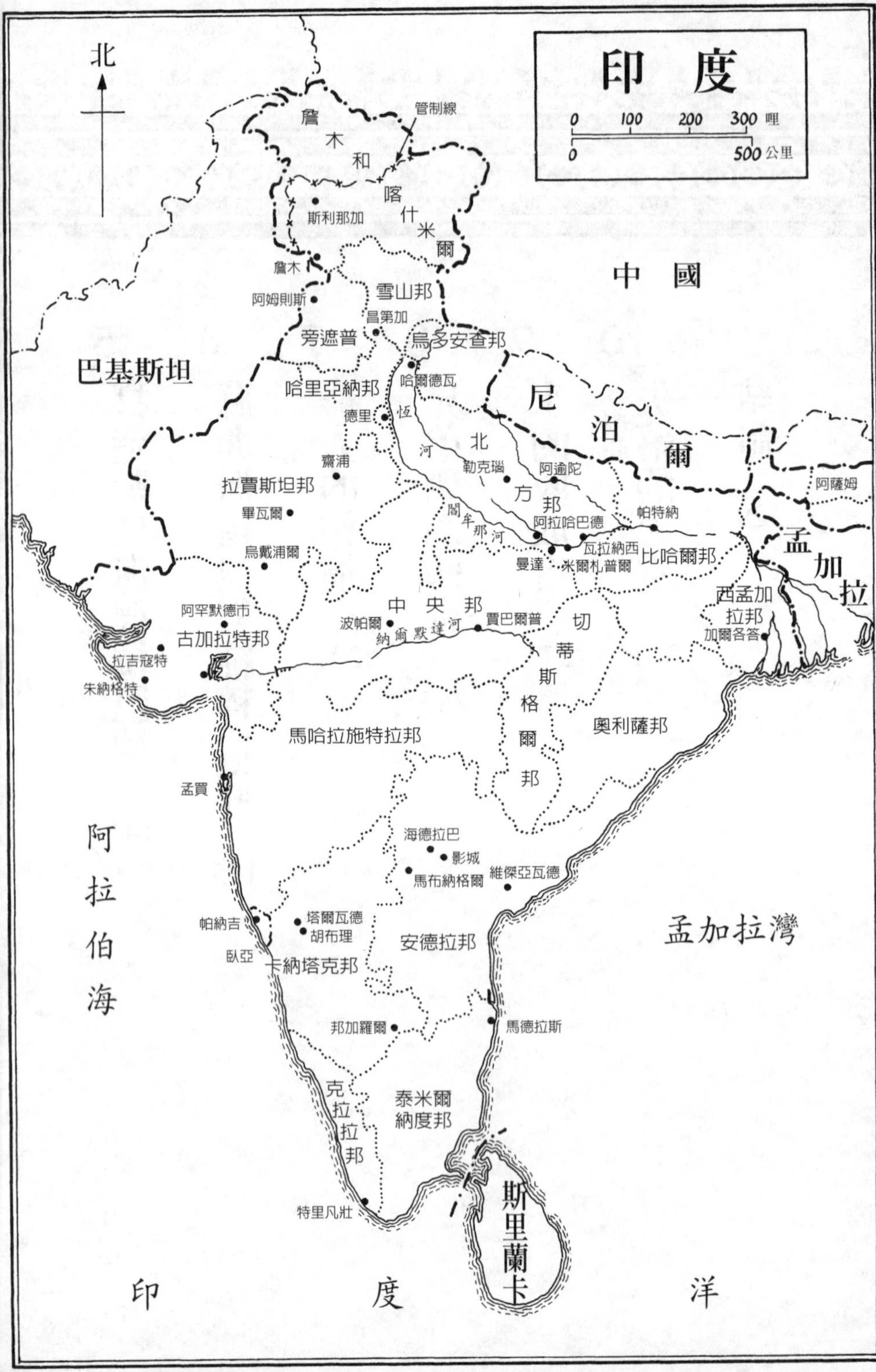
印度
0 100 200 300 哩
0 500 公里
北
管制線
詹木和喀什米爾
斯利那加
詹木
阿姆則斯
雪山邦
昌第加
旁遮普
烏多安查邦
中國
巴基斯坦
哈爾德瓦
哈里亞納邦
尼泊爾
德里
恆河
北勒克瑙方邦
阿逾陀
齋浦
拉賈斯坦邦
畢瓦爾
閻牟那河
阿拉哈巴德
帕特納
瓦拉納西
曼達
米爾札普爾
比哈爾邦
阿薩姆
孟加拉
烏戴浦爾
中央邦
西孟加拉邦
阿罕默德市
波帕爾
賈巴爾普
納爾默達河
切蒂斯格爾邦
加爾各答
古加拉特邦
拉吉寇特
朱納格特
奧利薩邦
馬哈拉施特拉邦
孟買
阿拉伯海
海德拉巴
影城
馬布納格爾
維傑亞瓦德
帕納吉
塔爾瓦德
胡布理
安德拉邦
孟加拉灣
臥亞
卡納塔克邦
邦加羅爾
馬德拉斯
克拉拉邦
泰米爾納度邦
斯里蘭卡
特里凡壯
印度洋

前言

在他們步向歐恰（Orcha）鎮參拜神廟、並於聖河沐浴的路上，一直未發一語。他們是安詳的朝聖者，帶著孔雀羽毛當作旗幟還有舞蹈的道具，而非用來作戰。他們穿的禮服代表喜悅，繫在十字腰帶（cross belts）上的牛鈴叮噹作響，而圍在腰上的紅色和綠色的華麗流蘇躍動著。有些人穿著繡上蓮座叢的背心，有的則戴著色彩繽紛的小丑帽。如果不是因為禁食禁語的那一週還沒結束，他們也一定會大聲地歌頌他們的神明。當印度中部的邦德坎（Bundelhkand）村民的靜默被大聲響起的警報打破時，他們正準備慶祝流傳已久的慶典之一。有個穿著卡其制服的警探用一隻手拉動機車的離合器，並用另一隻手揮舞著，威風凜凜地要求大家退到路旁。在他身後是一輛車頂裝了藍燈的白車，黑色的車牌上面還有一顆星，那是警察總署副督察長的徽章。這支車隊的最後則是一輛滿載制服警察的卡車，他們呼嘯而過，朝聖者則被籠罩在漫天灰塵當中。他們看不出來這個代表著繼承了大英帝國統治主權人物的警察高官，是否甚至願意從垂著簾幕的緊閉車窗裡看一眼他們的狼狽模樣。在等待我們的車通過朝聖者的當兒，我想起一個高級印度官員告訴我的話，「我們的警察只管窮人，那些有錢有勢的他們連碰都不敢碰。」

我們正要去參觀一家由非政府組織在偏遠村落設立的網咖。我們聽說，如果他們還可以從衛星上下載資料的話，那些電腦會更有用。不過有些官僚發現非政府組織必須有網際網路服務供應商二級執照，所以就命令他們拆掉天線。事實上，是政府並不能提供任何與外界的連線。那裡有個公共電話用的無線天線塔，不過村民說好幾年都沒人來維修過電池了。村民自己當然不被允許去觸碰政府財產。我在印度常常注意到，政府本身就是問題，而非解答。

有自己車隊的警官，還有下令拆除天線的官僚，是印度不變的部分；這個印度仍舊籠罩在殖民地官僚的風氣下，這個印度已經變成官僚作風和腐敗的同義字，這個印度被其最傑出的公僕形容成「竊盜主義」（kleptocracy）。根據世界銀行（World Bank）所言，這個印度仍舊有許多社會指標，還是「根據人類發展評估為貧窮」的地步。但是印度仍有其變化之處。在同樣一份報告中，世界銀行也說，從一九八〇年代開始，印度經濟是全世界成長最快的地方之一。印度的民主帶來了社會變革。由於低下階層占了大多數，已經開始掌控政治局面。印度有世故老練的菁英分子，受過完善教育的中產階級也為數不少：他們是律師、銀行家、會計師、學者、工程師、醫生，並受到世界其他地方同樣職業的人欽羨。印度的資訊科技技術聞名全球，民間社會欣欣向榮的印度也成為非政府組織的世界首都。電視從無樂趣的政府宣傳片播放器，演化為多頻道的獨立媒體。一度沉迷於政治面的報章現在不只提供新聞，還有印度生活各個層面的多種觀點，包括那些掌權者的不當行為。

為何印度依然動作緩慢？有一部分的答案就在德里的印度理工學院（簡稱ＩＩＴ）。那是印度潛力的象徵：一流的大學，學生都是印度理工科學生的佼佼者。路米妮・巴亞・那伊爾（Rukmini Bhaya Nair）是個熱烈的人道狂熱分子，負責說服ＩＩＴ的學生除了理工以外還有更多的知識。顯然如果她出差，她得填張表，根據不同版本，她可以申報搭駱駝或獨木舟。這張小小的印刷品也規定了申報蒸氣火車二等車廂（不含餐點），還提到搭乘有軌電車的里程。那麼更為現代化的旅行方式呢？根據路米妮的話：「我們印度政府的職員只是將搭飛機列入可能的運輸方式清單——是最後的選項。」那她的結論又是什麼呢？「雖然我們很嚮往最新的電腦科技、閃閃發光的機器，還一直在討論效率，但是在高科技的ＩＩＴ中的我們，仍舊是歷史的人質。殖民政府令人混亂的儀式還與我們同在，每個人都一樣在纍牘的羅網中徬徨無助。」如果印度政治人物曾專注在印度所面臨的最顯著問題——管治不善（bad governance）上，那些令人混亂的儀式早就可以消滅。但這麼做會與他們自己的既得利益相牴觸，所以他們用種姓制度和教義來分散選民的注意力。

印度失敗的原因有許多種解釋。有的集中在印度的過去、侵略與外國統治的歷史——奈波爾（V.S. Naipaul）曾說這是一個受傷的文明。有人則歸咎於印度的文化和宗教，認為那是宿命論的來源，是一個被種姓制度限制的社會。有的人甚至怪罪天氣，說天氣把人的意志都磨滅了。這些解釋詆毀了印度、印度人、還有被詩人凱薩琳・雷恩❶稱之為「無論是過去或現在，比地球上任何已經發掘的文明都要全面，並形成我們人類境界最高等也最包容的實踐」的古文明。那些批評才是宿命論，他們的說法就是誰都無能為力，所有的缺點都無藥可救，印度注定是個窮困落後的國家。

在這本書裡，我們要反駁印度的基本問題之一，是管治不良此一印度特有的形態。印度總理瓦傑帕伊❷一九九九年對國家發展委員會演說的時候，也承認需要處理管治的問題。他當時承認，「大家通常認為官僚是剝削的使者，而非提供服務的人。貪污變成低風險、高回報的活動。政府官員變動頻仍，加上有限的終身職損害工作道德，並降低誠實官員的鬥志。在期望政府紀律和勤勉的同時，執政者也應對自己的表現自我評判。」三年後，他的政黨成為印度人口最多省份北方邦（Uttar Pradesh）聯合政府的少數黨。該聯合政府由梅亞瓦蒂❸領導，她是一位傑出的政治人物，過去領導政府的時候，有個暱稱叫做「換首長總理」。這次重獲權力之後，她在十天內調動了兩百五十名官員。

這本書裡的故事不只是關於管治不良，而是其背後的原因，還有正在與此奮戰的人們。不像許多其他更稀奇古怪的診斷，我們不認為管治不良是印度一切問題的根源，但不可否認，這的確是一個拖累印度的主因，潛力奇大，卻不為所覺。

【注釋：】

❶凱薩琳・雷恩（Kathleen Raine）：一九〇八～，英國女詩人、評論家。她的詩歌特色是充滿了神秘的幻想氣氛，有時表現在她對蘇格蘭邊區的景色描繪中。她的著作有詩集《石與花》（*Stone and Flower*）、《派瑟涅斯》（*The Pythoness*）、《空山》（*The Hollow Hill*）等；她的文藝批評集有《布萊克與傳統》（*Blake and Tradition*）、《從布萊克到幻想》（*From Blake to a Vision*）、《神的人面像：布萊克與約伯記》（*The Human Face of God: William Blake and the Book of Job*）和《葉慈啓蒙》（*Yeats the Initiate*）。雷恩也出版有三卷自傳，即《別了！歡樂的田野》、《未知的土地》和《獅口》。

❸瓦傑帕伊（Atal Behari Vajpaye）：一九二四～，印度民族黨（BJP）的創始人，也是第一位擔任印度總理的印度教民族主義者。一九五七年他以印度人民同盟（Bharatiya Jan Sangh, BJP的前身）的黨員身分第一次被選進議會，一九七〇年代後期瓦傑帕伊任外交部長，由於改善了與巴基斯坦和中國的關係而建立了名聲。一九八〇年他協助建立了印度民族黨，但他的溫和觀點受到印度教內的強硬派壓制。他是少數幾個站出來反對一九九二年破壞阿逾陀（Ayodhya）古清真寺事件的印度教領袖之一。一九九六年五月，瓦傑帕伊宣誓就任總理，但由於得不到其他黨派的支持，他只在這個位置上待了十三天。一九九八年初，BJP贏得了創紀錄的席次，瓦傑帕伊再度成為總理，但被迫與地方各黨派組成不穩固的聯盟，這些政黨中有許多都反對印

度教民族主義。

❸梅亞瓦蒂（Mayawati）：一九五六～，曾二度擔任印度北方邦首長。

1

重塑羅摩神

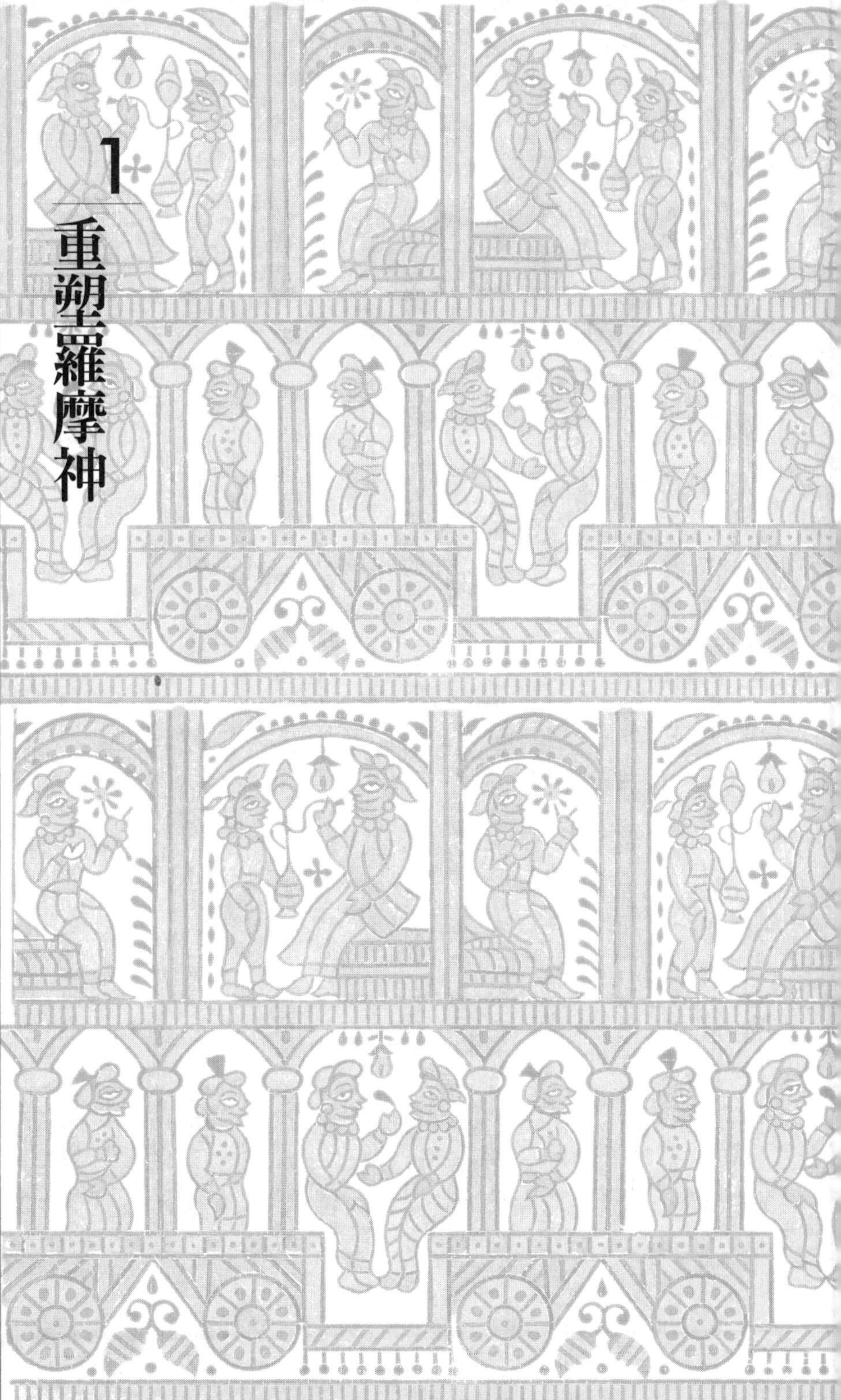

一九九二年十二月六日那天，吉莉和我站在北印度阿逾陀城一個略顯殘破失修的蒙兀兒清真寺的屋頂上；那裡視野相當不錯。阿逾陀乃是一個朝聖之地，因為是羅摩神的故鄉，向來備受尊榮。右翼國家主義者的印度民族黨（Bharatiya Janata Party, BJP）和其姊妹組織世界印度教會議（Vishwa Hindu Parishad, VHP）已經在這裡努力了六年，想拆掉這座清真寺；他們說這個清真寺建在一個標示羅摩神出生地的古老印度教寺廟之上。這一天，印度民族黨和其他的支持組織正開始興建那座印度教廟宇，不過他們已經承諾政府和法庭，那只是一個象徵性的開始，一場宗教慶典，絕對不會去碰清真寺一根寒毛。在我們腳下，穿著橘黃色袍子的印度教行腳僧摩肩接踵地擠在舉行宗教儀式的平台上。穿著卡其色制服的警察則勉力將隨時可能突破竹圍欄的人群推回去。現在已經變成政治性印度教行腳僧的北方邦前警察首長，指揮著那些一度正式受他統領的警察。在警察所認為的清真寺安全距離之外，有超過十五萬人的群眾，有的人已經在清真寺附近紮營十天了，他們用吼叫的方式，向那些威脅要摧毀由蒙兀兒帝國侵略者所建廟宇的演講者表示鼓勵之意。坐在貴賓台上的，是穿著白色寡婦紗麗的前瓜里奧[1]大君之妻，她在聽到清真寺被形容成「奴役的象徵、對印度教的侮辱」時鼓掌致意。坐在她身旁的，是推動阿逾陀活動的政治家拉爾．克里山．阿凡尼（Lal Krishan Advani），但是他卻奇怪地沉默而不表贊同。

綁著淡黃色頭帶的年輕人想要突破圍籬的時候，我們腳底下就開始有麻煩了。警察站著觀望，但是主辦單位請來的那些綁著紅色頭帶的警衛，倒是有試圖阻擋．不過他們還是很快就放棄了，還加入侵入者毆打電視記者的行動，砸爛他們的攝影機、踐踏他們的錄音機。獲得初步勝利的鼓舞，數千人往警察保護的清真寺外緣警戒線前進，大喊「羅摩神勝利」、「我們要在這裡建廟」、「我們不會容忍奴役的象徵」等等。他們喊的話當然少不了暗示憎惡伊斯蘭教徒的口號。塵土高高捲起，搞得沒辦法看清楚發生的事情，不過外緣警戒線似乎馬上就崩潰了，年輕人爬過樹叢、翻過最後的碉堡、衝向清真寺。在刺耳的口號和法螺聲外，我們聽到印度民族黨的領袖用麥克風大喊：「警察別擋路！」他根本不用擔心，警察並沒有要插手的意思。最後一道防線將手中的籐製盾牌舉在頭上，抵擋如雨般落下的石頭，從清真寺撤退。我們看到有個警察推開自己的同事，確保可以率先逃離危險。警察走開以後，有兩個年輕人爬上清真寺的中央圓頂，豎起紅色的旗子，接著開始劈砍上面的灰泥。

這是我們最後一次看到這座由巴布爾❷皇帝所建，被稱為巴布里清真寺（Babri Masjid）的伊斯蘭寺廟。阿逾陀的所有通訊都斷絕了，所以我開車到約十公里外的法札巴德（Faizabad），打電話向倫敦口述我寫的新聞。返回阿逾陀的時候，我被一群憤怒的人包圍，他們喊著：「外國記者！中情局的特工！」他們用印度教的標誌三叉戟戳我，一邊討論該怎麼處置我。有些人想毆打我，但被一個年輕的行腳僧制止。他說服他們把我鎖在廟裡的宿舍。後來和我一起開車到阿逾陀的印度記者也來了。他們拒絕在我被釋放前離開，可是逮捕我的人堅持他們沒有冒犯之處。最後有個當地官員在阿逾陀一個最出名的寺廟住持的協助下，把我們救出來，然後和其他被迫躲避暴民的記者坐在警用卡車中前往法札巴德。那時候清真寺已經是個廢墟了。

鷹派出頭的後果

印度民族黨是印度教派系裡國民志願服務團（Rashtriya Swayamsevak Sangh，RSS）的成員之一。對RSS而言，印度的過去是被外來統治者羞辱的歷史，而未來則掌握在復興印度的驕傲，並與伊斯蘭基本教義派、致力於傳教的基督教平起平坐的統一而富有戰鬥精神的印度教徒手中。自印度獨立以來掌握了多數時間統治權的尼赫魯－甘地國大黨之意識形態，被RSS否定為偽現世主義（在道德倫理上反對宗教的主義）。他們批評最力的是，尼赫魯決定讓伊斯蘭教徒保留他們的家族法，並給予印度唯一伊斯蘭教徒占多數的省份喀什米爾特殊地位。這個教派因為其國家主義式的議題與類似軍事演習的遊行而被指責是法西斯分子。印度民族黨就在RSS的強硬印度教議題及可以得到廣大支持的政策之間游移。摧毀清真寺的行動屬於RSS的議題之一，也表示印度民族黨中的強硬派暫時取得主導權。

印度民族黨讓阿逾陀持續成為注意力焦點達六年之久。他們說服全印度的人奉上興建羅摩神廟的稀有磚塊，用卡車運到阿逾陀。一九八九年的選舉中，拉吉夫．甘地❸對於阿逾陀行動的成功相當警覺，因此他允許擺放該神廟的基石，希望能留住印度民族黨和其他印度教徒的選票；然而並未如願。隔年阿凡尼展開一場長達一萬公里的旅行，駕著裝飾成羅摩神雙輪戰車的車輛，由印度西岸前往阿逾陀；他一停下來，就會針對清真寺發表煽動性的演說。雖然他在抵達終點前就遭到逮捕，但是數以千計的印度民族黨支持者還是成功抵達阿逾陀橫跨聖河（River Saryu）上的橋。一名裸體的行腳僧開著巴士穿越警方堵住入城口的防線。群眾湧過通往清真寺的狹窄通道，突破大門，並在警察開火前於某座圓頂上豎起紅色旗幟。警方說有六人死於警方火力之下，不過印度民族黨宣稱有五十人。第二天，清真寺再度遭到攻擊，這次的傷亡數字，警方稱有十五人，印度民族黨則說有五十九人。

大約一年後，亦即一九九二年，大家都注意到這個問題的政治潛力，而領導少數政府的內閣總理P. V. 納拉希瑪・拉奧❹覺得禁止阿逾陀集會不夠安全，他派遣一百九十五個警隊駐紮在鄰鎮法札巴德。不過因為害怕警方開火會造成印度民族黨遭受迫害的印象，他並未下令保護清真寺。

雖然摧毀清真寺之舉是印度民族黨行動的巔峰，但阿凡尼卻相當失望。印度記者則覺得丟盡了臉。有個評論員說聖雄甘地又被暗殺了一次，另一個則說這是「國恥」；《印度時報》（Times of India）的社論更以「骯髒共和國」為標題。國際媒體偏向印度的現世主義。康諾・克魯斯・歐布萊恩❺在《泰晤士報》問道，「印度會否陷入狂熱分子手中？」《新聞週刊》寫著：「印度教徒與伊斯蘭教徒的古老衝突」。《華盛頓郵報》則指出，「數個世紀的宗教憎恨」加上「現代經濟衰退」乃是清真寺被毀的原因。

印度某些地方的確出現嚴重的暴動。在孟買演變成警察攻擊伊斯蘭教徒。不過由於自從獨立以來發生得相當頻繁，印度在這種動盪中又翻又滾，但依然能度過風暴。暴動最後還是平息，而印度也沒有落入狂熱分子手中。原因之一或許是，事實上並沒有古老的宗教憎恨這種東西。有許多人看待這種理論為殖民地歷史的版本，是造成巴基斯坦獨立建國成為伊斯蘭教徒家園的版本，是需要兩個互相依存的社群相對立的版本。但是像印度教這麼多教派的宗教從未形成一個全印度的統一社群。事實上，有些學者懷疑真的有可以稱之為印度教的東西存在。印度的伊斯蘭教徒也一樣，並不是一個社群，也不一定對印度教懷有敵意。在一篇名為「統合神話」的文章中，印度籍的伊斯蘭教歷史學家穆什魯爾・哈山（Mushirul Hasan）寫道，伊斯蘭教的根深植於印度的土壤中，並引述北方邦的英籍公務員報告說，「伊斯蘭教徒有與印度教鄰居在所有方面同化的強烈傾向」。顯然他發現伊斯蘭教徒穿著印度教徒的服裝，並以羅摩神之名互相問好。在孟加拉東部，另外一個公務員將伊斯蘭教徒與印度教徒的相依和友誼形容為「古老而備受珍惜的傳統」。此說得到孟加拉總督李頓爵士❻的肯定；李頓曾評論過，其統治境內的各社群階層在所有日常生活中相處融洽。雖然這個傳統不適用於RSS，也不能變成新聞記者的好題材，但阿逾陀清真寺被毀事件的後續發展仍顯示這種傳統的存在。

一旦風暴退去，就可以清楚看到清真寺被毀事件與擴大的暴動提高了許多印度民族黨支持者的警覺，並將該黨逼到幾乎沒有其他政黨願意與之往來的絕境。印度民族黨在隔年選舉中輸掉三個執政省份，令此窘況顯而易見。

在阿逾陀成為印度政治所繫重心之前，當地從未成為朝聖路線的主要目的地。雖然羅摩神是印度教中人氣最旺的神祇之一，阿逾陀卻充滿了殘破的大廈式神廟與休憩所，象徵著過去曾為一個伊斯蘭政權首都的歷史。狹窄道路上擠滿的是來回的人力車，而非汽車。這裡沒有旅館，也沒有來住旅館的觀光客，朝聖者只能負擔得起住在廟裡的休憩所。他們來自鄰近村莊與小鎮。阿逾陀吸引不了遠方的信徒，不像濕婆神之城瓦拉納西、傳說中恆河從喜瑪拉雅山下凡所在的赫爾德瓦爾❼、全球最大宗教慶典無遮大會❽舉辦地阿拉哈巴德、或是印度南部據說是全印度廟宇中收入最豐的提魯帕提❾等地。但是清真寺被摧毀後，世界印度教會議便將阿逾陀稱為印度教的梵蒂岡。

世界印度教會議夢想一個印度教的梵蒂岡並不足為奇。這個會議設立的目的是克服RSS認為是印度教缺陷的事物，他們缺乏像教會一樣的組織，且向來懶得勸人改信。首先倡議設立這個會議的聖人欽瑪亞南達（Swami Chinmayananda）說：「我知道宗教組織違背了印度教的根本原則，但是我們要與時間並進。我們看來要在全世界踏入今天、在生命的所有道路上、在奉獻的所有領域、組織的年代……因此在心靈的疆域中，即使個人能夠繼續前進發展，但如果宗教要對社會有所貢獻，那麼組織化是免不了的。」

世界印度教會議派出來說服民眾改信的傳教士想要簡化印度教。就像基督教教會以一個神和一本聖經為基礎來教導簡單的信仰，這些印度教的傳教士著重在羅摩神和《羅摩衍那》⑩。

阿逾陀朝聖

在目睹巴布里清真寺被毀後七年，我們決定回去阿逾陀，看看世界印度教會議建設印度教總部、讓印度教信徒轉向他們的羅摩神、並讓當地成為朝聖者參拜重點的工作進行得如何。我們前往年度主要慶典之一，五俱胝遊行朝聖節（Panch Kosi Parikrama），朝聖者繞著他們相信是羅摩神之城的城市邊緣轉圈。

到了北方邦的首府勒克瑙（Lucknow），我們發現不管印度民族黨對阿逾陀的地位作了什麼，也沒有辦法改善前往當地的通路。那裡還是沒有機場。我們知道有幾班火車前往阿逾陀，但是我們詢問下午的班次時，得到的答案是零班。勒克瑙的鐵路服務中心給我們的忠告是「搭公車」。雖然公車比火車多很多，但是也更慢，而且我們希望在半夜之前抵達阿逾陀，因為根據報紙，當地會被警察「封鎖」，以免交通干擾到朝聖者。所以我們最後選擇搭計程車。

即使搭計程車，日落之後我們還是在路上，而且還被封鎖前往阿逾陀通路的警察所耽擱。規定是說只有大型車輛才會被攔停，但是他們根本把路堵住，不讓任何車輛通過。當我問警察為什麼卡車泊在路中間的時候，他的回答是：「他們不是泊車，是被攔停的。」

「對，」我同意警察的說法：「但是如果讓他們停到路邊去不是更好嗎？」

「我想是這樣。」警察嘟噥著，然後就走開，而卡車還是在原地不動。

我們最後終於穿過路障，但是為了怕和警察有更多不愉快，我們決定留在比較大、也是地區重鎮的法札巴德，反正那裡離阿逾陀只有幾公里。我們訂了山．伊．阿伐德（Shan-e-Avadh）旅館，當然不會是五星級飯店，但是相當不錯。在阿逾陀清真寺被毀的時候，那裡是來自全球媒體的聚集之處。

隔天早上，我們又和警察起了爭執，因為他們堅持我們最後幾公里得用走的，不過後來我們還是到了聖河上唯一通往阿逾陀的橋。阿逾陀就在前方。清真寺細長的光塔還是鶴立於神廟諸塔之上，有的如尖塔般傾斜，有的彎向某一點，有的則遞減成楔型。作為政府「美化阿逾陀」活動的一部分，或許也是唯一的一部分，河岸邊的廟宇上了油漆，看起來像粉紅色的砂岩。節慶已經開始了。川流的朝聖者踏上前往當地的路，警察則從高高的監視塔往下監視。公眾廣播系統播出走失兒童的名字，同時還有給家長的忠告：「請在孩子的口袋裡放一張寫上名字的紙條，我們找到一個不知道自已名字的小女孩。」

我們加入遊行朝聖者，不過我得羞愧地說，我們並沒有像他們一樣光腳。過了不久，我們就被問到那不可避免的問題：「你是哪國來的？」第一個問我們的人給我們的印象是，或許阿逾陀的慶典已經從本土慶典進步到國際性慶典。他是個年輕人，說自己搭了十三個半小時的公車與火車，從全球唯一印度教國家尼泊爾首都加德滿都前來。他又繼續說：「當我還小的時候，許多長者告訴我每天早晚要拜祭羅摩神，而我也照辦。」許多西方基督教家長與神職人員一定希望要啟發年輕人心中信仰長存可以總是這麼簡單。

我們誤認一個頭髮剃到只剩腦後一撮聖髻，穿著黃袍的年輕人是行腳僧，如果他還不是世界印度教會議的會員，也是他們亟欲吸收的對象。不過他很堅定地跟我們說他不是。他是個婆羅門，正在接受訓練，要步上父親的後塵當個祭司，並能執行可以透過生活去彰顯正統印度教的所有儀式。他來阿逾陀學習梵文。

有兩個未能悄悄混入朝聖行列的男人在聽我們的談話。當吉莉告訴他們，她已經從他們緊身獵裝的制服發現他們是情治人員的時候，他們就跑了。

那個年輕的婆羅門對於羅摩神廟的爭議毫無興趣。「那是政治，」他說，「我對政治沒有深入了解，所以我覺得我並不適合評論。我只想成為一個完美的婆羅門。」他說得一口漂亮英文，也很明白他的野心可能看起來相當過時。「現在是新時代，」他說，「我知道。科學教育很重要，但是我們不能忘本，還應該引以為傲。」

人潮穿過阿逾陀的大街，然後又步下廟宇間的巷道。我們坐在小店鋪外面看著川流不息的人群。宗教在印度不只對老人有吸引力。抱著孩子的年輕母親、肩上背著孩子的父親、從老至幼的村民，他們的服裝滿布塵埃，頭上頂著食糧和烹飪用具，還有打扮入時的中產階級家庭，全都意志堅定地邁向目的地。兩個穿著牛仔褲、聽著隨身聽的男孩超越一個大腹便便、志得意滿，可能是個政客的男人。一個女人駐足，用手從我們身旁的水龍頭接水餵她的孩子喝。兩位年長婦女撐著枴杖蹣跚而行。一個年輕男子每走一步都要用手抬起一條癱瘓的腿，勉力趕上他的同伴。數不清的行腳僧穿著鬆垮的袍子，頭髮鬍鬚雜亂無章，扛著棍子和裝滿聖河之水的小缽。有一隊行腳僧是由一個明眼人帶著兩個盲人組成，他們撐著手杖，以極快的速度通過。另外還有兩名穿紅袍，發誓守貧守貞的婦女。兩名當地的記者停下來和我們說話。當我問到RSS的成員在這次朝聖中扮演什麼樣的角色時，他們指出，沒有人繫著象徵他們的紅色頭帶，也沒有人叫喊他們的口號。

我們繼續前進，拋下小店的主人。他還在揉著因幾天前完成更長朝聖之路而腫脹的腳。他說，「我們累得要死，覺得再也跨不出下一步，然後我們看到其他人的熱情，我們就說走吧（chalo）。阿逾陀有種力量，不管一個人有多壞，到了這裡就是好人。」

五面神哈努曼（Hanuman）是羅摩神忠心、能幹、有效率的猴神部下。當我們抵達祂的神廟，我們看到一條橫越道路的橫布條寫著：「國家能源部長拉魯・辛吉，誠心歡迎所有無私奉獻給羅摩神的人」，那是我們第一次看到印度民族黨活動的跡象。在神廟之外，有一個由印度民族黨的青年支部所擺設的小攤子，提供免費茶水給朝聖者。有個年輕人堅持，「這個設施一定對你有用，」所以我們坐在披覆著該黨色彩的帆布棚下喝茶，還有人介紹青年支部的負責人利希克希・烏帕迪亞亞（Rishikesh Upadhyaya）給我們認識。他很驕傲清真寺被毀的時候他人在現場，但他沒有要說明自己所扮演角色的意願。看他鬍子刮得乾乾淨淨，穿著整齊的襯衫西褲，很難想像他是那天聚集在清真寺旁、在阿逾陀的巷道中穿梭、對伊斯蘭教徒叫囂下流口號的暴徒之一。當我問他，是否也為印度民族黨沒有實現確保不傷害清真寺而只是從那裡開始宗教慶典的承諾感到驕傲時，他的回答是：

「印度民族黨沒有毀掉清真寺，是那些信徒的靈魂幹的。」一個板著面孔的男人把牛奶從紙盒中倒入一大鍋茶裡，補充道：「印度民族黨如果試圖阻止，也會被摧毀。」那件事情已經過了六年，但是神廟的磚頭一塊也沒放上去。但是利希克希．烏帕迪亞亞向我保證，在二〇〇一年的遊行朝聖節前神廟會蓋好。他的預測並未實現。二〇〇一年什麼事情也沒發生，二〇〇二年世界印度教會議想為神廟的建設搞個慶典式的開始，但是事前就被政府阻止了。

我們決定繼續和朝拜的人潮一起前進，並再度加入朝聖者的行列中。他們意志堅定地前進，決心要完成這趟路程，甚至很少轉頭去看他們經過的神廟。我們到達了世界印度教會議的總部。一個大花園的大門關著。裡面有幾個世界印度教會議的神職人員坐在樹下聊天。朝聖者對他們沒有什麼興趣，他們對這趟傳統朝聖之旅也沒什麼興趣，因為這趟路程經過太多不同的神廟，信徒的信仰也各有不同。他們只宣揚提倡一座神廟和一個羅摩神。他們經過一個工廠，裡面的石匠正在雕刻著砂岩，為神廟建築開工的時候所用的柱子作準備。這在朝聖者中引起一陣喧鬧，因為反對印度民族黨政府的人要求停止這些準備工作，但是阿逾陀的人似乎並不特別為這些事情感到困擾。我們遇到兩個打扮成羅摩神與其妻悉多的年輕人，頭上戴的皇冠比他們自己還高，坐在路邊的雨棚下，舉起手祝福。他們引起一些朝聖者的興趣，面前的金屬乞討碗中也得到一些硬幣。不過大部分阿逾陀朝聖者能給的硬幣還是輔幣派沙⓫，他們給不起盧比。

我們離開朝聖路線，走到清真寺舊址，發現我們是唯一的參觀者。由於我們沒有護照，警察不讓我們穿過重重防衛去看現在豎立在那裡的羅摩與悉多的神像。當吉莉問他們：「參拜神明還需要護照嗎？」他們並不覺得好笑。

我們失望地回頭，穿過神廟外一些完成朝聖，正在休息的村民。有位年長的婦人正在揉她的腿，男人們則躺下來。他們每年都從鄰近的哥拉克浦區（Gorahkpur）的某個村落，組團前來參加慶典。這個團隊的領導者忠貞支持著印度民族黨的對頭，甘地家族的國民大會黨。「對，」他說，「蓋個神廟是很重要的。伊斯蘭教徒掌權的時候把我們的神廟給毀了，那我們掌權的時候為何不能為自己的神找個地方？」

所以那天結束的時候，我們就不能再說沒人對興建神廟有興趣，可是那不是朝聖者心裡最重要的事情。重要的還是超過羅摩之城邊界的老傳統。同時並未有證據顯示這場朝聖有吸引到遠方的信徒。

我們走回阿逾陀的市中心，前往我們當晚投宿的廟宇卡南克宮[12]。該廟信託基金會的主席，歐恰的土邦王公（Maharaja）馬德胡卡．沙（Madhukar Shah）好心地安排我們住在這裡。身為王公的客人，我們得到超貴賓級的住宿：自用兩間大臥室，地上鋪著厚厚的棉質床墊，還有個用鐵絲網圍起來擋蚊子和猴子的陽台。簡單的廚房中有個從當地市場借來的廚子坐在地上切蔬菜。由於害怕猴子，他把蔬菜藏在衣服底下帶進休憩所。

這位王公已經告訴過我們，這座神廟是由他的太祖母所建；而她收集銀盧比來「從事宗教事業」。這位王妃不信任當時的銀行體系，所以全部的銀盧比都被運來阿逾陀蓋廟。建築工程歷時十二年，在一九〇一年完成。王公仍舊握有阿逾陀英國副註冊官簽名，蓋有維多利亞女王印璽的證書。他的家庭買下一些村莊，方便維修這座神廟。獨立之後的土地改革奪走了大部分來自這些村莊的收入，但是信託基金會每年還是可以收到二千三百盧比。為了填補快用光的基金與維持廟宇所需的成本之間龐大的差距，信託基金會目前得仰賴捐獻。

我們打開行李的時候，響起了敲門的聲音，有個靦腆的男人自稱名為阿杰・庫瑪爾・裘奇哈里亞（Ajai Kumar Chhawchharia），是該廟管理部成員，被王公派來照顧我們。他瘦到幾乎可稱之憔悴，矮小但有張細緻如學者般的面孔，戴著厚厚的眼鏡，灰髮剪得很短，白色寬鬆的睡褲之外套著一件褐色的襯衫。如同在印度常常發生的狀況一樣，他讓我自覺巨大而且笨手笨腳。

坐在陽台上啜飲甜茶是大多數關係建立的開端，他告訴我他負責管理寺廟的帳簿。了解彼此的下一步是發現阿杰來自孟加拉。他的名字不是孟加拉語，所以我猜他是馬爾瓦爾人（Marwari）。他們是個主要由錢莊組成的社群，來自拉賈斯坦邦，在印度獨立後移民到孟加拉，並在當地開枝散葉，最後在尼赫魯的社會主義與旗下的官僚制度令原來英國人開設的企業經營不下去的時候，買下了這些企業。

阿杰證實他的父親是個有錢的馬爾瓦爾人，把木材賣給煤礦。阿杰自己在學校和大學的表現也很好。他拿到稅法的學士後證書以後，被大型旅館集團塔傑（Taj）選為見習經理，可是最後他還是回到了家族事業。回去後，他發現父親得付給國營煤礦的員工所欠款項的百分之十，才能拿到應收款。如果他只有出十輛貨車的木材，他得收十二輛貨車的錢，去應付全部取得業務所需的賄賂，還有拿到貨款。厭惡這種腐敗的阿杰於是放棄了一切，跑到阿逾陀來過著獨身生活。

「你為什麼要採取這麼極端的做法呢？」我問他：「畢竟以你的資歷，還是有許多條路可以選擇呀。」

「好吧，你可以說我從小就非常虔誠，所以我想這件事情一直在我內心深處。我崇拜羅摩神，他是我的家人、父親、兄弟、朋友。」

「但是你現在有可能已經是間豪華皇宮旅館的經理，以後會成為王公。你不會後悔嗎？」

「不，」他毫不猶豫地回答：「現在我就在照顧羅摩神的皇宮。」

阿杰堅持他的羅摩神和世界印度教會議的羅摩神不同。所以到底這些不同的羅摩神是打哪兒來的？到底有幾個？在婆羅門祭司專用的神聖語言——梵語裡，《羅摩衍那》的版本就超過二十五種。此外還有數不清的其他語言傳頌這個史詩。幾百年來的不同版本中，主人翁也隨著時間和敘述者的目的而有所變化。有個傳說的內容是，猴神哈努曼來到下界為羅摩神尋找遺失的戒指。哈努曼驚險地躲過被羅剎之主羅波那吃掉的下場，之後魔王羅波那給他看一個上面有幾千個戒指的盤子，並且叫他從裡面找出羅摩神遺失的戒指。但是哈努曼不知道哪個才是正確的戒指。魔王羅波那就說：「羅摩神之多就有如這個盤子上的戒指。每當羅摩的化身告終，他的戒指就掉到我這裡來。你回到地上後找不到你的羅摩神，因為他這一階段的化身結束了。」

大部分的學者同意隱士蟻垤（Valmiki）的梵語《羅摩衍那》是現有最早的版本。他說，身為阿逾陀王朝繼承人的羅摩被父親最寵愛的妃子奪去繼承權。當國王遜位時，這位妃子說服國王選擇自己的兒子為繼位者，並放逐羅摩。羅摩心甘情願地接受了父親的決定，帶著自己的妻子悉多和兄弟拉克希曼（Lakshman）隱居在森林中。悉多在那裡被魔王羅波那綁架到楞伽島上。羅摩得到哈努曼和他的猴子軍隊的幫助，殺了羅波那並救回悉多。他回到阿逾陀，而他的兄弟樂於再度看到他，並交還大權。當羅摩流亡的時候，他的兄弟拒絕接位，而是把羅摩的御履放在王座上，還告訴大家他只是攝政而已。羅摩成為賢君。古印度的傳統非常民主，國王要是沒有盡到責任就無權統治人民，因此羅摩常常在夜幕低垂之時微服出巡，考察民眾對他統治的意見。有一次他聽到一個洗衣人說，羅摩不應該把悉多帶回來，因為悉多和其他男人在一起過。就算悉多經過火焰的嚴厲考驗，證明自己的清白也一樣。羅摩聽從了民眾的判決，把悉多送回森林去。

阿杰說的《羅摩衍那》並沒有包括蟻垤版本的最後一段——也就是悉多的放逐。阿杰的母親過去唸給他聽的是十七世紀由詩人屠悉達思（Tulsi Das）所寫比較新的版本。被印度教徒尊為聖人的屠悉達思在阿逾陀開始撰寫《羅摩衍那》，但是後來他搬到瓦拉納西去。他把自己所述的羅摩史詩命名為「羅摩修心」（Ramacharitmanas）。蟻垤用祭司所用的梵語寫作，但是屠悉達思的《羅摩衍那》用印地語的一種方言阿瓦提（Avadhi）寫成。這種語言是民眾的語言，因此他的版本也變成民間傳頌的史詩。到現在，這可能仍舊是北印度影響力最大的書。婆羅門並不樂見自己再也不能獨占《羅摩衍那》，他們也不喜歡屠悉達思所強調的個人對羅摩神的奉獻，因為這會消滅他們所進行的儀式的重要性。根據傳統，他們決定要在瓦拉納西最神聖的濕婆神廟測試《羅摩修心》。這本書被放在印地語經典——四本吠陀本集的下面過夜。第二天早上，《羅摩修心》被發現變成在吠陀本集的上面，從此被視為吠陀本集的精髓。

屠悉達思按照個人奉獻的傳統塑造這個無上崇高的存在。所以他的羅摩神的神性從一開始就已經樹立。蟻垤的羅摩在殺死魔王之前根本沒有意識到自己是個神。殺死魔王之後他才知道自己是毘濕奴的化身。對屠悉達思而言，羅摩是個「仁慈的主人」，「憐憫我們的乾渴」、「是親切與溫柔的海洋」、「無形無影的永恆精神」。然而同時羅摩又變成一個不愛信徒有如「水結成冰」一樣的男人。他「居住在所有與眾人為友、對眾人友善的人心裡；對他們來說愉悅和痛苦、讚美與虐待都很相似，他們小心翼翼地說出什麼兼具真實與仁慈」。

羅摩神一定住在阿杰的心裡面。他告訴我們他愛「他的羅摩神」。他「和羅摩神之間的關係並沒有正式條約」。「這樣就夠了，」他說：「如果在提及羅摩神之名的時候你會打冷戰且汗毛直豎的話。」他希望死在羅摩神的懷裡，以祂的雙臂為枕。

我們前往參觀卡南克宮的羅摩神像，也就是我們認為阿杰所信奉的羅摩神。臨走之前阿杰拿起手杖作為武器。以一位舉止溫和的人來說這似乎很令人訝異，不過阿杰解釋這是為了「威脅猴子」。「你要非常小心猴子。」他說：「你不能真的打到牠們，否則牠們會攻擊你，可是牠們如果看到你有手杖，就不會接近你。你能做出最糟糕的事情是直視牠們的臉，不要對牠們微笑，否則牠們會非常生氣。」

在阿逾陀，露著紅色屁股的恆河猴多到足以讓哈努曼組成幾支猴子軍隊。肚子底下垂掛著嬰兒的猴子媽媽突襲沒有防備的朝聖者，搶走要供神的水果；年輕的猴子攀爬電線桿，或是幫彼此捉跳蚤，顯示「猴口」問題越來越嚴重。但是沒有人敢在阿逾陀採取任何行動，畢竟在這裡，哈努曼的地位僅次於羅摩神和其妻悉多。

我們安全地穿越工廠，踏上階梯，穿越一個裝飾華麗的拱門，進入一個鋪著黑白大理石的中庭。中庭的周圍是兩層樓的白色建築，屋頂還蓋著小型的圓頂帳篷。神廟其實可以是廣受觀光客歡迎的拉其普特皇宮旅館之一，而阿杰可以是它的經理。大眾夜禱儀式在中庭遠方挑高的大廳舉行。我們交叉著雙腿坐在地板上，面前是遮掩著神像所處神龕和神像本身的布簾。當牆上一個毫無裝飾的電子鐘指針接近晚間禮拜的時間，信徒們安靜下來。布簾拉開，露出神像，前面還站個祭司，一手拿著鈴杵，另外一隻手拿著油燈；油燈是由浸在水牛奶油裡的七根棉毛燈芯所燃亮。許多信徒拜倒，可是阿杰沒有。「我不低頭鞠躬，」他悄悄說：「因為我當羅摩神是我的兄弟多於我的神。」

不像那些充斥在阿逾陀狹窄巷道中，故意披頭散髮的行腳僧，這個祭司是個清秀的年輕人，他滑順的黑髮上了油，修剪得很整齊；他的無領上衣和纏腰布乾淨而且燙過。當他一邊吟誦著梵文祈禱詞，一邊把燈在神像前面打圈時，火焰跳動著。在裝飾華麗的金色天棚下坐著三對羅摩夫妻的神像。最大的一對中間用一個很大的金盞花花圈連起來；最小的那對要不是阿杰指給我看，我恐怕就看漏掉了。祭司手裡鈴杵的叮噹聲，幾乎淹沒在同時響起的廟鐘吭啷響聲、旨在敲擊更多鐘響的電動馬達驅動的希瑟．羅賓森⓭器械之噪音、鐃鈸鏘鏘聲、擊鼓的聲音之中。阿杰在我耳邊低語道：「我不喜歡這玩意兒。照這樣發展下去，很快會出現自動化的晚間崇拜。」

信徒們癡迷地看著羅摩神與悉多的容貌，而祂們空白、黑色的杏仁狀眼睛回瞪著信徒。印度教的肖像鮮有表情出現。就在我們前面有個穿著卡其上衣的年輕人熱烈地對著他的念珠說話。儀式之後他介紹自己是「羅摩神的警衛」。他是個巡官，來自被派來保護清真寺和那邊的羅摩與悉多神像的十四個警隊。「我只站在羅摩神這邊，」他驕傲地說。

阿杰對羅摩神的態度並不完全一致，我們發現這件事是在晚間禮拜後，他帶我們到存放羅摩夫妻服裝的房間之時。羅摩夫妻每天都要換衣服，而阿杰負責照管祂們的衣物。雖然他因為視羅摩為兄弟，所以沒有拜倒神像面前，但是他帶著最大敬意來處理羅摩夫妻的衣物，並說：「我喜歡做這件事情，因為我在觸碰我主所穿的衣服。」晚間禮拜的時候，我發現羅摩神戴的是帽子而非皇冠，因此嚇了一跳。阿杰解釋，白天羅摩神戴皇冠，是因為在執行官方任務；到了晚上是放鬆的時候。

「你也會注意到，」他說：「通常羅摩神和悉多是站著，但是在這裡祂們坐著，因為卡南克宮是祂們的家。這也是為什麼通常和羅摩一起出現的兄弟拉克希曼也不在這裡。你可以看到我們的習俗，叔伯不可以進入嫂子或弟婦家。」

根據傳統，卡南克宮是羅摩和悉多剛結婚之後所居住的皇宮。那是拉席克派（rasik）印度教徒的神廟。對他們來說，羅摩是個沉醉在對自己新娘愛意中的年輕丈夫，而他們以悉多愛慕羅摩的方式回敬。他們的愛是女性化的，是一位年輕新娘對自己高貴英俊的丈夫的熱情。當祭司執行晚禱的時候，他會蓋住自己的頭，象徵他以女性身分來崇拜羅摩。雖然阿杰把自己的全部生命奉獻在卡南克宮侍奉羅摩神，也分文不取，但是他並非拉席克派信徒。「我跟教派一點關係都沒有，」他堅持，「我只跟隨我的羅摩神，如此而已。我甚至不會說我自己是個印度教徒，因為如果羅摩神是個伊斯蘭教徒，我就是個伊斯蘭教徒。我愛的是我的羅摩神，不是其他人的。」從服裝間我們再往上爬樓梯，來到羅摩夫妻居住的私人房間。

在三樓，位於密室上方有個天花板很低的房間，裡面有張銀床，四周都開放，但由小房間所圍繞——角落有把吉他的音樂房、餐廳、一個有棋盤的娛樂房、浴室、有裝皇冠用櫃子的衣物間，甚至還有個房間給那些準備檳榔的人，好讓他們在羅摩神夫妻用完餐後奉上給祂們嚼。阿杰告訴我們，神像是不會被帶到房間裡的，但是羅摩神每天都會收到祭品和信件，有的是親自奉上，有的則是用郵寄。那些東西晚上就會被拿到私人房間，隔天再拿去浸在河裡。「羅摩神有的時候會回信，」阿杰說著將我們的注意力轉移到臥室牆上一封裱框的信。那是羅摩神用印地文回給斯利馬提·荷姆拉塔·戴維（Srimati Hemlata Devi）的信，我和吉莉都看不懂。阿杰仔細地把意義拼湊給我們聽：

我來到你的花園，親愛的
就在每天的清晨。
我很愉悅，並取悅你。
來我的皇宮，
我的房間，親愛的
在十一月（the month of Magh）前來
夜晚時分我會呼喚你
來吧，伴侶（Sakhi）
來我的皇宮，
來吧，一定要來
在黑暗的時分
不要忘記。

隔天早上我們被信徒以一致、和諧地吟唱「悉多羅摩、悉多羅摩」的清晨合唱所喚醒。不過沒多久，攤子所播放的錄音帶聲音就把合唱給淹沒了。在清真寺被毀了以後，就有一堆侮辱伊斯蘭教的錄音帶湧入阿逾陀。經過七年之後的現在，那些語氣似乎比較緩和了。我們買的某捲錄音帶甚至形容那件事情是「黑暗的一天」。早餐是香蕉和麵包，沒有蛋——這是理所當然的，在卡南克宮不允許肉類進入。吃完早餐之後，阿杰來接我們去看一個拉席克派信徒。

複雜的印度教

那位拉席克派信徒，蘇妮塔・莎絲特利（Sunita Shastri）博士住在拉克希曼神廟。前往神廟的路上，我們的車被潘達（panda）所包圍。他們是擔任嚮導的祭司，所負責的朝聖者若有捐獻，還可向廟方收取佣金。他們提供我們服務的價碼是一千盧比一天。「看吧，」為此很不悅的阿杰說：「你們想找個潘達來當嚮導，我就跟你們說過他們都是流氓。一天一千盧比，這比大部分印度人一個月賺得還多。」

莎絲特利博士的房間位於拉克希曼神廟建築群高處一個通風的角落，那裡被稱為堡壘（qila），外型也像。那就位於聖河的岸邊，從城牆邊我們可以清楚地看到阿逾陀的聖城被聖河所包圍。從河上和廣袤的沙岸上有風吹拂著我們。夏天時，沙岸種著蜜瓜。

穿著鑲藍邊的閃亮白色紗麗的莎絲特利博士把黑髮紮成一個圓髻。她相當豐滿，看起來很像是有小孩的豐滿母親，不過她實際上是個獨身的傳道人。雖然她承認女性傳道者相當稀有，可是她說：「過去女性曾經教導國王四吠陀⓮，現在你看看情況變得怎樣。我們以前從來不戴面紗，那是在中世紀的時候傳入的，特別是受到伊斯蘭教徒的影響，但是現在你還是可以看到印度教婦女戴著面紗。」

莎絲特利博士的父親是個銀行經理，在他的上師（guru）叫他以梵文而非英文來教導女兒，俾使她們在就業與婚姻都能得到較好前景以後，就想辦法調到瓦拉納西。在那裡，莎絲特利博士遇見她的第一個上師，並下定決心要成為一個好學者，但是那時她並未有任何成為禱者的志願。當我問她為什麼會有這個念頭的產生時，她說：「《羅摩衍那》裡有提到，命運會帶你找到命中注定擁有的東西。」現在她行履全印度述說《羅摩衍那》的故事，以及從中所得到的教訓。這是祈禱的傳統方式。

莎絲特利博士再次印證印度教的複雜程度，還有要嘗試區別或定義學派、分類教派有多麼困難。培養她的上師是香卡（Shankar）或是濕婆神的信徒。而她最後成為羅摩神的信徒，但羅摩神是毘濕奴的化身。對外人來說，這兩種神非常不同。保護之神毘濕奴，是一位很重視法的神祇，有命令全世界的權力，萬一混亂出現，祂就會下凡來撥亂導正。但是破壞之神濕婆神看起來位於比物質宇宙更遠的地方。傳統上，毘濕奴（rispu）的信徒被稱為Vaiṣṇava，而濕婆神（Śira）的信徒則稱為Śaiva，不過實際上，許多印度教徒發現同時崇拜這兩個神才比較自然。莎絲特利博士發現這兩者的神學的確有所不同，可是她說：「我們都像是裝著聖河之水的小缽。我們看起來不一樣，但是把水倒回河裡又會合為一體。你知道通往卡南克宮有四條路，然而你也知道它們殊途同歸。我們所有的傳統都接受這件事情。」

讓事情變得更複雜的是，莎絲特利博士說我們被誤導了，她並不是拉席克派信徒，但是同時她也建議我們可以閱讀一本她為了紀念曾是拉席克派信徒的上師而編撰的書，去進一步認識這個教派。在這本書裡，有個拉席克派信徒直言，「現在我成了羅摩神的新娘……我已經祈求要經歷悉多之夫的愉悅。」

我們也發現一首描述拉席克派信徒和羅摩神的關係可以有多麼情緒化的詩。

隨著強力而誘人的動作，在與心愛的人相見之後，在給予彼此性愛樂趣的精華之後，你，尋求滿足的女人，你應該成為環繞在愛人頸上的項鍊。

合體之時，你是他而他是你，不會有第二個。

就像河裡的水流入海中，它們再也不是分開的兩者，而是融為一體。

在文學、雕刻、崇拜中，印度教徒通常會將神聖和感官結合。

對許多羅摩神的信徒來說，拉席克派信徒的崇拜方式可說是個醜聞。他們的神主要是道德的模範。毫不出奇地，在維多利亞時代統治印度的英國人為羅摩神而著迷。葛洛思（F. S. Growse）是個英籍公務員及虔誠的羅馬天主教徒，他將屠悉達思的《羅摩衍那》翻譯為英文，且深深贊同詩中所言的「絕對要避免任何一絲淫慾念頭」。但是有個不表贊同的現代學者說，屠悉達思的羅摩神是個「無聊的道學先生」。

RSS的人跳上道德模範羅摩神的雙輪戰車毫不出奇。對他們來說，羅摩神是個完美的國王，是神也是人，是統治過全印度的歷史人物，是統一的印度教與重建印度教的印度之感召。阿逾陀最成功的行腳僧之一，尼利提亞・高帕・達斯（Nritya Gopal Das）就是個世界印度教會議所言之羅摩神的傳道者。他創立了一個教團，其房地產，或說是營地，散布在阿逾陀中心附近幾平方公里的高價土地上。

阿杰不願意和尼利提亞・高帕・達斯見面，因為阿杰認為後者是個政治人物而非聖者，而他不想和任何政治團體扯上關係。尼利提亞・高帕・達斯堅持，雖然他擔任世界印度教會議為了興建羅摩神廟所創的一個信託基金會副總裁，但是他和政治毫無關係。他盤腿坐在一個現代神廟大廳中的一小方地毯上。那個神廟沒有任何建築特徵，在北印度到處都可以看到。尼利提亞・高帕・達斯的雙肩寬大，有雙像摔角選手的手臂，軀幹則是再也沒有年輕時的活力去鍛鍊的男人身體，他的外表和大多數行腳僧一樣不修邊幅。尼利提亞・高帕・達斯寬闊的額頭抹上橘色的香膏，油膩的灰髮用散沫花（henna）薄薄地染過，長度垂到肩膀；他的鬍子沒有修剪，圍在身上的白袍皺巴巴。然而他是個慣於發號施令的人。他命令我們坐下的時候，圍在他身邊的侍從聽話地退到一邊。

「你一定要記得，」他惡聲惡氣地對我說：「廟宇的信託基金會不只是有世界印度教會議，還有其他的成員，而我們一定要合作。這是印度教的傳統，總是有不同的方法去崇拜羅摩神，歡迎每個人用自己喜歡的方式去崇拜。」他邊笑邊用手指戳我：「歡迎大家加入我的教派，羅摩納迪⑮，你也可以加入。」

當我們說話的時候，廟裡的訪客來了，匍匐在尼利提亞・高帕・達斯的腳下。他接收的方式就只是當那是對他的敬意而已，並未中斷我們的談話，且隨手從身邊的碗裡面抓一把珍貴的羅勒葉子給信徒當賞賜。有一兩個訪客成功地引起他短暫的注意，但是當某個女人嘗試繼續說下去的時候，有個年輕的行腳僧突然打斷她：「你還想問什麼？快點。」

我問尼利提亞・高帕・達斯怎麼指導那些帶著困擾前來諮詢，以及尋求祝福或恩惠的人。他回答：「他們問問題，我們就叫他們去問神而不要問我們。只有神才能給答案，問羅摩神、向羅摩神祈禱。但是我們會給他們祝福、滿足、和平，我們會解釋事情給他們聽。」神廟的背景音樂——鼓聲和鐃鈸的敲擊聲並掩蓋不了他低沉的聲音。

尼利提亞．高帕．達斯並無意對該教派所信奉的羅摩神多所著墨。反而他命令坐在他身後的一個年輕行腳僧帶我們去教派中另外一個也是學者的成員那裡。「不過首先，」他說：「我要給你們看個東西。有的人說我們行腳僧把信徒捐獻的錢都吃掉了，現在你會看到那不是真的。」

坐著的時候，尼利提亞．高帕．達斯看起來像是個體積龐大的人，但是站起來以後，我發現他遠比我想像的要矮。他把我們帶到另外一個大廳，那裡有大排長龍的朝聖者，從乾葉子做成的盤子裡吃著蔬菜咖哩、扁豆、印度薄餅和米飯。他指著吃飯的人說，「現在你們看到誰把錢給吃掉了，而且你們也要吃一點。」他在這裡離開我們，而我們被帶到樓上一個房間，和比較尊貴的人一起吃類似的餐點。行腳僧不只上菜，他們也負責烹飪和洗碗。我們年輕的嚮導穿著白色棉衫有如他的上師，向我們解釋行腳僧甚至會去掃地——僧院裡面沒有僕人。

往學者所住的朝聖者客棧走去，我們經過行腳僧的宿舍。大約有五百張床排成長列。宿舍的門對著路，所以我們可以看到一些正在享受午餐後小憩的行腳僧。我們的嚮導說沒有人去檢查行腳僧的來處和停留的時間。有個高級警官曾經跟我們說，罪犯會逃來阿逾陀，披上紅色的袍子來逃避法律的追捕。

那位學者被稱做克里帕．香卡利吉阿闍梨（Archarya Kripa Shankarji Maharaj）。阿闍梨意為學問傑出的人，Maharaj（大王）則只表示他有多傑出。他七歲的時候在瓦拉納西開始研究神學，但是後來搬到阿逾陀，並在此執教多年。他盤腿坐在床上，穿著紅袍，灰色的鬍子垂到胸前。他不太高興被打擾。「你們需要椅子，」他明顯地不以為然，當我們說比較想坐在他腳邊的時候態度也沒有軟化。「誰叫你們來的？」他問。

我們告訴他是尼利提亞・高帕・達斯要我們來聽羅摩納迪教派信仰的解釋，他說我們得先了解誰是羅摩神，並問道：「他出生在阿逾陀嗎？」

「那是傳統，」我回答。

「不，他不是。他不是在任何地方出生的。他來到這個世界。為什麼？」

我們像被特別嚴厲的老師嚇到的學生一樣退縮了。

「快點！」他吼叫。然後放棄催逼我們，繼續說下去：「羅摩神來到世上不只是幫我們殺死羅波那，還要建立一個典範，教導你是誰、你的義務是什麼、你的權利是什麼。」

他以羅摩的例子和毘濕奴的另外一個化身黑天⑯做比較，說：「一個只有一個妻子，另外一個則有很多女人。你應該要照著羅摩所為而行。你應該做黑天所說的，而不是他做的。黑天才出生六天就喝下毒藥，你能這麼做嗎？」他問道，朝我們靠過來並搖著他的手指。

他沒有等我們回答，繼續說，「因為你受到羅摩的啟發，你就可以用許多方法崇拜祂。例如，我自己的上師崇拜幼年的羅摩神。他奉獻至深至濃，所以他經常可以感覺到神在他的膝上玩耍。」

吉莉問說這是否表示你可以把自己視為羅摩神的愛人來崇拜祂，就像拉席克派信徒所做的一樣的時候，阿闍梨並不覺得高興。

「男女之間的愛是污穢的，忘了吧。」他說，但是他好像又有別的想法，繼續說道：「好吧，你可以說那是好事，但在意義上並不好。愛現在已經變成污穢的字眼，你知道。」

顯然我們已經將這位暴躁的獨身主義者的耐性逼向臨界點，在他沒有意願祝福我們之後，我們就離開了。

我們年輕的嚮導友善多了。他告訴我們，他在十五歲的時候離開了相當富裕的家庭——他哥哥是個警探，那在印度可是夢寐以求的工作之一——來加入尼利提亞．高帕．達斯的僧院。雖然他現年只有二十五歲，但是尼利提亞．高帕．達斯已經信任他到賦予他一個長達一年的任務，去泰國宣揚屠悉達思的福音。他說這個任務相當成功：「很多人成為印度教徒，對羅摩神產生興趣。」

傳統上印度教不是一種傳福音讓全世界皈依的宗教，但是尼利提亞．高帕．達斯的神學理論顯然借用了一些雅利安社⓱的思想。創立於一八七五年的雅利安社乃是為了要對抗基督教傳教士而創立的印度教派。雅利安社向對手學習，試圖模仿傳教士的紀律和組織，還有他們對靈魂的狂熱。由於印度教缺乏改信的程序，雅利安社將淨化那些被雜質污染、或破壞種姓制度規則的人的淨化儀式，重新詮釋為印度教接受新信徒的儀式。

我們的嚮導堅持我們一定要去看尼利提亞．高帕．達斯創辦的銀行。那位於尼利提亞．高帕．達斯所屬基金會擁有的另一棟建築物的二樓。那個銀行變成存放蟲蛾鏽蝕都不能損毀、小偷也懶得去偷的寶物之地。銀行經理是個很瘦，但意外地短小精幹的行腳僧，有一頭白色的長髮，乾淨而且細心梳過。他給我們看某些客戶的帳簿。那些帳簿是作業本，黃色和紅色的封面上有羅摩神夫妻與年輕的尼利提亞．高帕．達斯的圖片。每一頁都劃成二百九十七格方形，每一格裡面客戶都寫上「悉亞羅摩」（Siya Rama），也就是悉多羅摩。每個存入十二萬五千悉亞羅摩的人可以開一個帳戶。目前該銀行的存款為二百八十億悉亞羅摩。

「利息會變成什麼?」我問。

「這些存款是為了此生與來生的福祉，」銀行經理回答，「像這樣寫百分之百比普通吟唱羅摩之名的方式更為有利，因為你必須非常專心。你的心思可不能亂飄。」

這勾起我在學校被罰寫的不愉快回憶。不過有一排客人等著把他們的存款記錄在存摺上。

世界印度教會議

我們還是得知道更多關於世界印度教會議的羅摩神，但首先我們決定要看看他們打算豎立在新神廟的羅摩神像。所以我們第二天回到圍繞在那個羅摩神像周圍防線的入口處。我們還是那裏唯一的朝聖者。警察很客氣，給我們一個守衛，幫我們在上面有刺索的鐵欄間迷宮般的道路中找到出路。吉莉在遭到第三次搜身的時候微弱地抗議，不過也得到這是最後一次搜身的保證。然而我們經過一位巡官的時候，他又注意到某個東西不對勁。「筆，」他嫌惡地說：「你把筆帶進去。給我拿來。」我把筆交出去，而我的筆記本早就不見了。

我們終於來到一個被更多鐵管所圍繞的小廣場。在柵欄裡面部署著穿著卡其衫褲的婦女，還有輔助正規軍的中央保安警力的巡官。我們繞著廣場，走到一個可以俯瞰清真寺舊址的地方。站在被沙包包圍的高地遠遠地看，裡面有個小帳篷，我們可以看到裡面有羅摩和悉多的小神像。柵欄邊的一個祭司（pujari）提供供神的糖果普拉撒德（prasad），但是那裡沒有廟鐘，空氣沒有焚香的味道，也沒有克坦⑱或是頌歌。這是一座獨一無二的安靜羅摩神廟，一座被禁制的羅摩神廟。

當我們回到卡南克宮，阿杰在那裡等著帶我們去看世界印度教會議。以他這樣堅決不認同政治和政治人物的人來說實在很令人意外。他不願意和我們一起吃早飯，說他只吃自己煮的食物。從他的體型來看，大概吃得也不多。

我們穿越世界印度教會議位於阿逾陀的總部，前往辦公室。那是一座不顯眼但相當實用的一層樓現代建築。裡面井然有序，相當整潔。水泥地上鋪著便宜的椰子纖維地毯。我們聽說「經理」普拉卡什．阿瓦斯提（Prakash Avasthi）洗完澡就會出來。獨身的他就住在辦公室。

阿瓦斯提出現的時候，我們正在討論掛在世界印度教會議神廟外那張拿著弓箭的羅摩神海報。他頗為羞怯，但並不謙虛，我覺得他是個寧願不要和公眾打交道的男人，他會這麼做只是為了盡義務。雖然他只有五十來歲，可是他有半邊身體已經略微癱瘓；之前的中風還沒完全康復。他說之前他在世界印度教會議的工作讓他承受極大的壓力，所以他才被派到阿逾陀來。不過這聽起來很奇怪，因為到阿逾陀來也難以稱之為平靜的工作。他的人生完全奉獻給RSS和世界印度教會議，所有的時間都在為這兩者工作。他的父親去幫他談親事，並求他回家重拾家庭生活的時候，他說：「我小時候你帶我去RSS的遊行，是你讓我為RSS瘋狂，所以我現在要為他們奉獻生命，你也不能有怨言。」

我解釋我們在討論羅摩神的各種傳統和崇拜方式，且希望知道世界印度教會議怎麼詮釋羅摩神。他指著羅摩神的海報說：「那就是無畏羅摩神（Rama vir），勇者和戰士。羅摩是個完人，我們絕對相信這件事情，可是他並不軟弱。神明不會幫助弱者。」然後他繼續提醒我，《羅摩衍那》裡關於被兄弟趕下臺，又獲羅摩幫助重登王位的猴子王蘇格里夫（Sugreev）的故事。「蘇格里夫很軟弱，」他說，「可是當他組織起來抵抗，羅摩就前來幫他，殺了他的兄弟。如果民眾不團結起來，羅摩不會幫助印度的。那就是我們過去的困擾，既無組織又軟弱。」RSS一直要拿幾個世紀來遭外國統治的事情做文章，但諷刺的是這麼做是在貶損印度教徒，且描繪出一個讓自己任人統治的懦弱民族。事實上這個故事複雜多了。

阿瓦斯提堅持，印度教徒容忍叛國的伊斯蘭教徒就是顯現他們的軟弱。至於伊斯蘭教徒叛國的理由，是當巴基斯坦贏了比賽的時候他們興高采烈；他們故意製造出人數眾多的大家庭好讓人口超過印度教徒。還有伊斯蘭教徒的忠誠是「給國外的」，他並補充，基督徒也一樣。

當我說他的看法可能被人認為是鼓吹宗教憎恨，他非常生氣。「為什麼我們不能對伊斯蘭教徒對我們做的事情有所反應？他們統治我們、破壞我們的神廟。他們有反應，他們對大部分對他們做的事情都有反應。魯西迪⑲把事實寫出來，伊斯蘭教徒就打算消滅他。」

我嘗試讓他掉入陷阱，問他：「但是你不會為印度教的寬容感到驕傲嗎？這和伊斯蘭教、基督教不同，你們的領袖曾經說過呢。」

「對，我們是很寬容。我們有各種神，不是只有一個。你也不需要一定得信神。我們不是只有羅摩。這不像伊斯蘭教徒，如果不相信真神只有一個結果，就是被砍頭。我們沒有燒過圖書館，倒是我們的圖書館被燒。」

「但是你們確實毀了清真寺，而且還邊破壞邊對伊斯蘭教徒大喊褻瀆的口號。」我指出。

「我們的自尊受到傷害，」他回答：「如果有人侮辱你的宗教、你的祖國，你有什麼感覺？但是，是年輕人在喊口號。你生氣的時候就會想要罵髒話。年長的人沒有說那些口號，我們的領袖也和年輕人說不要這麼做，但是他們太投入了，你應該要了解。」

阿瓦斯提的羅摩是個要大家「變強壯、得力量」的神。他「是為戰爭著裝的戰士」，若是印度教徒攜手戰鬥，就會保證他們打敗想蹂躪他們祖國的伊斯蘭教徒，還有想要讓他們比較軟弱的兄弟改信的基督徒。

當我們起身要離開，我很意外聽到阿杰說：「我想回來跟你再談談。我們應該來討論一下你說的內容。」我從來沒想過他會對無畏羅摩的崇拜有興趣。他對他的上主的愛看來應該很溫和的。

我問他的時候，阿杰解釋道：「或許他是對的，或許我們太寬容了。我們任他們為所欲為，他們就騎在我們頭上。而且我也想聽聽別人的說法。」

阿逾陀是個奇怪的城市，在這裡死對頭是最好的朋友；羅摩神對某些人來說是愛的象徵，對一些人又是恨的象徵。這是印度教的聖城，全盛時期卻是在伊斯蘭教徒的統治之下；這是好戰宗教運動的焦點所在，但選出一個無神論者的前共產黨員來當總督；這是成千上萬聖人的家，也是罪犯的藏身之處。

我們在阿逾陀的最後一天，一大早就起來看慶典閉幕。朝聖者在聖河泥濘的水裡浮沉，沒有人越過標著潮流湍急警告的木頭柵欄。潘達蹲在下河的階梯上，向前來沐浴的人提供服務，在浴者入河的時候幫他們看衣服，出來以後給他們梳子、鏡子，並用紅香膏幫他們點額頭。他們還牽著處於半飢餓狀態的小牛，希望說服朝聖者奉獻給聖牛的禮物格丹（godaan），可是那些捐獻連用來照顧那些骨瘦如柴的小牛也不夠。潘達抱怨他們賺不到足夠的錢去付租用河階的費用。大部分有錢的人是不會在阿逾陀的年度吉日來沐浴的。

以印度的標準來說，這不算大規模的活動，到了十一點，聖河的岸邊就只剩下金盞花、塑膠袋、紙張、其他印度教沐浴儀式需要的零碎物品。有個潘達站在他全身泥污的小牛旁邊，等著晚來的人。

慶典從頭到尾都平安無事。沒有緊張情勢、沒有來自伊斯蘭教團體的抗議、沒有需要動用警察的時候，除了幫小孩找到父母之外。寬容的印度教高唱凱歌。

但是我們在卡南克宮的客房陽台上啜飲最後一杯茶的時候，阿杰又提到顯然困擾著他的寬容問題。「你知道，」他說：「我買了一本聖經和古蘭經，而我發現沒有宗教教導暴力，可是我還是認為印度教的平和本性老是被狂熱分子利用。」我不想跟他爭辯，或提醒他正是印度教徒以他們的戰士羅摩，在威脅阿逾陀的和平。沒有人比阿杰更不好戰、更愛好和平，但即使是他，也受到想要報仇的羅摩所影響。慶典證實了我們的想法，雖然清真寺被毀掉、印度民族黨首次在德里奪下政權、印度教的基本教義派還是沒有席捲全國，不過我們得明白引起怨怒會造成多嚴重的後果。

【注釋：】

❶瓜里奧（Gwalior）：印度中央邦北部城市。以一座要塞為中心的瓜里奧，位於一個九十公尺高的陡峭台地上。為重要商業與工業中心。

❷巴布爾（Babur）：一四八三～一五三〇，印度皇帝（一五二六～一五三〇），蒙兀兒王朝的創建人。巴布爾是阿拉伯文，原意為「老虎」。

❸拉吉夫・甘地（Rajiv Gandhi）：一九四四～一九九一，印度國大黨（英迪拉派）的主要總書記（一九八一年起）。他的母親甘地夫人被刺後，出任印度總理。一九九一年他本人也遇刺身亡。

❹P.V. 納拉希瑪・拉奧（P.V. Narasimha Rao）：一九二一～，是一九九一～一九九六年間的印度總理。

❺康諾・克魯斯・歐布萊恩（Conor Cruise O'Brien）：一九一七～，生於都柏林，身兼學者、外交官、作家等多重身分。

❻李頓爵士（Lord Lytton）：全名 Victor Alexander George Robert Bulwer-Lytton，一八七六～一九四七，一九二二至二七年任英國駐孟加拉總督，並於一九三二年擔任國際聯盟派至中國東北的調查團團長，發表所謂《李頓報告》，譴責日本在中國東北的侵略暴行。他的父親李頓第一伯爵是當時的印度總督。

❼赫爾德瓦爾（Haridwar）：印度北方邦薩哈蘭普爾（Saharanpur）縣城鎮。傍恆河，地處恆河平原與喜馬拉雅山山麓交界處。為恆河灌渠網渠頭。古代為印度教最重要聖地之一。

❽無遮大會（Kumbh Mela）：印度最盛大的朝聖節日。無遮大會是在河邊舉行的宗教集會，每十二年舉行一次。無遮大會期間，在這些河中沐浴被視為一種功德，可以潔身洗心，因之信眾成千上萬。

❾提魯帕提（Tirupati）：印度南部安德拉邦（Andhra Pradesh）東南部城市。提魯帕提以七丘（Seven Hills）之印度主神文格代斯瓦拉（Venkatesvara）的住處而聞名。提魯帕提西北方約十公里海拔七百五十公尺處是提魯馬拉（Tirumala）聖山，一八七〇年以前，這個聖地不許非印度教徒登臨。山頂有一座供奉文格代斯瓦拉的寺廟，是印度最重要的朝聖地之一。

❿《羅摩衍那》（*Ramayana*）：一譯為《羅摩傳》，字面為「羅摩之路」，是古代梵語史詩傑作，

敘述羅摩從魔王羅波那（Ravanna）手中拯救其妻悉多（Sita）的故事。

⑪ 派沙（paisa）：一百派沙等於一盧比。

⑫ 卡南克宮（Kanak Bhavan）：Bhavan 有宮殿、官邸之意。

⑬ 希瑟・羅賓森（Heath-Robinson）：希瑟・羅賓森為英國漫畫家，以畫出不切實際的夢想機器聞名，引申為太過精巧而不實用之意。

⑭ 吠陀全集（Vedas）：成書時間約在西元前十五世紀至西元前五世紀。吠陀經典的主體部分用古梵語寫成，其中最重要也最古老的是四個吠陀本集。《梨俱吠陀》（*Rigveda*）或稱《讚頌明論》，成書最早，包含頌神詩約一千首，多為滿足吠陀教聖典保護者祭司的需要而作。《夜柔吠陀》（*Yajurveda*）或稱《祭祀明論》，包括散文體和韻文體祭詞。《娑摩吠陀》（*Samaveda*）或稱《歌詠明論》，幾乎全是從《梨俱吠陀》中摘出的頌詩，配有樂譜，用以加強頌詩的朗誦效果。最後是《阿闥婆吠陀》（*Atharvaveda*），此書咸認為在價值上遜於前述三種較早的吠陀本集，在內容上則與之相似。

⑮ 羅摩納迪（Ramanandis）：羅摩納迪為羅摩教派的信徒。該教派崇拜羅摩神、悉多和拉克希曼。

⑯ 黑天（Krishina）：根據印度傳統，黑天象徵豐收和幸福，為司掌「保存」的毘濕奴的第八化身，作人的形狀。他是一位偉大的英雄和統治者。

⑰ 雅利安社（Arya Samaj）：又譯為聖社，現代印度教改革組織，一八七五年由達耶難陀・娑羅室伐底（Dayananda Sarasvati）創建，其宗旨是把印度最古的經典吠陀重新確立為神啓真理。

⑱ 克坦（kirtans）：印度教禮儀，指伴有音樂的禮拜或集體祈禱。

⑲ 魯西迪（Salman Rushdie）：《魔鬼詩篇》的作者，遭伊朗宗教領袖柯梅尼下令格殺。

2

錯置的慈悲

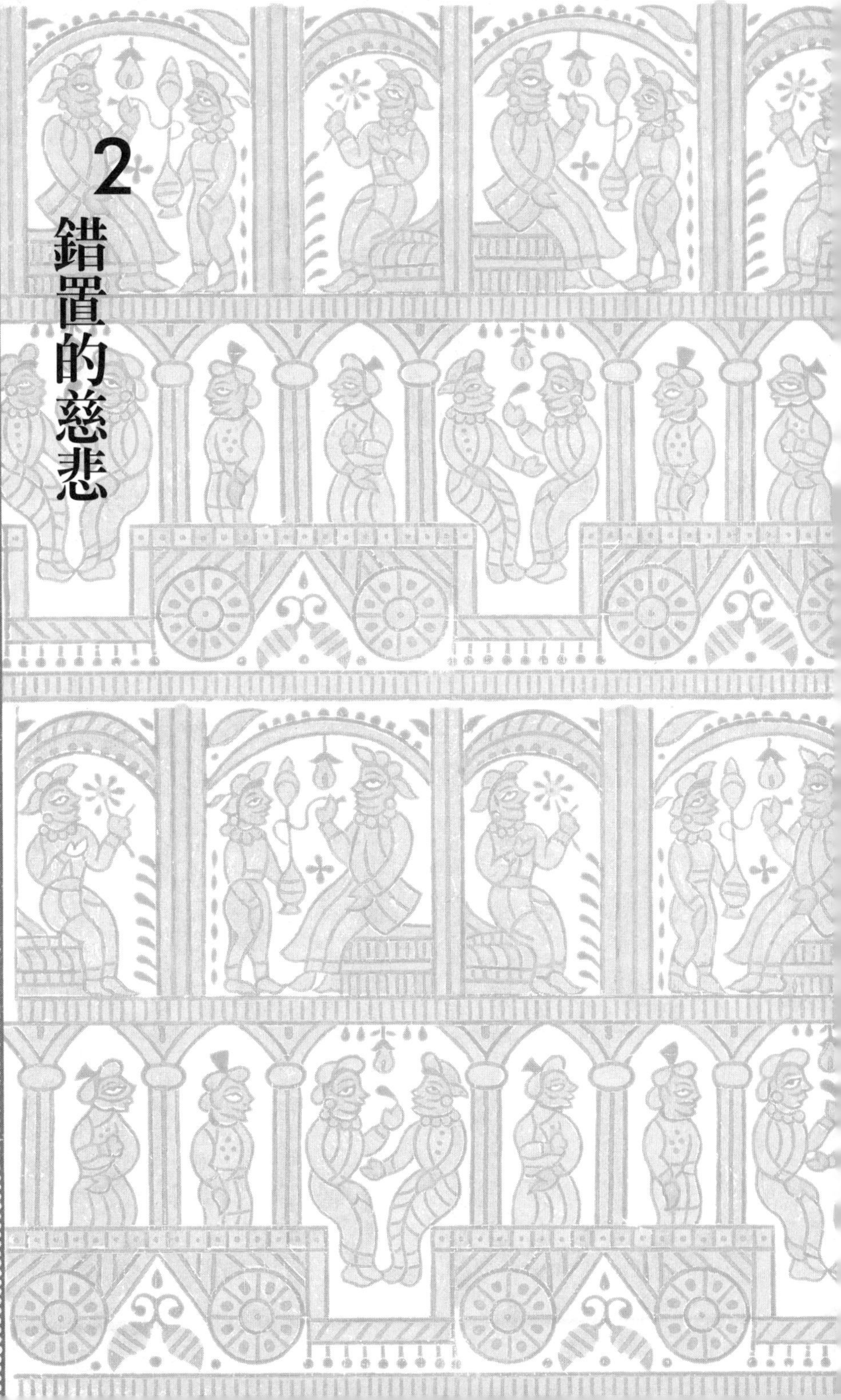

米爾札普爾（Mirzapur）位在恆河岸邊，被兩個鄰城的光芒所掩蓋。瓦拉納西，或稱貝那拉斯（Benares），是濕婆神之城，位於下游；而上游的阿拉哈巴德，每十二年當眾星以一個特別吉祥的方式排列時，就會有上百萬的印度教徒前來參加無遮大會，並在恆河與來自德里的閻牟那河❶河會流之處沐浴。不過我相信，在二〇〇〇年的排燈節❷之時，米爾札普爾可是壓過了兩個鄰城。

排燈節是燈火的慶典。在北印度，人們慶祝戰士之王、戰士之神羅摩從楞伽島的魔王羅波那手中，救出他的妻子悉多之後的凱歸。二〇〇〇年排燈節的晚上，在米爾札普爾有一隊印度傳統燈飾迪亞（diya）被放流到恆河上，以歡迎羅摩和悉多回家。和其他許多遊客一樣，我站在黑暗中河岸邊高起的峭壁上，看到第一丁點光往下游流去。很快就有第二點光跟上來，然後一個接一個，直到在小磁盤裡閃爍的火光將黑暗中的恆河水燃成一條銀河。直到燈流的最前方消失在遙遠的河流轉彎處，還是有燈一直流放過來。

最後一盞燈流過我們的時候，河上有人點起一支火炬，而峭壁上某處也有人回應。免不了河上和峭壁上的叫聲此起彼落，直到十五個屬於漁夫種姓階級的船夫，爬上陡峻的峭壁加入我們。他們負責放燈，不過參觀是由我們的主人艾德華．奧克雷（Edward Oakley）所安排。他是位於米爾札普爾的地毯廠歐比提（Obeetee）的董事長，多年來都是米爾札普爾俱樂部的會員。我們所站之處就屬於這個俱樂部，他們也提供我們源源不絕的飲料。

金髮、高挑的美國大使夫人，謹慎地選擇了便裝打扮，穿著時髦的白底配上紅花的克米茲❸服裝，離艾德華大部分聚集在峭壁上的客人遠遠地。主人自己穿著鬆鬆地圍住他龐大腰身的西褲、襯衫、顯而易見的吊帶。艾德華是個體型龐大的男人。他的臉頰紅潤，修剪得很整齊、薄薄一層的灰髮圍著頭，而他的脖子只能稱之為牛頸，看到他會讓我想到雪茄盒上面的愛德華七世（Edward VII）圖案。他說著基本的印度斯坦語時會用幾乎可稱之為刻意的英文腔，繼承了父親在英國殖民時代所創辦的業務，維持著喝雙份威士忌的英國傳統，還有一個忠心的總管巴格旺．達斯（Bhagwan Das），艾德華．奧克雷很容易被認為是一直念念不忘英國殖民時期遺風的諷刺漫畫的人物。事實上，他是一個非常精明的商人，把他父親那個搖搖欲墜的事業，改造成一個美國地毯設計師認為是所遇過最有效率、品質優良的製造商。

歐比提總部就位於艾德華父母舊居大宅院的俱樂部對面。我們要在那裡當做客房的大別墅用晚餐。不過在我們離開河邊之前，艾德華說要拍團體照，並宣布他要和船夫一起坐在前面的地上。

「是，」巴格旺．達斯回答，「可是您要怎麼站起來？」

艾德華說：「你幫我啊。畢竟是由你安排這整個重要場合的。」

一點也沒錯。艾德華不斷承認他對巴格旺．達斯的依賴，常常說巴格旺．達斯應該來經營歐比提。這兩個人的關係，我看起來比較像是親密的主人與忠僕關係。艾德華則另有說法。

「巴格旺．達斯要是不在，我就很麻煩。他出現的時候就會解決我的麻煩，和我在一起的時候，他會保證我不出問題，還有，公私兩方他都會為我著想。他是我全方位的萬能管家。」

當我們集合拍照，我問船夫有多少燈流放出去的時候，出現一個小小的打嗝聲。印地語的「燈」字，聽起來很像「給」的過去分詞，而船夫以為我在問他們拿了多少錢，於是有點激動地說，「我們還沒有討論這件事情。」巴格旺．達斯救了我，幫我把話說清楚，然後船夫就告訴我他們從船上放了一千盞燈。

坐在大別墅的陽台上，享用著更多飲料，美國大使解釋說，他妻子對地毯的興趣讓他們和艾德華結緣。排燈節對艾德華來說是個機會，可以遊說美國大使關於魯格馬克基金會❹對抗童工的活動對他們公司在美國銷售所造成的威脅。但是艾德華認為這太沒意思了。

那個基金會在網站上宣稱「魯格馬克保證地毯絕非由童工製造」、「經由魯格馬克的媒體活動，您的公司會以『非童工製造地毯』進口商的名義在全國新聞上曝光」等等，來吸引美國的進口商。不過在網站的其他部分，魯格馬克對於其標籤輕描淡寫地稱之為「您進口的地毯並非由兒童手織的最佳保證」，艾德華認為這等於是魯格馬克保證了某種他們其實無法辦到的任務。地毯乃是鄉下工業，是在數千個村莊裡的織布機上織出來的，所以要去調查並非易事。艾德華說，根本沒有調查計畫可以保證沒有一家貼上標籤的工廠裡面沒有童工。他怕如果有魯格馬克標籤的工廠被發現雇用童工，對於其他同樣有標籤的工廠恐怕會造成破壞性的影響。但是拒絕標上魯格馬克標籤讓艾德華的工廠付出了代價，失去了歐洲最大地毯進口商——德國的市場。該基金會得到德國政府的支持，現在正把注意力轉向歐比提的主要市場——美國。

艾德華是個天生健談的人，有英國貴族學校所培育出來的自我寬恕傳統。他在他父親位於北英格蘭的母校羅素（Rossall），表現顯然「不是完全令人滿意」，之後他就盡快離開，跑去學當特許會計師。他選擇這個職業的原因是他所遇過的會計師似乎都是笨蛋，所以他覺得這是個合適他的職業。

他第一次的期中考勉強及格，可是艾德華解釋說，他的事業之後又遇到挫敗。「接下來的兩年，我想不用讀書也可以過關。我賭馬、賭撲克牌，大玩特玩，結果第一次的期末考就不及格。」

艾德華大笑，我們全都跟著笑，包括大使也在笑。雖然他給我的印象是個這輩子沒有失敗過的人，但是他很享受艾德華的故事。

「當然，我父親不認為有這麼好玩，」艾德華繼續說：「他在米爾札普爾，然後把我在壁爐台上的照片轉過去面對牆，我覺得很丟臉。但是我母親又把照片轉回來，而我再考了一次試就通過了。我也不知道為什麼。」

穿著白制服、打著赤腳的僕役在巴格旺．達斯的監視下，確保沒有人的杯子是空的。吊扇有一搭沒一搭地轉動著，趕蚊子的作用大於消暑，不過晚上的氣溫還是滿舒服的。晚餐絲毫沒有動靜。我無所謂，已經到了不想要晚餐來打擾酒興的境界。繼續說著故事的艾德華也一樣。

顯然艾德華加入父親的事業並非在計畫之內。他在倫敦會計公司的假期間來到米爾札普爾。這是他幼年離開之後第一次回來，而且為別墅和豪華、整齊的花園大為驚嘆。他自己想，「艾德華，來到米爾札普爾就像提早退休一樣，再也不會有那種叫做會計的討厭交易。」

宴會裡另外有一個住在米爾札普爾的英國人，也在經營一家小地毯公司。他說，「算了吧，艾德華，你不會只是坐著而已，你真的讓這家老公司有了新意。你把所有的舊檔案都燒了的那天如何？」

「好吧，」艾德華又笑著回答：「我非常崇拜我父親，他教了我所有關於這個行業的事情。但是我還年輕，真的認為有些怪事可以有所改善。其中一個是阿法克．阿瑪（Afaq Ahmad），他是負責向我報告訂單進展的人。他有一把散亂的鬍子，就像聖經裡走出來的人。與其叫他法利賽派❺，我叫他經文抄寫員，因為他老是有枝筆，手指上沾滿了墨。當我問他一塊地毯現在的進度，他會極為有信心地說已經織了六呎長了，隔天他會用相同的信心告訴我什麼也沒織。或許很有趣，但是對我們在紐約想要取消訂單的買家來說一點也不。」

有一天氣瘋的艾德華把經文抄寫員叫來，命令他把所有的紀錄交給一個工人，工人把紀錄全丟到鍋爐去了。「從此以後，」艾德華說：「阿法克先生找到其他的工作，生活更輕鬆如意了。」

艾德華也清理了工廠的設計室，那裡有數以千計的舊地毯設計圖樣，搖搖欲墜地掛在設計師頭上的網子上。艾德華的父親顯然是個「不丟東西的人」，拒絕讓他把舊的設計燒掉，所以他雇了四輛牛車把設計樣本從工廠帶到米爾札普爾的房子去。「我父親和他的夥伴嚇了一大跳，」艾德華說：「但是那些地毯樣本就在此壽終正寢。」

那時已經過了十點很久，當艾德華的故事說完，帶我們到別墅主廳的時候，照亮歐比提建築物群通道的迪亞燈籠已經燒光了。幾張四人桌已經擺放在光亮的木頭地板上。寬闊的房間配上稀少、暗沉的殖民地風格家具、褪色的舊地毯，還有壁爐，幾乎和艾德華的父親住在這裡時沒有什麼兩樣。

晚餐以湯開始，接著是炸魚、薯條，但是又變成印度烤雞和其他印度餐點。晚餐一結束，大使和他的妻子就告退回到別墅裡最好的房間，其他的賓客也解散了。這不是不禮貌，而是今日印度的典型方式——盡情喝、吃得晚，然後就走人。

馬拉計畫

米爾札普爾還沒要睡覺。我們開車回到銀河旅館（Hotel Galaxy），這家旅點也沒別墅的舊日情懷魅力，事實上根本沒有魅力。路上有小孩朝我們的車底丟鞭炮，販賣吉祥天女拉克希米❻和象神歡喜天（Ganesh）小磁像的攤子還在營業，做甜食的則透過擴音器在吼著他們的特價。我們的駕駛說，「那一定是仿冒品。那種錢才不可能做出真正的牛奶糖。」

製造地毯是米爾札普爾周邊廣大地帶的經濟骨幹。這是一項有悠長歷史的工業。在一八三〇年末，艾蜜莉．艾登（Emily Eden）在恆河旅行，和她同行的是身為印度總督的兄弟奧克蘭閣下（Lord Auckland）。她在日記中寫著：「我們發現米爾札普爾有很棒的地毯製造業。」不幸她沒有描述製造過程，但是看起來織造方法和今天不太可能有太大差別。

織布機還是沉重的木造橫桿，把扭曲的棉線繞在上面拉直。織工坐在織布機後面的凹處，綁著一個結接一個結。每個結都是地毯上的一小點。大部分織工在光線不良的棚子裡工作，這些棚子大概也沒有多少改變。但是收尾程序有變。對一個第一次參觀的人來說，這些程序沒有完成一塊地毯真是奇蹟。

在洗衣房，村民坐在織布機後辛勤織出的錯綜複雜的地毯背面要先用吹燈去燒。好像這樣還不夠危險，接著他們會用不同的強勁化學藥品來浸。那些藥品的比例若是不對，就會把地毯弄褪色。每浸染一次之後，濕透的羊毛地毯就用木槳拍打，直到水被擠出來為止。等到最後一次浸完打完，濕濕的地毯就鋪在陽光下曬乾。

洗和之後進行的更複雜程序都需要大量勞力，是在印度最窮困地區的重要雇主。艾德華相信這嚇到那些宣傳，如果宣傳讓那些發展中國家的人相信，所有地毯背後沒有貼上魯格馬克標籤的印度地毯都是童工製作的，是對這個產業的威脅，而這個產業是少數在印度會讓錢投入農村裡的產業之一。其他的傳統製造業如陶藝、製衣、鞋子、肥皂製造商等，都被現代化的機器逼退，迫使數百萬人離開家鄉，到城市討生活。

在我們離開德里之前，另外一個在地毯製造業的英國人來和我們午餐，他也同意艾德華對魯格馬克的看法。羅賓．嘉蘭（Robin Garland）曾經是擁有奧比提宿敵希爾公司（E Hill and Company）的母公司蘇格蘭傳承（Scottish Heritage）的執行長。當他被英國媒體指控雇用兒童織工時，他承認自己不知道是不是這樣，所以承諾到印度來看一看。在參觀的時候，他決定教育才是主要問題。因為那裡沒有名符其實的學校，孩子們除了在織布機後工作以外別無選擇。他組織了一個非政府組織，叫做馬拉計畫（Project Mala），在地毯工業區設立學校。

雖然羅賓現在把他的時間都花在馬拉計畫上，配上他的粉紅色襯衫與領帶——只有在印度的商界和外交界才需要——他昂貴閃亮的無鞋帶皮鞋、修剪整齊的灰髮，他看起來還是像個生意人。他是個有錢人，百萬富翁，可是他的確說：「現在只是一個小人物。」

我問他：「一個像你這麼有效率的生意人，如何能接受印度的缺乏效率？」

他閃亮的藍眼睛軟化了，很罕見地露出笑容：「有時候不能。有一天我跟教育部的官員說，公立學校沒有老師或學生。他接受這個說法，可是當我說馬拉計畫應該要接手某些學校來經營的時候，他說：『喔，我們不可能放棄對教育的責任。』那對你來說就是官僚。不是全然有邏輯的。」

在印度，說出來的話常常不是字面上的意思，而地毯業也不例外。地毯製造商通常沒有參與地毯製造，也就是編織的程序。他們收取訂單、供應羊毛和設計，等到地毯織好就負責收尾。但是織工是由織布機的主人聘的，他們自己通常也是織工，而大部分和魯格馬克來往的製造商和他們並無聯絡。他們透過中間人、承包商來交易。所以製造商做的是和織布機無關的兩個階段，他還是可以向魯格馬克保證，沒有孩子在他們手底下工作。

羅賓看過最近第四頻道播的一個電視紀錄片，叫做〈奴隸〉（Slavery），片中顯示英國主要零售商特力屋（B&Q）一位有良心的主管在推展魯格馬克。羅賓說：「我讓他知道我對他的道德怎麼看。我告訴他：『你眼前有一張打開的地毯。你從自己沒有織布機的進口商買來魯格馬克地毯。他怎麼知道那張地毯完全沒有小孩參與製造？』我就這樣直接告訴那個董事。」他補充：「我是個直率的約克郡人。我可不耍心機。」

或許，並不出人意外地，羅賓是個焦點人物，大衛・藍格堡（David Rangpal）則對有標籤的計畫不那麼熱中。從米爾札普爾開車去參觀某間馬拉學校時，他告訴我們，他嚇到一個聯合國的童工工作隊，因為他在某次日內瓦的會議中告訴他們：「童工對地毯業來說不是問題。問題是缺乏選擇，特別是缺乏教育機會。」

大衛・藍格堡以印度的標準來說算高，頭髮已經白了，說話溫柔、表情憂傷，自己就是個傑出的教育家。他是個擁有美國博士學位的社會學家，在倫敦的亞非學院（Oriental and Africa Studies）做過博士後研究，然後回到旁遮普（Punjab）領導一間基督教學校。在一九八〇年代由山特・賈奈爾・辛格・賓德朗瓦爾❼所領導的錫克教徒騷動中，他驚險地逃過一次暗殺。他和他的妻子都覺得受到這種教育落後的現象召喚，接受了微薄的薪水，並管理馬拉學校。我們很快就知道他的表情為何如此哀傷。他的妻子兩年前死於車禍。他說：「我在馬拉計畫裡看到我太太。」身為虔誠的基督徒，他並不擔心其他人對他的工作怎麼想。「我不是法官，」他說：「其他人也不是。上帝才是法官，讓祂決定。」

但是大衛．藍格堡的確評判了政府對於提供地毯產業區兒童教育的努力。他的看法是，政府無能提供教育或其他服務。當我們開車經過幾棟辦公大樓，還有員工宿舍，他指著窗外近處說：「看看那裡。那就是政府運作的例子，或者我應該說沒有運作。」

他告訴司機停車然後回轉，這樣我們可以看得更清楚，以他這麼溫文的人來說，他用相當苦澀的語氣道：「這是新的本地政府總部。民眾得到這個地方來辦理他們所需要的手續，滿足他們的需求，但是他們沒辦法來到這裡。這旁邊什麼也沒有。」這棟大樓的確位於一個沒有樹的荒地上，距離最近的城鎮還有好幾哩。

在前面沒多遠處，大衛又把車停下，堅持我們下車去看看當地的健康中心。我們看到的唯一的醫療標誌是從荒廢建築物中長出的曼陀羅樹。裡面有兩張吊床，顯然晚上有人住在這裡，地上還有證據顯示也有牛住在這裡。

我們從那裡進了一個叫做馬里罕（Marihan）的小鎮，我們在此開車進入一個有圍牆的建築物，旁邊又有一個殘破的房子。「這是巴士站，那個是售票亭。」大衛說：「但是你看得出來，沒有巴士。他們才懶得到這裡來，因為在路上停車比較簡單。」我們和唯一找得到的政府雇員談過，他是個看門人，確認沒有巴士來巴士站。「所有的東西都在腐爛中，」他說：「這是政府的安排。」

在馬里罕之後，我們開到一條沿著渠道修築的路，渠道裡都是綠色的水。那種不健康的顏色並沒有妨礙小男孩洗澡。我們聽說本來那條渠道一直是乾的，直到農夫堵住路，強迫政府理會他們對灌溉的需求——剛好趕上拯救稻米。我們終於發現一間公立學校。裡面沒有人。黑板上的粉筆字寫著「去銀行」。

當我們抵達馬拉計畫的學校，裡面有齊備的職員，以印地語教學，正在進行環境研究。女生學習縫製學校制服，男生坐在織布機後面織布。牆上的標語在推展健康、衛生、道德、常識：「吃綠色蔬菜」、「軟弱是最大的罪惡」、「團結就是力量」、「把食物蓋起來」、「沒有智慧的力量就沒有意義」。我們和學生分享了一頓包括辣扁豆飯、菠菜、野白蘿蔔的午餐。學生們穿著藍色格子的襯衫，沒有塞進天藍色的褲子裡。他們有秩序地排好，盤腿坐在地上。午餐前先要簡短優雅地感謝各種宗教：「喔，神賜福這食物，我們感謝您賜給我們這一餐。」

午餐後孩子們跑出粉刷成白色的水泥校舍到前面的操場上，操場周圍種著玫瑰和紫色葛藤。孩子們開始玩起足球和其他運動。吉莉說服某些男孩放棄休息，接受訪問。只有一個說他在家裡也上織布機工作，可是他的父親非常希望他繼續接受教育。大衛解釋說，許多關於童工的疑惑是因為沒有搞清楚奴工或在家附近的織布廠工作、收取薪水的兒童，還有幫助家人編織地毯的兒童之間的分別。「很多宣傳，」他說：「讓人以為所有上織布機工作的兒童都是奴工。」

幾年前我們看過童工。一共有六個，全部看起來大概十歲，在一個距離米爾札普爾有點距離的村莊工作。衣服掛在他們背後的牆上。他們的床鋪，還有一堆錫盤清楚顯示這群男孩就在他們工作的棚子裡吃和睡。他們嚇得不敢講話。我們由一位志工帶領前往這個編織小棚。他和強芭・戴維（Champa Devi）一起工作，而她奉行著目前不幸遭到大多數印度人認為過時的聖雄甘地的美德。

我們又找到強芭・戴維，她還是穿著手紡棉做的紗麗，這種棉被稱為印度棉（khadi）。她還在她那面對米爾札普爾市中心的狹窄、吵鬧街道的小房子工作。有她房間兩倍大的前廳的牆，排滿了她丈夫的法律書。我記得他告訴我們，他從來沒時間管自己的業務，因為他忙著處理他太太帶回來的案子，幫童工或他們的家長打官司，所以我問現在是不是還是這樣。這位矮小的兒童權益鬥士，身高大概不到五呎，白底鑲藍邊的紗麗調整到包住所有的頭髮。聽到這個問題，她眼鏡後的眼眶泛滿淚水，回答道：「他在我們女兒的婚禮前過世了，所以我們得同時舉行喪禮和婚禮。實在很難受。你知道他，是個好人。」

我們唯一能回答的是：「沒錯。」

強芭·戴維從一九七三年起就投身解放奴工（bonded labour）和他們的權益的工作中。她所有的工作人員都是志工，他們只有少數人塞在這個小房間裡。當我們上次和她碰面時，她正專心於解放童工，並代表他們和雇主打官司。但是她現在看起來對於行動的方針沒那麼有信心。她直直地瞪著我們，嚴肅地抿著嘴說：「我讓兩千兩百人被解放，他們有許多是成人奴工，可是他們不是在夜裡飛向燈火，早上可以把屍體掃掉的蒼蠅。」

強芭·戴維有個志工完全利用了令人頭疼的法律術語，試圖讓我們了解，讓警方和法院以他們的立場來解釋針對童工的立法有多麼困難，但是強芭·戴維打斷了他的話。「不要再開始一場會議了，」她尖銳地說，然後繼續：「就像我說的，我解放了這些孩子，但是他們因為沒有錢，所以又變成奴工。沒有政府的幫助，我也可以解放他們，可是如果之後政府什麼也不幫他們，他們要吃什麼？」

強芭·戴維也批評其他的非政府組織，特別是採用突擊方式來拯救童工。「經過二十年解放孩子的工作，我必須說我不認為突擊是必要的。在報紙上登照片也不是答案。」

她沒有說出誰在搞宣傳，可是我們都知道。

當我們提到魯格馬克，強芭．戴維給了非常具體的回應。她的嘴唇閉得更緊、皺著眉頭，譴責魯格馬克向使用他們標誌的進出口商收取地毯價格的一定百分比的做法。

「魯格馬克從地毯商收取百分之二，如果他們不能觸及奴工的本質問題又有什麼用？跟地毯商收錢絕對不是我們的目的。他們難道以為把注意力集中在錢上面就可以解決奴役問題？」

當我指出魯格馬克收來的錢，有很大部分花在重新安置和教育上面，她變得更憤怒。「如果被解放的小孩的家庭沒有得到重新安置，那會怎麼樣？除非那個家庭真的有被重新安置，否則也是徒然。把二十五個小孩放在學校裡，就餵得飽一千萬人嗎？」她譏諷地結束這句話。

我們讓強芭．戴維繼續和政府抗爭，後者拒絕認真對待重新安置問題，我忍不住覺得這是一場不會贏的戰爭。

童工問題與重新安置

由於強芭．戴維已經不參與解放童工，我們第二天早上驅車離開米爾札普爾，去找某個在做這件事情的年輕人。有人向我們保證他知道哪些村莊裏有兒童受雇操作織布機。跨越恆河上的橋，我們開車來到連接加爾各答和德里的大幹線道（Grand Trunk Road）。在吉卜林❽小說中的年輕英雄金姆（Kim）的時代裡，大幹線道曾經直達現在屬於巴基斯坦的拉合爾（Lahore）。那個時候，那是

「一條寬闊、微笑的生命之河」。金姆發現「每一步都看到新的人、新的風景……他到處都遇到整個村莊盛裝打扮的村民要去參加某種當地盛會，或是被他們追過」。

我們在這條現代生活的毒河變得太過擁擠之前就先上路。卡車還是停在印度式的休息站達巴（dhaba）外面，那些休息站也提供基本的住宿設施。許多卡車司機還躺在吊床上昏昏欲睡，但是早起的已經在手壓幫浦下梳洗，或是閱讀報紙、討論新聞。

我們開了很遠，才找到一家外面停著一長排卡車的達巴——卡車越多，達巴就越好，這是印度的道路法則。當我們等著濃濃的甜奶茶時，我們隨口問起梅嘉（Meja）還有多遠。那是我們要下幹線，往「內陸」前進的地方。

「梅嘉？」我們得到一個驚訝的回答：「你們走錯恆河的邊了。那是在沿著南岸的路，不是這邊。」幾個司機證實我們得回到米爾札普爾，再度跨越河川。

這不是我們唯一遇到的拖延狀況。更深入內陸之後，我們遇到一條被路障擋住的車陣。那是堵車。一個由北方邦政府擁有的停工紡線廠的冗員正在抗議。魔法字眼「新聞記者」沒有半點用處——他們不讓任何人通過。所以我們去找談判進行的辦公室。

那位於一個廣闊的園區裡，裡面有資深員工的寬敞平房。他們的花園可以播種，而且絲毫沒有工業活動的跡象。在辦公室裡面，我們發現有兩個警察在和工會領導人協商。大家都很有禮貌。那個高級警官是個矮而結實的年輕男人，來自北方邦警的菁英分子，他把大部分的話都留給負責當地警局的低階同事去說。工會領導人堅持紡線廠關閉的時候，政府委員會所做的承諾都沒有實踐。事件的導火線是一個從北方邦紡線企業總部來拜訪的會計官員。北方邦紡線企業的四個紡線廠關閉了三個。這個官員賣掉工廠的設備，把少得可憐的所得分給幾個員工，然後捲走大部分的收益。牆上掛著規定要掛的聖雄甘地像，他曾經警告說，國有化會導致「人變成道德與智慧的窮人」。道德的窮人已經藉由高價買進便宜的棉花，然後和商人分贓，導致紡線廠破產。

最後，高級警官想辦法打電話聯絡到企業的總經理，他同意和工會領導人之一講話。雖然這個總經理只是說會盡量補償他們的憤怒，聽起來連打這通電話的費用都不值得，不過證明還是有效地移除了路障。

終於在幾個小時之後，我們抵達重置中心，這裡是我們要見的年輕人拉吉納斯（Rajnath）工作的地點。這個重置中心剛由阿拉哈巴德的天主教管區所開設。建築物還沒完工，裡面只有七個據說曾是奴工的男孩。負責指導他們的是四個修女和拉吉納斯，後者的職責是居中協調。

他讓修女和男孩列隊，用花園摘下的花和柳橙歡迎我們。男孩又唱又跳，還舉起反童工標語。大約十歲的桑杰·拉姆（Sanjay Ram）曾經被關了一年，以前睡在外面的屋頂上。他現在看起來快樂健康，但是他告訴我們，以前如果他的主人不滿意他的工作，他會吃耳光和被鞭笞。南度·庫瑪爾（Nandu Kumar）是個大個頭、聲音沙啞的男孩，年紀一定很接近最低工作年齡十四歲。他是為同一個織布機主人工作的十三個人之一。其中六個人都來自他的家鄉地區，但是他不知道那些人現在在哪兒。

拉吉納斯帶我們到處去看這個新機構。雖然他並不是特別高，但是他得向陪同的矮小修女彎腰。這位修女沒有穿所屬教會聖母會（Institute of the Blessed Virgin Mary）的修女服，而是綠色和白色的紗麗。站在裡面只有六張上下舖的通風宿舍中，他說明這個機構的目的是讓男孩們可以趕上過去他們所損失的學年。

在機構裏面，拉吉納斯顯然是主管，但是他只要一出去，他的自信就煙消雲散。他有一次為一個機構工作，從德里趕來突擊有兒童在織布的村莊，結果卻鎩羽而歸。現在他就住在地毯紡織區地帶，他得更小心。

「你不能像在大城市一樣打個一〇〇，警察就來了，」他警告我們：「如果你不小心，這裡什麼都會發生。童工在這些村莊是非常脆弱的話題。」

在我們離開前，他甚至採取預防措施，帶我們去見地方法官，這樣他才清楚是否有暴力事件發生。

我們肯定沒有得到加拉（Garha）村民的熱情歡迎。他們保持距離，直到拉吉納斯想辦法說服他們，我們只是來這裡寫一篇關於地毯業衰落文章的記者。有個織布機主人，穆塔斯．阿里（Mumtaz Ali）準備要討論這個話題。他給我看他的六架織布機，只有三部上面有地毯。時機實在很差，他說，歐比提是唯一會先付款給織布機主人的公司，而他又拿不到歐比提的生意。很快好奇的村民就出現了，人群開始圍在我們的旁邊。慢慢地，試著隱藏我的緊張，我提到關於童工的話題。這激起民眾對於公布這件事情的非政府組織的憤怒。

穆塔斯．阿里說：「他們不在乎他們拙劣的宣傳搞砸了我們的生活。」

拉吉納斯匆忙地向村民保證，我們和他跟這件事情都沒有關係。

他在說話的時候，有個男人，騎著一輛後座綁著亂七八糟羊毛的腳踏車出現，下車從遠方瞪著我們。穆塔斯．阿里溜走去跟他咬耳朵，然後他又騎上腳踏車走了。當我們離開村莊的時候，拉吉納斯說，他懷疑那個騎腳踏車的人有幾個孩子在他的織布棚工作。夜幕低垂，我們撲了個空，所以我們決定過一兩天再回來。

我們再度造訪的時候，拉吉納斯帶我們到一個叫做阿育王村（Ashoknagar）的小地方。最後一公里左右，我們得走過一條夾在兩片稻田間的窄道。有個男孩揮舞著他身高一倍的棍子驅趕著一群水牛，把我們逼到稻田裡。「童工越來越多，你要拿他們怎麼辦？」我問道。

「麻煩的是窮人等不到明天。今天對他們才重要。這就是這種情況下的經濟現實。」

我們前去的第一個編織棚是磚造的，還有個湊合的茅草屋頂。裡面有四台織布機，但是只有一塊地毯，沒有織工。有個穿著背心和纏腰布的老人跟著我們進來。他被介紹給我，說是織布機主人的父親。當問到為什麼沒有人在織布的時候，他用不友善的聲音回答說：「因為所有的小孩都不見了。他們都回去孟加拉。我們得把他們送回去。」但是我的確看到牆上的釘子掛著一些衣服。

他的兒子很快跑進來，顯然很擔心他的父親會被捲入。我聽說他因為聘用童工而坐了十四天的牢，但是他堅持現在沒有聘用童工了。

「那不划算，」他說：「每一份你拿到的合約都說你不可以。這全都是我們的責任。」他苦澀地說：「公司告訴我們——你一定要確定沒有童工，你要正確地織地毯，你要準時出貨。他們都沒有責任，他們賺去所有的錢。」

我們在棚子外面遇到一個年輕男孩在洗東西。他承認他是織工，來自孟加拉，但是他堅持他已經十八歲，而且我們也不知道他說的是真是假。他的手絕對不是反奴工宣傳者宣稱被聘用的那些靈巧編結者的小手。另一個織布機主人那裡也沒有男孩在工作。由於排燈節，沒有人在編地毯。在主人家的庭院，他們很自由地和聚集在我們周遭的人群混在一起。他們有六個人，又全部都來自孟加拉。有人向我保證他們超過十四歲，而且看起來是這樣，但是我對其中一個長不太出鬍子來的有點懷疑。男孩自己說他們都有賺到錢，而且想回家就可以回家。「可是，」我想：「他們在主人面前才這樣說。」

當我們走回自己的車，我又遇到另外一個孟加拉人，從馬爾達（Malda）區來的碧舒（Bishu）。他是個朝氣蓬勃的年輕人，從大馬路上的茶店回來，既不害羞也不沉默。雖然滿嘴檳榔，他還是可以告訴我們，他已經當了三年織工，根據織出成品的數量算薪水，也可以自由來去。根據碧舒的說法，織布機主人來到他的家鄉，先行付款來吸引織工。以前他們會找較年輕的人，現在都是十八歲以上。我問他如果有人先收錢，但是不喜歡這份工作而回家的話，會怎麼樣。「我想主人會說，『糟糕，我賠錢了。』」他譏諷地說，然後踱步走開。

從我們第一個訪問看來顯然兒童是進口到阿育王村的織布廠工作，但是拉吉納斯說，他有理由確定那個年輕人沒錯，這裡再也沒有童工。一月以來，這個小村莊遭遇過政府檢查員不下十次的突襲，也有人被逮捕，所以他覺得織布機主人已經得到教訓。他沒有再建議其他也許我們會在那裡找到童工的村莊。

真假奴隸童工

我們現在需要和艾德華認真地討論。他邀請我們在他們工廠裡的一個小房子共進早餐，那裡比較方便，但是沒有別墅漂亮。艾德華不想破壞整套完整英式早餐的享受，所以我們在餐桌上沒有討論正事，而是等到巴格旺．達斯安排人來把碟子收走為止。然後雖然還坐在桌邊，我們就開始了。

我首先提醒艾德華，他有一次向我承認，他對一篇關於他現在厭惡至極的地毯業的國外報導有所虧欠。

「沒錯，」他承認：「直到這份報導之前，我一定沒有注意到這個問題的規模。當這篇報導引起我們的注意力，我們就採取行動。這不是值得驕傲的事情，可是有這件事情。我們是聯絡不到的管理層。我在織布廠間巡迴的日子已經結束多年。」

「所以你為什麼現在對反童工活動感覺這麼強烈？」

「因為他們誇大其辭，而且是在像魯格馬克這種非政府組織的手上，他們的業務就是盡量讓事情看起來很悽慘。沒這麼做的話，誰要支持他們？」

我知道艾德華的公司現在採取緊迫盯人的方法來確保他們的織布廠沒有雇用童工，所以我真的不太了解艾德華為何不願和魯格馬克合作。

但是他解釋：「我發現他們的做法和宣言不可接受。不要認為我們沒有付出代價，我們有，我們因為魯格馬克的宣傳而受到傷害。」

一個來自舊米爾札普爾家族的成員維努．沙爾瑪（Vinoo Sharma）加入我們，他的事業生涯都在歐比提和艾德華一起工作。艾德華聰明地把大部分和魯格馬克的協商都留給維努，因為他比較不容易激動，也比較有外交手腕。他解釋說，歐比提曾經參與過導致魯格馬克出現的原始協商。由於維努主張檢查地毯織布廠的工作應該交由專業人士進行，而不是非政府組織來做，那次的協商破裂。他甚至推薦了兩家專業公司。其中一家根本拒絕考慮檢查這麼複雜的產業。維努給我們看另外一家公司SGS印度有限公司寫來的信。這家公司是某個瑞士公司的分公司，確實也派了代表來到米爾札普爾。他們回到公司以後寫道：「採用固定監視來確保在各種廣大地帶所織出來的地毯符合規定，乃是不可行的做法。」

在反童工活動中常常出現的一段話是「印度是童工人數最多的國家」，這段話忽略了印度可能也有全世界最多的兒童。中國是唯一另一個可能有更多兒童的國家，但如果該國有效執行一胎化政策的話就不太可能。此外，關於中國童工的資料極為稀少，因為當局並不十分歡迎對這種事情進行調查。

當我跟艾德華提到這些的時候，他爆發了：「他們為什麼老是要針對印度？我告訴你為什麼。因為他們可以從這裡逃走；因為這是個開放的國家，所以是個好捏的軟柿子。他們顯然不會去打擾什葉派的人，他們也不想加入天安門事件的犧牲者行列，所以中國和伊朗的地毯都是例外。」

第四頻道影片〈奴隸〉的錄影帶，加上魯格馬克最新的宣傳帶，剛剛才抵達米爾札普爾。我建議艾德華跟我們一起看，但那是個錯誤。

「我受不了看這些誇張的東西，」他說，「這讓我噁心。」

我們離開艾德華前往別墅。艾德華的金黃拉布拉多狗提普（Tipu）正出門做晨間散步，向我們跑來。淡藍色、黑白配紅點、棕色、孔雀眼橘等色的蝴蝶，在馬櫻丹樹叢間飛舞。香蕉樹懸掛著沉重的果實，所以用竹竿撐著。還有深綠色葉子的芒果樹與波羅蜜、柳橙、葡萄柚樹。在遠方我們可以看到廣大的菜田。邊緣排著磚塊的紅色調碎石小道縱橫整個建築物群。

我們從別墅門上的三個馬蹄下走過，這在印度不是常見景象，習俗上，九層塔樹才是幸運象徵。然後我們坐下來看錄影帶，奧克雷家族在禁獵以前打下的美洲豹頭從上面俯瞰著我們。

電視節目裡和印度有關的片段，是一個叫做胡魯（Huru）的童工與他的解救者。找到並救出他的人，是來自南亞兒童奴役聯合會（South Asain Coalition on Child Servitude）的志工。這個組織位於德里，是魯格馬克主要的印度非政府組織支持者。劇本堅持多達三十萬名的兒童在印度的織布機上遭受奴役。影片認為南亞兒童奴役聯合會是唯一在找尋童工的組織，而作為魯格馬克宣傳的一部分，影片估計「十張沒有貼上魯格馬克標誌的地毯裡面有九張可能是由被奴役的小手製作」。這如果是真的，就免不了表示某些沒有支持該組織的最大地毯製造商固定出口由兒童製造的地毯。我們看到讓羅賓・嘉蘭生氣的一幕：亞倫・奈特博士（Dr. Alan Knight），那個有良心的特力屋貿易主管，站在一堆最廉價的地毯前推銷魯格馬克，並說其他的地毯可能由「一個十歲的印度小奴隸，被綁在他的織布機上，一天工作二十個小時而完成。」

維努喃喃自語說：「無稽之談。織一張地毯需要注意力，沒有小孩可以一天工作二十個小時而不弄出個會被貨主退貨的劣品。」

亞倫・奈特博士並非笨蛋。當我跟他提到這部影片的時候，他指出魯格馬克由基督教捐助處（Christian Aid）、樂施會（Oxfam）及其他英國非政府組織所支持。他認為公司採購在貨品供應鏈的道德問題上應該要找出解決方法時，那張標籤是解決他們所面臨兩難困境的方法。此外特力屋處理來自非政府組織壓力的實際方法，就是不買印度的地毯。「而誰能夠幫忙呢？」奈特博士問我。可是他被放在一個錯誤的位置，被過度渲染的反童工活動引導做出誇大的宣言。

在發生突襲的場景中，維努變得疑心更重。警察看起來十分消極，沒有跡象顯示應該到場的資深政府官員在場，而村莊的名字也沒被提到。「我不敢說這是設計好的，」他說：「可是這看起來一定不是他們所宣稱的官方行動。」

維努指出影片中另外一個奇怪的狀況。父親要求南亞兒童奴役聯合會找到他兒子，但是連他兒子在哪都沒有頭緒。所以南亞兒童奴役聯合會要怎麼找到他？如果在幾千平方哩上散布著三十萬個童工，就表示他們得海底撈針。記者冒充地毯買家去和織布機主人碰面，而後者並沒有真正出現，只是派了代表來。維努說進口商通常是不會和織布機主人打交道的，但是更上游的製造商給織布機主人佣金。

我們已經聽說突襲是在幾個月前於米爾札普爾附近的村莊拍攝的。地區法官告訴我們，他不知道突襲，所以我們認為或許是第四頻道突襲，並由南亞兒童奴役聯合會設計。不過我們接著發現兩個來自南亞兒童奴役聯合會成員童年拯救社（Bachpan Bachao Andolan）的代表，這個組織在地毯工業區進行過突襲。他們在某家賣大理石的店鋪外晃盪。顯然業主拉馬．香卡．喬拉西亞（Rama Shankar Chaurasia）是南亞兒童奴役聯合會的秘書長。他大部分時間都在德里。他的店鋪——他還擁有租賃婚禮與其他活動所需帳篷的店——和突襲都是由他兒子拉傑許（Rajesh）負責的。有個戴著破舊棒球帽的光頭年輕人告訴我們，他在城裡其他地方「做生意」。

「你可以跟我說話。我有獲得授權，我是區域專員，」蘇迪爾．瓦爾瑪（Sudhir Varma）說，露出染著檳榔漬的牙齒。他指著另外一個靠著店裡櫃檯的年輕人繼續說：「那是我同事狄尼西．亞達夫（Dinesh Yadav）。他是個志工。」

狄尼西・亞達夫的姿態雖然比較謙虛，但其實是個自信滿滿，或許我應該說過份自信的年輕人。他接過了發言人的棒子。他堅持該運動進行了許多突襲，一個月會有六、七次到十次，有時候一天兩三次。今年他們解放了一百六十五個童工。當我們問到米爾札普爾地區的突襲細節時，狄尼西變得比較沒那麼有信心，說：「有些成年的奴工被解放吧，我想，時間是一月三日，有的孩子在一月六日和七日被解放。」

現在已經是十月底了。

專員跑來解救他：「我們得查看檔案，而且拉傑許不在，我們不能這麼做。」

問到最近在米爾札普爾附近被拍下的突襲時，他們看起來有點意外。他們什麼也不知道，但是我們問到關於第四頻道的攝影時，狄尼西可以告訴我們確切的時間和地點——一九九九年十二月二十八日在維許瓦納特普爾（Vishwanathpur）村。

雖然南亞兒童奴役聯合會和魯格馬克密切合作，狄尼西堅持他找到過在該基金會授權的合法織布機上工作的兒童。「他們有一半的織布機沒有登記，他們只檢查有登記的，」他譏諷地說。

蘇迪爾把帽子推到頭後面，冷笑著說：「出口商在愚弄魯格馬克的人。他們會寫說他們使用某一台織布機，其實是用另外一台工作。」

我們問蘇迪爾他是否發現過在歐比提或希爾公司的織布機上有兒童在工作。他毫不猶豫地回答：「歐比提和希爾沒有童工。他們有自己的檢查員。」這嚇了我們一跳，因為我們都知道南亞兒童奴役聯合會和歐比提關係有多差。

這是艾德華永遠不會自己說出口的宣言。他只會說歐比提盡力確保他們的織布機上沒有兒童。

第四頻道的影片還有一個疑點沒有釐清：南亞兒童奴役聯合會如何在父親沒有提供任何頭緒的情況下，找到某個特定兒童？我問狄尼西他們怎麼找到小孩的。

「主要是我們知道小孩的住址，小孩寄信回家，或是工人全都來自某個村落，然後有個人回家了。」

蘇迪爾很快地打斷他的話：「不是回家，你是說逃走。」

「可是，」我堅持道：「假設你們根本沒有地址，你要怎麼找到人家拜託你去找的小孩？」

「這是個大問題。我們辦不到。」狄尼西承認。

為了要完全確定第四頻道的突擊，我們第二天開車到吉央普爾（Gyanpur），我們聽說當地的助理檢察官曾經陪同南亞兒童奴役聯合會的志工。他已經被調職，這是北方邦的方式。但是我們設法找到一個比較資淺的稅務官員剛帕．拉姆（Ganpat Ram），他坐在政府分配給他，當作他在宿舍區住處的黃色水泥屋外；這個宿舍區分離了吉央普爾民眾和政府。有個廢棄的手動幫浦豎立在污濁的水塘中，周圍都是野草。顯然這裡的北方邦行政人員沒辦法照顧自己。這個稅務官輕鬆地穿著背心和腰布，還沒去上班。當我們問他關於第四頻道的突襲時，他說：「的確有這個突襲。因為地區法官發了許可，勞動官員和稅務官隨行，所以是官方行動。」

這對新聞採訪和所有新聞記者來說真是不愉快的一面，而我得承認，這個稅務官沒有「報個好料」讓我覺得很失望。在這種情況下，有人好就表示有人壞。如果突襲沒有官方紀錄，對第四頻道來說會是個壞消息。但那只是個意外的獎賞。我們沒去米爾札普爾調查影片，而是在講艾德華和他對抗魯格馬克的故事，以找出這是否又是個被誤解的第一世界對第三世界問題的干預，或是一個頑強的被流放生意人，拒絕參與一個有效的計畫來防止童工，並拯救地毯業。要完整地講這個故事，我們得看看歐比提採取何種措施來防止童工幫他們織地毯。

工廠先將羊毛染色，再送到織工那裡，而地毯下了織布機後的處理完成品地點，是與公司總部隔著恆河的戈毘岡吉（Gopiganj）。工廠既古老又現代。他們用老式天平而非現代磅秤，在棚子裡秤羊毛重量。供煤機在保持鍋爐蒸氣的工人身上留下煤灰條紋。鍋爐上一個黃銅牌子寫著：工程師葉慈（Yates）與索恩（Thorn），一九二一年，布拉克本❾。不過就在鍋爐外，是個現代化工廠，處理排放物，在辦公室裡是空調房間和一排電腦螢幕。這是織布機紀錄的保存處。

陪伴我們的是身材短小精悍的資深副總經理米提雷希．庫瑪爾（Mithilesh Kumar），他指著螢幕上顯然是買家編號的號碼、訂單號碼、設計編號、織布機主人的名字、地毯進度的詳情、倉庫號碼。歐比提顯然有二十五個倉庫分布在十四個區。每個倉庫都有織布監督和檢查員，他們的工作是確保沒有兒童在編織歐比提的地毯。米提雷希．庫瑪爾給電腦下了個指令，就出現更多關於織布機主人的詳情，包括家裡所有成員的名字。這表示如果在織布機上發現兒童，歐比提會知道那是否為織布機主人的家人。

米提雷希．庫瑪爾承認，歐比提的調查員有時候會發現小孩在織布，那就是為什麼該公司不給絕對保證。

「不過現在這很稀少了，」他說：「大家都知道歐比提會檢查他們的織布機，如果發現小孩，公司的人會馬上趕過去、確認、拿走織布機主人的合約卡，他們的工作就丟了。」

沿著歐比提工廠的路走下去就是魯格馬克的辦公室，該組織監視為二百二十五家出口商工作的二萬八千台左右的織布機。他們沒有在註冊織布機所在地帶設辦公室或工作人員，不過他們在二十九個區域進行檢查，比歐比提的十四個為多。魯格馬克十一位檢查員以戈毘岡吉為基地，或是在瓦拉納西。他們有電腦，可是我們臨時前往的時候，唯一會操作電腦的人在休假。辦公室本身在一棟大房子的一樓，而檢查與監視專員拉希德．拉薩（Rashid Raza）告訴我們，電腦常常動不了，因為電力供應不穩定，房東又不讓他們使用吵鬧的發電機。最近的紀錄看起來全都是用手寫的。

拉希德．拉薩是個還算年輕的人，顯然真心相信魯格馬克的說法是真的。「我們可以百分之九十九保證沒有小孩在編織地毯，」他說：「而我可以完全保證，如果有兒童在工作，他會被抓到。」

但是他的確承認，有個問題是，出口商沒有呈報所有幫他們織地毯的織布機。這個問題因為出口商無意提供織布機的最新資料而更為複雜。他告訴我們：「我們的確找到有些沒有列入名單的織布機，有的我們找不到。困難之處在於大部分的出口商不知道他們的產品在哪裡製作。」

最近的經濟情況也降低檢查員的有效性。他們通常開車旅行，可是現在是兩人共騎一台機車，這使得檢察範圍縮小，且表示檢查幾乎完全集中在以瓦拉納西或戈毘岡吉為中心方圓五十公里的兩個地區，而且這兩區還有重疊。

「這是個問題，」拉希德．拉薩同意，「但是這也有好處。車子很難深入鄉村，而且大家可以先看到有車子開過來，騎機車比較不會引起民眾的疑心。」

拉希德到隔壁房間接電話而中斷談話。他回到房間的時候看來很開心，坐下，然後帶著滿足的笑容說：「好吧，你們真幸運，我們有一組人剛找到童工。」

我們不能直接前往織布廠，因為拉希德不知道地點，所以我們得開車到某個檢查員家，等他回來。他家在希爾公司工廠高大磚造煙囪的陰影下。該公司有些工作集中在工廠附近的居民身上。從那個檢查員的家沿著路下去，有間房子裡，藝術家在畫地毯的圖樣，而在另外一間我看到之前拜訪米爾札普爾和鄰近地區沒有看到的景象。有個年輕人正在敲打著一個看起來像插在拉開的地毯裡的鑿子，搞得編織物看來四分五裂。拉希德解釋說，每敲一下鑿子，工匠就移動一個結來拉緊那些我看起來非常扭曲的線條。當他移動結的時候會出現缺口，但等到地毯從支撐架上拆下來就會消失。工匠使用的工具看起來像是個鑿子頭，可是尖端很細，就像針一樣。不過，任何沒有絕佳眼力、穩定的手、工匠協調性的人，肯定會在做這件工作的時候，造成地毯的損傷。

當我們繼續走下去，槌子的敲打聲也淡去。我跟拉希德說：「織地毯的可憐人一定為製造這樣的麻煩而付出龐大代價。」

終於兩個檢查員從日常工作回來。似乎他們找到不只一台，而是兩台織布機上有兒童。他們給我們看檢查報告。列在編號五十二的織布機位於吉格納（Jigna）村，距離米爾札普爾約四十公里遠，有個兒童被發現在登記的製造商馬杜地毯（Madhu Carpet）的織布機工作。這是個可悲的案件。男孩的父親是個殘障，而在他旁邊的織布機上工作的哥哥也只有一條腿。檢查員說那個童工大約十三歲。

另外一個小孩在米爾札普爾工作，所以我們決定去看那台織布機。當我們接近市中心某間房子的車庫時，我們聽到一排編織針喀答作響的聲音。當我們到那裡的時候，我們看到九個年輕人坐在金屬織布機前，用梭針刺入緯線。每當機械針插入並剪去一叢羊毛的時候就會喀答作響。這些機織地毯的價格比手工地毯便宜許多，而這些織工沒有一個是年齡不足的。不過在一個角落站著一個男孩，安靜而困惑，穿著因陳舊而泛黃的褲子與背心，看得見胸膛凸出的肋骨。

織布機都由主人的兄弟負責監督。他一看到檢查員就抗議：「這個小孩在這裡工作不是我們的錯。是他爸爸求我們給他工作，因為他需要錢。」

拉希德．拉薩向他保證：「我不是來逮捕你的。我是來看看應該怎麼辦的。」

不過他還是繼續爭執：「你們表格上的出口商名稱和我們訂單表上的不一樣，所以這個地毯也不用你們擔心。」

那的確看起來有點困擾，因為檢查員認為這些織布機是為舒克拉兄弟（Shukla Brothers）工作，可是下地毯訂單的是另外一家。在討論這所有事情的時候，家族另外一位成員趕到，宣稱主人就要來了。然後主人抵達，他是個陰沉的人，看起來準備讓家裡其他人為他的案子鬥爭。

終於，為了讓檢查員回心轉意，孩子的父親賈利爾（Jalil）出現了。他是個瘦弱、頭髮蓬亂、臉頰削瘦、眼睛濕潤的男人，穿著有污漬的白色無領上衣和用最薄棉布縫製的寬鬆長褲，他在我們面前蹲下，雙手合十哀求道：「我是個窮人。看在老天的份上，請為我做些什麼吧。」

我們要他坐在凳子上，但是他喘得像保養不良的蒸氣火車，拒絕我們說：「不，我是個小人物，你們是大人物。憐憫我和這個小孩吧。」

尷尬的拉希德．拉薩終於說服他從地板上起來。

老人繼續為他的家庭哀求：「這個孩子是我們唯一的收入來源。我太太病重，我其他的兒子的眼睛幾乎看不到東西。你們看得出來我不能工作。」

衰弱到幾近饑饉，他的呼吸在胸口撞擊，這不言自明。但是魯格馬克小組堅持那孩子不可以繼續在織布機上工作下去。

賈利爾懇求他：「到現在只有老天知道我們怎麼活下來的，現在我們要完蛋了。」老人發誓他的兒子生於一九八六年，已經十四歲，但是看起來不像。他顯然每天賺取二十五到三十盧比，他父親說只夠每天買幾公斤麵粉。

魯格馬克小組堅定不移。然後吉莉建議父親應該符合該邦老人津貼的資格，雖然很少，應該會有點幫助。其中有位檢查員指出，要讓政府付津貼是很困難的事情，不管法律對資格是怎麼說的。但是最後是檢查員會盡力幫他取得津貼。這當中沒有人說很多，但是我們全都知道男孩得去找另外一份工作。

在米爾札普爾另外一端，穿過聖公會（Anglican）教堂的遺蹟，還有過去在此做禮拜的英國統治者後代所住的平房，在白色高牆之後，歐比提工廠區是個不一樣的印度。有著現代化的辦公建築、電腦繪圖的地毯設計、國際顧問、薪水不錯的員工，歐比提在印度地毯製造商中是最大的出口者並不足為奇，該公司也是最大的織工雇用者，根據我們遇到的織布機主人，還有少數直接下訂來節省仲介人費的公司，他們付的價錢也最好。歐比提也阻擋了目前地毯業衰退的趨勢，保障旗下織工的生計；這些全都是魯格馬克在美國活動威脅下的成果。魯格馬克活動的目的，是要打擊那些沒有貼上他們標籤地毯的銷售。魯格馬克到美國訴求「解放被奴役的兒童」，讓美國人相信，「你們對貼上魯格馬克標籤的東方地毯的需求，可以幫助阻止奴役兒童的恐怖，」且「數以十萬計的兒童，年齡低至七歲，被奴役著編織美麗的手工地毯來滿足美國的消費者」。

離開米爾札普爾前，我們又問了艾德華．奧克雷一次，他是否不願聽忠告接受魯格馬克標籤。他很堅定：「那是因為這個活動抹黑我畢生奉獻的產業，一個我真的負責任的產業，就像我父親一樣。」他生氣地說。

我想插嘴，可是艾德華舉起他的手。他安靜了一下，聲音裡所有憤怒的痕跡都消失了，他的眼睛往下看，繼續說：「當你常常讀到，或在電視節目上看到這個產業被講得很難聽的時候，真的很叫人心碎。他們的指控不只是兒童違法工作，而且還被當成奴隸、長工，是非常駭人聽聞的事情，當你發現大部分住在海外的人相信他們看到或聽到的一切，真令人沮喪。這表示他們相信我在這樣的產業工作。」

回到德里，在德國大使館的辦公室，印德出口推展計畫的楷布舒爾博士（Dr. Kebschull）是魯格馬克組成的推動者，現在也還擔任顧問。他毫不後悔。他指出魯格馬克成立是為了先防堵德國零售商在反兒童奴役活動的提醒下，杯葛印度地毯的威脅。當我說為了推銷魯格馬克，該基金會侮蔑其他地毯製造商的時候，他堅持：「我們從來不會做有損印度地毯業的事情。我們希望印度地毯業枝繁葉茂。」

「但為了要大家接受魯格馬克，你們一定有暗示沒有貼上標籤的人就是雇用奴隸童工。」

「我們不想大家都成為魯格馬克出口商。印度政府也推出打對台的標籤，我們和他們合作過。如果我們希望大家都是魯格馬克的會員，我們怎麼會這樣做？」

「可那就是你們的宣傳給人的印象。」我主張。

「這不是我們的本意。」楷布舒爾博士唐突地說。

在德里零售市場的辦公室，我們找到在魯格馬克董事會唯一印度非政府組織代表，同時也是南亞兒童奴役聯合會主席，凱拉許・沙提亞爾提（Kailash Satyarthi）。南亞兒童奴役聯合會就是提供第四頻道故事的組織。我說該組織說十張沒有魯格馬克標籤的地毯中，有九張是童工製造的，未免過份。

「不，這數據不對，我不相信，完全不。」他急忙回答。

問到地毯業裡有三十萬童工的數據，他承認那個數據是根據八〇年代的調查，而最近研究顯示已經大幅降低。他不相信目前在印度會有任何針對地毯業的完善科學調查。

所有我們拿到的證據顯示，自八〇年代以來，情況已經大幅改善，而沙提亞爾提也同意。所以我又問他為什麼還要用那個三十萬的數據。

想了一下之後，他解釋說那是根據「某種假設」。

「例如，」他說：「織布機的數量，還有每台織布機至少有兩名兒童在工作的假設。這樣就會多於三十萬。」

我又問：「你有什麼證據？」

「有些研究。」他模糊地說。

當我們到達辦公室的時候，我們拿到一份沙提亞爾提自己寫的出版品。在書後附錄了一段很長的文章「關於作者」，一開始是登在《遠東經濟評論》（Far Eastern Economic Review）上。作者稱讚他是「對抗剝削兒童和擔保勞工的領導者」，並形容他是個「接近四十歲的高大英俊男士，有濃密的深色鬍鬚、聰慧的溫柔眼眸，底下是堅定的決心。」現在他已經四十多歲，歲月對沙提亞爾提相當仁慈，而他又進一步往世界的舞台進展。在羅伯．甘迺迪⑩之女凱莉．甘迺迪．古娥摩（Kerry Kennedy Cuomo）的書裡面，他是五十位人權活躍分子中唯一的印度人，而沙提亞爾提才剛去美國參加柯林頓總統的新書發表會。在書裡，他被形容成「印度揚棄童工的北極星」。

我問沙提亞爾提，「你會否擔心有太多注意力在你身上？」

「在全球反童工遊行中，其他很多人也得到許多注意力。」

「可是在你自己的出版品中，你被描寫成孤單的人物。」

現在不確定感動搖了他堅定的決心。「這不是我寫的文章，」他語帶抱歉地說：「那也是很舊的小冊子了，我向你保證，下一版我會把這篇文章拿掉。」

然後我繼續指出在同一篇文章中，他把祖國印度描寫成「被機會主義的政治操控，被地方自治主義和種姓戰爭撕裂」。

沙提亞爾提非常不舒服。「不，我也不相信這個，」他說：「事實上，印度是唯一對童工問題花費極大努力去找答案的國家。你可以在這裡找到民間社會干預的最佳實驗。有了法律，我們的進步比其他國家多很多，我們有比其他國家更進步的計畫。」

我回到他身上：「可是在整本出版品中都沒有提到這些訊息。」

「或許沒有。在印度或是世界其他地方發生的所有正面事情應該都要被彰顯。」

所有正面的事情，我自己想著。在這個情況下，艾德華．奧克雷對揚棄童工的努力也應該被肯定。

【注釋：】

❶閻牟那河（Jamuna）：印度西北部河流。發源於北方邦北部的喜馬拉雅山脈，西南流至德里，再轉向東南，匯入恆河。全長一三七〇公里。與恆河匯合處為印度教最重要的聖地之一。

❷排燈節（Diwali）：印度的重大宗教節日之一，每年在十或十一月舉行。

❸克米茲（Kameez）：巴基斯坦的國服。

❹魯格馬克基金會（Rugmark Foundation）：一個致力於終結童工，爭取兒童教育機會的基金會。

❺法利賽派（Farisee）：西元前七〇年巴勒斯坦地區猶太教內很有影響力的少數派。此派成員主要是世俗人，可能起源於反對海爾卡努斯一世（約西元前二世紀）的政治野心的哈西德派（Hasidim）。法利賽派的主要特徵是：脫離一般公眾，拘泥於關於禮儀純潔、淨身和飲食規則的成文或口傳律法，甚至遵守原僅為祭司制訂的規定。

❻吉祥天女拉克希米（Lakshmi）：印度教中象徵繁榮昌盛的女神，毘濕奴之妻，有時稱「蓮花女神」、「雪山女神」。每年秋季為祭祀她而有「排燈節」的盛會。

❼山特・賈奈爾・辛格・賓德朗瓦爾（Sant Jarnail Singh Bhindranwale）：一九四七～一九八四，被譽為錫克教英雄。

❽吉卜林（Rudyard Kipling）：一八六五～一九三六，英國作家，生於孟買，於一九〇七年獲得諾貝爾文學獎。

❾布拉克本（Blackburn）：英格蘭西北部蘭開夏城鎮。

❿羅伯・甘迺迪（Robert Kennedy）：一九二五～一九六八，曾是其兄甘迺迪總統（一九六一～六三）的顧問，並擔任司法部長。後當選參議員（一九六五～六八），於爭取民主黨總統提名時遭暗殺身亡。

3 從頭爛到尾

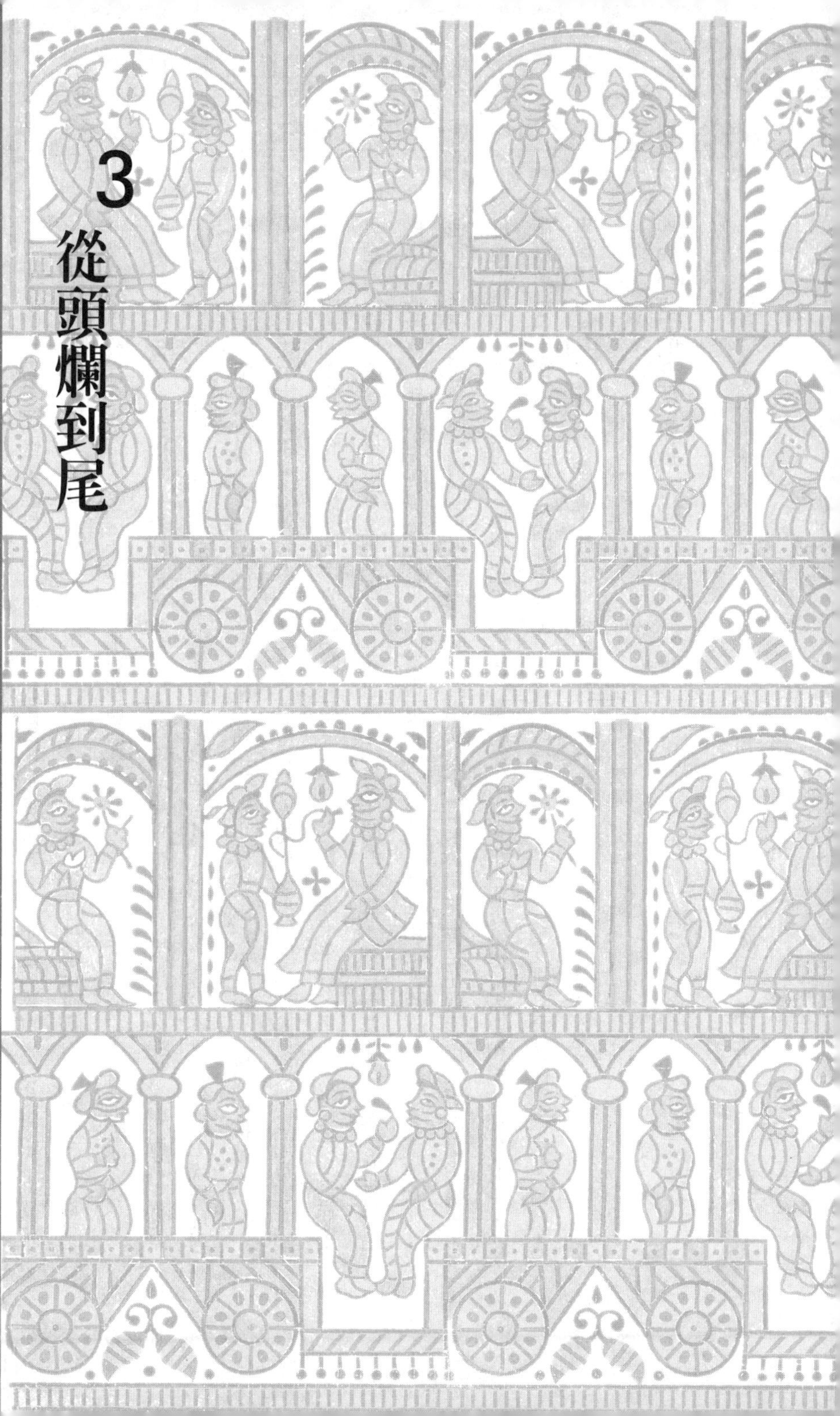

生平第一次，馬修．薩母耳（Mathew Samuel）走進德里一家服飾店購買外套和領帶。他花了一個小時才對領結感到滿意。身為銀行辦事員的孩子，馬修．薩母耳是在邊遠的一家敘利亞正教基督學院受的教育。他常常說：「我不是那種在城裡讀書的小孩。我是來自荒郊野外的鄉下小孩。」神情愉快，也不自我欺騙，他總是承認自己「沒拿到學位」，或者就像在北印度常常說的，他是「學士不合格」。他五年前才來到德里，靠著當記者糊口。但是他不願意誇大自己的長處，或是玩弄辦公室政治，讓他的事業受到限制。他不喜歡「高調的人」，從來不「幫編輯的自我做按摩」。

雖然馬修不喜歡和「高調的人」打交道，也沒有傲人的學歷，他因為受雇以幾個星期時間去調查貪污防治的工作，在這段時間內，他已經說服一千高級官員、陸軍軍官、軍火商等相信他是個軍火商。他使用隱藏式攝影機，拍到那些人在討論和接受賄賂的影片。到目前為止，這些影片都沒有播出，他所寫的新聞也沒有公諸於世，因為他得拍到有政治人物在內的影片。為了要拍到某個人，他宣稱自己代表一個虛構的軍火公司，叫做西岸國際；這家公司據稱是在賣手提式感熱攝影機，不過他對這種產品一無所知。他現在正在準備一個約會：外套和領帶就是為了要和國防部長喬治．費南德斯（George Fernandes）的好友賈婭．傑特利（Jaya Jaitly）已經安排的會面所準備的。這個人也是國防部長所屬的黨派——薩曼多（Samata）黨的主席。此次會面將於國防部長家進行。

一個記者的貪污報導

馬修是一家叫做泰錫卡（Tehelka）的網路公司調查記者。這家公司的名字意為「聳人聽聞」。

我認識他是在他的新聞引起大轟動並威脅到當今政府存續以後。謠言說馬修因為受到生命威脅而藏了起來，但是他一聽到我要訪問他，馬上就同意和我共進午餐，地點是在德里最高級的旅館歐柏羅伊（Oberoi）的咖啡廳，這可不是一個想要藏起來的人會去的地方。

在我看來，馬修像個中東人多於南印度人，他的皮膚是淺棕色，大鼻子、黑色鬈髮。他的肚子很大，不過行動敏捷。他是個天生的旁白敘述者，用他帶著濃厚南印度腔調的口音，說著出口成章的英語。我們在咖啡廳的桌子邊坐下。在那裡你付的錢是給大理石地板、奶油色牆上鑲嵌著半寶石的泰姬陵式白色大理石板、棕櫚的水彩畫、真的種在花盆裡的棕櫚。馬修已經知道我想要聽聽他怎麼揭發「泰錫卡醜聞」，而且他也急著想告訴我他的故事。我甚至還來不及問他午餐想吃什麼，他已經打開話匣子，先告訴我他和賈婭的會面。

「我先說這件事情，」他說：「因為這是最困難的任務。我們接到朋友的警告，說已經有人告訴賈婭我的公事包裡有裝攝影機，而泰錫卡的第一個鏡頭，就是用它拍的，也就是板球比賽結果舞弊案。我們聽說，她將不讓任何人提著公事包來見她，所以我不能在她身上用同樣手法。我得用個我從沒用過的辦法，把針孔攝影機貼在身上。」

「那樣不是很危險嗎？」我問。

馬修笑著拍拍自己的肚子：「這個肚子幫了大忙。你看，我把攝影機綁在外套底下，但是我覺得他們不知道那不是我的肚子。」

途中馬修發生大麻煩，因為開關從他褲子的洞掉到他的胯下。「就是這樣，」他說：「攝影機開動的時候那個會震動，告訴你運作正常，而它就在我小弟弟旁邊震動。我想把它撥開，或者摳到旁邊去，可是辦不到。我有點受到那個影響。」

我在和馬修碰面之前已經看了不少他拍攝的影片，很好奇他那次會面為何以奇怪的角度拍攝。馬修解釋說攝影機的鏡頭釘在他的領帶上，可能有點下滑。我發現他能夠拍到薩曼多黨主席那張瘦長的臉真是幸運。

之前為我們帶位的那位舉止優雅、穿著藍色紗麗的咖啡廳經理又回來提醒我們還沒點餐。馬修選了湯和炸薯條。我點了魚和薯條。由於我聽說馬修喜歡喝酒，我問他要不要啤酒，不過他說他等一下有工作，喝酒會讓他想睡覺，所以我們都喝新鮮的檸檬蘇打。

話題轉回影片上，馬修說：「你一定已經看過影片了。我很狡猾（chaalu）。當我被引見給賈婭的時候，我說的第一句話是，『我是從克拉拉邦❶來的。』她也是從那裡來的，你知道，這在印度是很重要的。」

接著影片拍攝賈婭、工業家蘇蘭卓．庫瑪．蘇雷卡（Surendra Kumar Sureka）、最近退役的少將穆爾蓋（S. P. Murgai）之間的對話。穆爾蓋就是陪著馬修前往的人，他是個矮小、臉上有褐斑的人，最近才從陸軍總部品管署常務總監的職務上退休——那可是軍火採購系統的關鍵人物——並天衣無縫地從軍火採購搖身變為軍火商人。當馬修突然打斷話題的時候，聽得出來穆爾蓋將軍和蘇雷卡正在盛讚投資電子業的好處。馬修拿出一只裝了一疊鈔票的信封問道：「我可以把這個送給夫人嗎？」

我不能理解為何馬修這麼突兀地提到錢這個話題。他解釋說：「我很怕。我在國防部長的家裡。如果出問題，他們會當場開槍打死我。我知道我信心十足——這是老天賜給我的——但是那時候我很害怕。我那時和穆爾蓋將軍坐在一起，身邊還有另外一個軍火商，桌子另外一頭是賈婭的黨內大老。我的胸口就貼在桌緣，想辦法要讓鏡頭對著桌子另外一邊的賈婭。那是一台不同的攝影機，所以我也不知道可以運轉多久。接著又有個東西在我小弟弟邊震動，而我放在公事包裡的攝影機留在外面的辦公室，還沒有鎖好，誰都可以打開。所以我突然發現這實在很危險。我想快點結束。」

馬修突兀地拿出錢讓我嚇了一跳，但是沒有嚇到薩曼多黨主席。影片顯示她說：「請把這個拿給我們黨主持國政會議的部長。」賈婭在解釋國政會議的目的時，馬修一直緊張地囁嚅著說：「好，沒問題，沒問題。」最後她說：「所以在這個過程中，我們需要一點協助，因為他說，『聽著，我可以負擔一半的支出，你們要負責另一半。』」

馬修笑起來，「我們公司也需要你們的祝福。」

然後穆爾蓋將軍的聲音解釋：「要讓西岸公司的感熱攝影機度過第一道關卡是很難的。」陸軍還沒把這項裝備列在選定最後競標公司前的攝影機測試清單上。

賈婭保證會幫忙，說：「如果他們沒有這樣做，我們可以說『聽著，你們不能有大小眼，要給大家機會』。」她繼續說下去，顯然在嘗試說服自己和其他人，幫助一家公司的產品獲得被陸軍考慮的公平機會並沒有錯。賈婭每說一句話，馬修就附和：「對，對，對。」最後對話回到國防部長身上，賈婭說，「我不會直接插手這件事情。我只是會跟大人（Sahib）的辦公室說，有人沒有被列入考慮，所以請傳個話下去說，若是有人的東西品質好、價格也不錯，那就該被列入考慮。這是因為我們並不特別對任何人有興趣，是對好品質和好價錢有特別興趣。」

穆爾蓋將軍說：「此言不虛。」

賈婭繼續說：「這是國家的利益，所以我們要保證你沒有遭到漠視。之後一切就要靠你和你的產品了。」

為了要讓會議結束，馬修很快地說：「這就是我希望的，就這樣而已。」

穆爾蓋將軍聽懂了他的言外之意，提議他們該走了。臨走之前，為了要確保這樁交易有被錄下來，馬修說：「那裡有二十萬盧比、二十萬。」照馬修的說法，那真是好運多過正確判斷，影片錄到當馬修為了影片效果所說的數字之時，賈婭在點頭。

馬修忙著說故事，沒空喝湯和吃薯條，所以我建議停一下，但是他興趣缺缺。「不，我樂在其中。」他說，「不過或許我還是想來點啤酒。」接著一瓶冰涼的金費雪（Kingfisher）啤酒被拿到馬修面前詢問他的意見，好像那是瓶陳年香檳一樣。他喝口啤酒，點起菸，繼續說故事。

「你知道，很多人覺得這是計畫完善的行動，由我和我的編輯通盤思考後的結果，其實這是個意外。我的編輯說，我們應該報導國防採購。我認識一個在國防部工作的人，是個不錯的開頭，但是我完全沒有自己進行的信心。接下來我和一個在孟買認識的傢伙阿尼爾•馬爾威亞（Anil Malviya）喝了幾杯酒。他和我一起來德里的原因是，他是供應商和國防部食堂之前的仲介，也知道那裡的貪污腐敗。喝酒的時候你會冒出很多點子，所以我們決定阿尼爾扮成一個軍火商，而我就帶他去見我在國防部裡面認識的那個人，看看事情會發展成怎樣。」

雖然喝酒所帶來的宿醉讓他們第二天很不好受，不過和馬修的線民見面對兩個人來說似乎是件好事。馬修知道那個線民叫做沙西•曼儂（Sasi Menon），不過後來傳出他的真名叫做P. 沙西。他也是從克拉拉邦來的，據說在國防部裡是部門高級長官，不過實際上沒有職銜聽起來那麼高級。

「那沒關係，」馬修告訴我：「你知道，你得明白軍官和官僚有多麼依賴辦公室裡的手下。畢竟他們知道很多發生的事情，可以幫你很多的忙。事實上我只偶爾和沙西・曼儂見面，不過他可是整個行動的基礎。」

「可是曼儂知道你是個記者，他以前見過你，難道他不會訝異你介入軍火交易嗎？」我問。

馬修看著我的樣子好像我昨天才出生。「你不知道很多記者都和火箭有牽扯嗎？沙西・曼儂肯定知道。」

馬修樂於告訴我他有幾次差點被抓包。他告訴穆爾蓋將軍，他們公司的銀行是湯瑪斯・庫克❷。他又跟某個軍火商說，他留在英國的時候，住在一家叫做「曼聯」❸的旅館。不過這兩個人看來都沒有聽出啥不對勁。他一開始幾乎出問題是因為當沙西・曼儂問他，他們公司賣些什麼產品的時候，他一樣產品都想不出來，所以他隨口就說，「從別針到坦克車都有。」「別針到坦克車」這幾個字被周圍談笑聲的強烈聲浪所掩沒，我得要求他重複了三次，才終於把那幾個字記下來。

沙西・曼儂並沒有因為這麼驚人的產品清單而起疑心，想了一下之後，他答應把這兩個人介紹給他老闆。

「你們有賄賂他嗎？」我問。

「喔，小意思，五千盧比。」馬修這樣回答，然後他開始笑：「只要我付錢給沙西・曼儂，我就要他給我其中的一成。我想他應該會認為，如果我像他一樣奸詐，我就會這麼做；這樣可以建立我的信用，還可以支付阿尼爾留在德里的住宿。」

沙西・曼儂的上司是阿尼爾・賽格（Anil Sehgal）上校，是軍需與補給總處的官員。代表他來談判的沙西要求三十萬的代價，來換取目前陸軍打算採購設備的相關資料，可是馬修最後以兩萬的頭期款成交。他用一百盧比而非五百盧比的鈔票付款，以確保包裹大到可以在影片中清楚呈現。

塞格合作的意願提高了。他告訴沙西・曼儂打開一個櫃子，然後交出陸軍計畫採購設備相關的文件。這些文件讓馬修的編輯阿尼魯達・巴哈爾（Aniruddha Bahal）更加興奮。他和馬修選了感熱攝影機做為推銷的產品，而泰錫卡的設計部門為倫敦西岸國際這家虛構公司設計了小冊子。

泰錫卡也為塞格與一名同行的軍官在旅館安排了應召女郎。「那不是最貴的五星級旅館，」馬修說：「我不知道我還得進行多少賄賂，而我的預算是一百一十萬盧比，所以我得盡可能省錢。這就是為什麼在那些場合我都會從外面自帶飲料的原因，因為我不想付旅館昂貴的費用。」

馬修坐回他的椅子上，伸個懶腰，又點燃一支菸。在我沒有催促他的狀況下，他繼續說下去。「叫過應召女郎以後，發生一件讓我們陷入困境的事情。我需要塞格給我更多關於設備的資料還有聯絡人、我們應該會見的高級官員等，而他則要求更多錢。所以我去見他，又給了他兩萬盧比。在幫他叫妓女之前已經給過他兩萬了。可是他堅持我一定要打開我的公事包。我想辦法溜掉，回去跟我的編輯說。他認為我們應該馬上揭發這件事情，不過我說服他再給我兩天。我們想著怎麼平息他們的懷疑。最後我們跟沙西說，公事包裡裝滿了色情雜誌、神的圖片、錢，所以我們不能在塞格的面前打開，否則他會怎麼看我們？幸好這招奏效。」

但是每次他們去見線民，就要讓馬修的夥伴阿尼爾・馬爾威亞在孟買和德里之間飛來飛去，這樣變得很花錢，於是阿尼爾就退出了，剩下馬修自己代表虛構的西岸國際。疑心病重的塞格上校越來越危險，所以他需要再找一個他所謂的「第二聯絡人」。

這個人是塞亞爾（Sayal）中校，曾經也在軍需與補給總處工作，現在是中間人。他讓馬修非常不好過。

「喔，那個塞亞爾，」馬修嘆口氣說：「他真是嗜錢如命。而且他也有懷疑我信用的習慣。他會說這張名片什麼也不是，這本小冊子也不算什麼，我要更了解你。我要知道你住哪裡。」

好險馬修有備而來，給了他一個空置的公寓二樓房間地址，就在西德里他住處的附近。那裡的一樓住了一個養了一堆狗的怪老頭，會嚇走所有想進去的人。馬修知道塞亞爾有兩次想穿過看門狗，但是都失敗了。後來他保證塞亞爾會在西岸國際得到一份工作，還會配一輛接近頂級的歐寶（Opel）汽車，才稍稍安撫了塞亞爾。

「這些德里人對於交通工具實在很講究，老是在問他們可以拿到什麼樣的車。」馬修說，語氣裡帶著南方人的輕蔑，認為北印度的人都是冷酷、心懷不軌的消費者。

自助餐已經從銅製的餐具架上撤下，只剩幾個比較慢的人還留在咖啡廳裡。啤酒已經喝完了，所以我又點了一瓶。

透過塞亞爾，馬修見到了穆爾蓋少將，還有一個我在看到影片時特別感興趣的將軍，軍需與補給處處長曼吉特・興格・阿魯華里拉（Manjit Singh Ahluwalia）。他是個纖細機敏，軍隊氣息相當重的人，而且他也使用軍隊術語。我很吃驚像這樣擔任重職的人跟一個素未謀面的人說話會這麼不小心。我看過他警告馬修：「你得搞個網絡，且讓我告訴你，你的本錢要夠雄厚，因為另外一邊給的肥肉都相當不小，所以你需要很雄厚的本錢，先把話說在前頭。如果你想要這個，如果你想要這種東西，你只得冒險一搏。」

阿魯華里拉將軍從來沒要過錢，也沒有拿過錢，但是排燈節慶典來臨的時候，他似乎很希望馬修會按照傳統給他送禮，所以他大喊：「撒拉（sala，意即混蛋），如果你在排燈節的時候來我家，沒帶藍牌約翰走路就別想說話。如果你想賺的是幾千萬盧比的生意，你也不能給我黑牌約翰走路。對吧？搞清楚這點啊。」

雖然政府的政策是軍火採購過程不應該有中間人的存在，不過阿魯華里拉將軍從不隱瞞與中間人之間的聯繫，也不隱藏對他們的輕視。「到現在我已經在這裡兩年了，我應該已經見過三十五到四十個人。每個白痴都認識該死的普亭❹。每個人都認識『國防部長』喬治・費南德斯，每個人都認識該死的普亭。」他大叫。「誰都認識該死的薩達姆❺，然後他們說現在會給我搞定這個。」

他也承認自己能力有限，並警告馬修：「即使你給我一百萬盧比，我也不知道你會不會拿到合約。我盡了我的力，但是你還有二十個關節要打通。有個人得出來做些具體的評估，到時你得滿足他。如果他不要，如果他批個否，他就把整個他媽的交易搞砸了。他會把到目前為止所發生的所有事情都搞砸。」

我告訴馬修，這段話讓我想到一位印度裔的美籍工業家跟我說過，「我想在自己的家鄉投資，但是我去了東南亞。你在那裡一樣要賄賂，可是你知道你付的代價都會有回收。在印度，他們就是跑出來要錢，一個接一個，沒完沒了，可是沒有半個人，包括部長在內，可以保證你的投資案一定過關。」

馬修坐回他的椅子。他揮舞的手把啤酒瓶碰倒，他的臉因為憤怒扭曲。「他說的真對！」他大叫：「那些王八蛋，這是恥辱，他們在搞亂這個國家。在這裡，你去哪裡都是叢林，每個人都等著吞你的錢，大家都說如果你不給，他們可以讓你的計畫停擺。」

一位侍者禮貌地請我們換桌子，好讓他們清理啤酒瓶，而我又點了第三瓶。馬修的幽默感又恢復了，繼續說他的故事，這一次告訴我塞亞爾和穆爾蓋之間的競爭越演越烈，穆爾蓋催促馬修踢走塞亞爾，建議給他另外一個聯絡人——武器與裝備部常務總監喬德瑞（P. S. K. Choudary）。馬修被說服相信他會發出一封「評估信」，讓西岸國際可以送上感熱攝影機以供測試。喬德瑞將軍是個高瘦、軍人體型的人，來自南印度。他不願意在五星級飯店露臉，因為軍情部門正在注意他，不過他同意在穆爾蓋家和馬修見面，然後是他自己家。他被拍到警告馬修軍方已經從以色列和法國分別採購了一些感熱攝影機。根據這位將軍的說法，跟法國的交易「是個意外，因為有討價還價」，他已經採取行動，不讓其他公司的產品來測試。不過他保證看看還能做些什麼，而馬修拍到他把十萬盧比塞進褲子口袋的畫面。

我很意外要讓這位將軍透露消息只要花這麼一點錢，不過馬修跟我解釋：「軍官、政治人物、中間人的確會為了安排這種會面而獅子大開口，不過靠著上帝的保佑和我的說服能力，我把價碼壓低，但讓他覺得如果我們繼續做生意，還會有更多。」

在我們對話間，馬修那些歸功於上帝的話語是非常真誠的。他告訴我，在進行某些風險比較大的任務前，他會去教堂祈禱上帝的幫助。

喬德瑞將軍告訴馬修，他得先得到國防部官員上層那些官僚的同意，才能回去決定結束感熱攝影機這個案子，並讓西岸國際的產品進行測試。穆爾蓋將軍在這裡也助他一臂之力，帶馬修去見國防部裡最資深的官僚之一，機要秘書梅塔（L. M.Mehta）。影片並沒有顯示他做出比半推半就接受一條金鍊子當作禮物更為罪惡的行為。事實上，他接受金鍊子的影像實在稱不上清楚，不過馬修說他有拿。

梅塔並沒有給馬修留下深刻印象。「我又出錯了，不過梅塔沒有發現不對勁。他以前是軍需處的聯席秘書，現在他是老大，可是當我跟他說我們也供應一些傳統型炸彈的時候，他一點也不意外。我相信真正的軍火商不會這麼模糊地描述產品，不過梅塔沒有說出來。」

我們還沒進行到馬修最大的行動，也就是接觸到總理所屬的右翼印度民族黨中的最高階層，可是到目前我們已經聊了超過三個小時，而我也有點累。馬修的話有時候很難聽懂，而我身後大理石噴泉製造出的水聲也讓我聽得更不清楚；我的筆跡越來越亂，害我深深對其可信度有所恐懼；要搞清楚事件的先後順序也變得越來越困難。於是我建議馬修先暫停，再找一天講完故事。他的熱情絲毫未減，說：「不，今天就把故事說完吧。不過你願意的話可以再叫一瓶啤酒。」

所以馬修的杯子又添上新酒，而我點了自己的第三杯咖啡。

馬修又開始說起故事。「有很多人幫我打進印度民族黨，有的人真的是獅子大開口。你一定有在影片裡看到某些人，但是最後我還是透過黨主席的私人秘書沙提亞・墨錫（T. Satya Murthy）見到主席邦加魯・拉克斯曼（Bangaru Laxman）。我和他討論幫我安排和他老闆見面的價格——十萬盧比——不過我當場只給他一條金鍊子。他對於這件事情不太高興，抱怨說：『你怎麼這麼小氣？全部的公司都給錢，』可是他還是安排了會面。」

在會面前，馬修又出了個狀況。他經過邦加魯・拉克斯曼在新德里（Lutyens's Delhi）❻的別墅花園大門時，看到兩、三個一起喝過酒的記者坐在接待室，等著見印度民族黨主席。幸好他在被看到之前就先閃了，並打了手機給墨錫，說服對方不要經過接待室把他帶去見他老闆。「那是第一次見面，」馬修解釋說：「在會面時我要求他給予政治上的協助，因為有兩家公司已經在供應感熱攝影機，要說服官僚有讓第三家公司加入的需要並非易事。這次會面沒有涉及金錢轉手，不過我很清楚會有進展。第二次見面的時候我拍到了在所有電視上一播再播的鏡頭。」

這個鏡頭是印度民族黨主席從馬修手裡接過現金。影片顯示邦加魯‧拉克斯曼穿著奶油色及腰外套和白色無領上衣，和他黝黑鬆胖的臉、染黑而漸薄的頭髮形成對比。當馬修在他辦公桌的對面坐下，試圖證明自己可靠的時候，他幾乎沒有從手裡正在閱讀的文件中抬過眼。邦加魯‧拉克斯曼唯一一次表現出興趣，是馬修提到某個中間人是他的保證人，而那個人宣稱自己是總理和許多印度民族黨領袖所屬的印度教派RSS之信託人。邦加魯‧拉克斯曼說：「別理他，有話你直說。」顯然他想把那個中間人排除在外。

然後馬修說，他的老闆已經來到德里，想要見個面。看起來邦加魯‧拉克斯曼沒啥興趣，只是咕噥著「啊哈」。

馬修緊張地問說：「所以他可以來拜訪您？」然後也沒有等答案出現，他結巴著說：「所以您，呃……我和沙提亞‧墨錫說過的？」

邦加魯‧拉克斯曼沒有反應，只是喃喃說：「嗯，」還是戴著他的金屬框眼鏡看文件，不時做些筆記。

「是給政黨的基金，」馬修繼續說道。

「嗯，」邦加魯·拉克斯曼說。

「今天我想先給您一開始的十萬盧比——新年禮物。」

邦加魯·拉克斯曼動也不動。

情急之下，馬修在攝影機前拿出一疊一百盧比的鈔票翻弄，所以可以清楚看到他手裡拿著現金。當馬修轉動公事包好對準邦加魯·拉克斯曼時，鏡頭晃動了一下，而後者死氣沉沉地伸出手接過鈔票，看也不看他的文件，把錢放進辦公桌抽屜，就像那是每天例行公事一樣。

馬修再次確認這個交易有被拍下來，「新年禮物，對吧？十萬盧比，對吧？」

對方還是沒有反應，所以馬修繼續安排他老闆在第二天過來拜訪，並交付更多錢。他問說要用美元還是盧比。邦加魯·拉克斯曼選了美元。馬修向他保證該公司可以用美元付款，並補充「我們需要您的祝福」來清楚確認他付錢給邦加魯·拉克斯曼去干預國防採購案。邦加魯只說了個「好」當做回答。

那是個又熱又黏的雨季天，不過歐柏羅伊實在涼爽到我希望可以在無領上衣的外面披件外套。或許是這陣涼意讓馬修後悔，他一直忽略擺在面前的薯條，但現在已經難以入口了。他叫來一個附近走動的侍者，點了一份烤雞肉。然後環視著咖啡廳，他說：「你知道我曾經在這裡和穆爾蓋將軍見過一次面嗎？我們還安排我的編輯阿尼魯達用亞偉恩·迪蘇薩（Alwyn de Souza）的名字住進來，扮演西岸國際的老闆。歐柏羅伊等於幫他的身分背書。他住進來的第二天，我按照承諾，帶他去見正在期待兩萬五千美元現款的邦加魯·拉克斯曼。」

「那不是超出你們的預算嗎，是吧？」我問。

「喔，對啊，」馬修回答，「我們在賄賂所花的錢全部加起來只有一百萬盧比，影片裡有說。」

「那你們怎麼跟邦加魯・拉克斯曼說的？」

「因為他要求美元，我們想到說辭。我的編輯跟他解釋，『我們今天應該有錢會到，可是如你所了解的，要拿到美元有點兒難，我們沒辦法用我們希望的方式拿到。我可以明天再拿美元過來嗎？』」邦加魯・拉克斯曼沒有懷疑。

「現在我們的麻煩可大了，」馬修說下去：「由於我已經丟了一顆關於老闆駕到的騷動炸彈（hangama），所有我們答應過要給錢的人都聽到這件事，全跑來要求和老闆見面拿錢。我們拜訪過後，邦加魯和其他人不停打我手機問我錢在哪裡。我受夠了，我可以回答他們幾次呢，兩次還是三次？那是不可能的，所以我把手機關掉，會面後有七十四通未接電話。」

「七十四通？」

「對，七十四通。」

「你說你受夠了，你也害怕嗎？」

「不，你知道，就像我說的，神賜給我信心，當我說『我受夠了』，我還是樂在捉弄這些白癡。這個遊戲真棒。」

在影片中，我看到有個人成功約到「老闆」阿尼魯達・巴哈爾和馬修一起在歐柏羅伊見面。他是薩曼多黨的司庫傑恩（R. K. Jain）。傑恩是個商人，而非政治人物，而他顯然對西岸國際一點功課都沒做，因為他以為這是一家大型軍火製造公司，且表示可以安排幾個對產品會有興趣的部長參觀。他被拍到手裡拿著一杯看起來像是威士忌的飲料，輕鬆地坐在馬修的編輯旁邊。傑恩能言善道，和馬修完全不同，顯然在家裡也穿著剪裁合身的西裝。關於自己在噴射教練機、戰鬥機、轟炸機、海軍飛彈系統等採購交易中所扮演的角色，天花亂墜地說著令人難以置信的輕率言語。雖然只當了兩年的司庫，傑恩宣稱為薩曼多黨募得五千萬以上的款項。他舉出他可以「安排」的部長，告訴馬修他們國防採購所牽涉到的龐大金額、討論可以賺到的佣金，甚至說明佣金給付的方式。他誇大地說，「基本上我是喬治・費南德斯和賈婭・傑特利的代表。」傑恩沒有提供證據支持他的說法，馬修或他的編輯也沒有要求。但是這次訪談和馬修與賈婭・傑特利的會面已經足以讓國防部長下台。

當我問到關於他和傑恩會面的事時，他的頭偏向一邊，看著白色的大理石地板，在回答之前想了一下。

「好吧，這帶來很好的結果，但是暴露了我的偽裝，真是可惜。當傑恩沒有拿到一毛錢，我也不接他的電話的時候，他察覺這其中有詐。」

然後他就提到四五天後，他在泰錫卡的辦公室看到三個不受歡迎的訪客在接待處問話。他認出其中一個是傑恩的姪子。他跑到樓上，有兩個記者被派去應付訪客。聽到馬修不在的時候，其中一名訪客說：「我知道他在這裏。我知道怎麼找到他。現在我們要走了。」原來傑恩想辦法去追蹤馬修的手機號碼。

泰錫卡的老闆塔倫・泰捷帕（Tarun Tejpal）要馬修回到克拉拉邦的家。不過幾天後他回到德里來幫忙寫影片的腳本。雖然他知道他的偽裝已經被揭穿，他還是不能控制自己再玩這個遊戲。「第三天我真的有去穆蓋爾的家，不過我看到喬德瑞將軍的車，和其中一個軍火商的時候，我發現遊戲已經結束了。」

「你還是不覺得危險嗎？」我問。

「不，如果我覺得受到威脅，我就不會坐在這裡還打開手機。」

已經四點半了，故事也說完了。我覺得我需要喝啤酒，也確定馬修會樂意再喝一杯，但是他還有別的地方要去。或許這也不是壞事，因為我需要更新一下我的記憶，還需要清楚的腦袋來謄我的筆記。我們順著紅色花崗岩地板走過長長的大廳，經過穿著黑色西裝的接待員，穿紗麗、坐在桌子後面的客房部經理，通過一扇一扇的門，走出空調，進入雨季午後的濕氣中。穿著彩色制服的錫克人門衛叫馬修的車過來。車子來的時候我們正在握手，我不停的道謝讓馬修困窘。

「不，不，」他說：「我很享受第一次跟人說我的故事。但是在你走之前，我不想占這個功勞。我一定要告訴你我打從心裡感激阿尼魯達和他老闆。他們信任我，對我信心十足，所以我才能完成任務。」說完他就開車走了。

雷聲大雨點小

馬修那部影片的剪輯和配音在阿尼魯達從歐柏羅伊旅館回去以後就開始了，但是卻花了他們將近一個月的時間。二〇〇一年三月十三日精心策劃的影片出爐，中午十二點半電視公司就收到精華版。泰錫卡最出名的導演阿米塔・巴赫強（Amitabh Bachchan）被警告這會造成騷動。一點四十五分，大批觀眾群結在帝國飯店收看剪輯過的四小時影片。和這樁醜聞或其他醜聞毫無關係的某前陸軍首長和前副首長，肩並肩坐著看高官被馬修設計。前副首長南比亞爾（Nambiar）中將後來告訴我，「當我看到那些傢伙收下錢，把一疊疊鈔票塞進口袋的時候，我覺得很噁心，他們說的話也一樣。我向來以我的制服為傲，現在依舊不變，但是螢幕上的畫面真讓我作嘔。」南比亞爾將軍繼續批評被馬修拍到的官員的愚蠢。「他們真夠白痴、天真，怎麼不去查一查這家公司呢？我當過駐倫敦武官，第一個反應就是寫封電子郵件去確認他們的真偽。我只能說這就是貪心。」不過當我說泰錫卡這樣揭發會打擊軍隊整體士氣的時候，他並不同意。「這是疾病，是毒瘤，但這不是全面性的。我們的系統還是有很多值得誇獎的地方。有很多我私人認識的官員和職員都是好人。所有公僕所要求的，是處理那些現行犯，並給予最嚴厲的處罰。」他提醒我，兩年前所謂卡吉爾（Kargil）戰爭——亦即巴基斯坦占領喀什米爾邊界印度控制區的時候，有年輕軍官又重新奪回印度這邊領土的英勇行為。這位將軍很高興自己的兒子是個軍官，而且被挑選加入他的步兵團。

到了三點，電視觀眾正看到邦加魯・拉克斯曼平靜地將鈔票收到桌子抽屜後繼續工作，還有賈婭・傑特利正在說服自己，從軍火商手上拿錢來付自己黨最高決策會議的錢並沒有錯。

這導致以印度民族黨主席邦加魯・拉克斯曼、國防部長喬治・費南德斯為中心的政治醜聞。知道印度政治是全面性腐敗，我覺得他們是不幸剛好被揭發的政治人物。他們並沒有比其他人更醜惡。

邦加魯・拉克斯曼是印度民族黨第一個達利特❼階級的主席，而在印度民族黨和國大黨中還沒幾個顯眼的達利特。相對於那些未曾擔任過政府高官的較不出名的政治人物，他總是給國外的人留下無辜的印象，是個發現在德里政界的泥濘水中暢泳仍有困難的人。因為他的背景、因為他被視為總理欽點而非黨內的選擇，他在印度民族黨內也是困難重重。

喬治・費南德斯是印度最有魅力的政治人物之一，也是印度最有說服力的演說家之一。雖然當甘地夫人宣布印度進入緊急狀況的時候，他是唯一逃過逮捕命運的反對派政治領袖，可是最後他還是被捕，在結束戒嚴後的選舉中，他在獄中參選，還以極高得票壓倒其他候選人。費南德斯曾經是羅馬天主教的神學院學生，透過貿易聯盟運動，以社會主義者的身分踏入政界。他在印度紛亂政治中的事業，讓他經歷數次組黨結盟又解散，但是直到他同意和他出力協助建黨的薩曼多黨與右翼印度民族黨結盟之前，他一直被視為社會主義者。但是這遭到質疑，而費南德斯也發現，面對那些指責他是機會主義分子的指控，他難以為自己辯護。但即使隸屬印度民族黨的總理給他高官的位子坐，我還是不相信費南德斯有比較輕鬆。其他人可沒這麼慈悲。作家阿馬提夫・葛許（Amativ Ghosh）這麼說他：「在政治與系統中的生涯甩著他轉，直到他所作所為和所信之間再也沒有絲毫聯繫。」不管他在國防部做了什麼，費南德斯自己一直維持著自我犧牲的社會主義者形象。他還是穿著皺巴巴的無領上衣和寬鬆長褲，只使用官邸裡面的一個房間，把其他房間都讓給來自西藏、緬甸及其他國家那些陷入困境的難民。這不一定是偽善。雖然很難相信費南德斯可以靠著總理或是部長的薪水，在印度的政界頂層生活，且他的薩曼多黨一定不是靠著公開、查核過的捐獻維持的，但是沒有證據顯示他擁有像其他印度政界領袖那樣的個人財產。

雖然說了這些緩罪之詞，我得承認不管是邦加魯・拉克斯曼還是喬治・費南德斯都沒有悔意。邦加魯一開始拒絕辭職，堅持他是為該黨收取獻金，也不認為這有什麼錯，但是電視上出現的畫面實在讓印度民族黨太過難堪，所以他不得不下台。當邦加魯・拉克斯曼回到家鄉海德拉巴❽，受到大批支持者的歡迎，然後他接受訪問的時候仍重申他是為自己的黨收取獻金，並宣稱影片所拍到的是他沒有私下吞了那筆錢。同時他說，在他為達利特、部落成員（Tribal）、伊斯蘭教徒等，在上層種姓主導的印度民族黨內爭取扮演更重要角色之後，黨內可能有對付他的陰謀。當他被問及，他是否因為身為達利特而被人「做掉」的時候，邦加魯・拉克斯曼回答：「這可能不是主要原因，但也可能是原因之一。身為黨魁，我試著給整個組織一個全新的社會風貌，這是應得的。我的努力有正面的回應，這一定有讓許多人眼紅。」

當喬治・費南德斯下台的時候，他還有時間去上政府控制的電視台為自己辯護。他對觀眾說：「一九九八年三月十九日，我來到國防部的時候，我下定決心要執掌一個清廉透明的部會。」他在國防部辦公室裡許多地方都裝上投訴信箱，並對收到的投訴採取行動。他也提出他那個由該黨司庫描述過的交易版本，並宣稱政府「已經採取許多措施根絕中間人與經紀人的角色」。不過這並沒有解釋馬修在他家中，和他長期老友兼黨魁賈婭・傑特利的對話。

政府只做最低限度的回應以求保住政權。雖然喬治・費南德斯辭職獲准，他還是擔任國家民主聯盟召集人的要職。若是政府進行的調查證明他無辜，他也獲得恢復國防部長職位的保證。對於所有貪污的指控，展開調查是標準反應，但通常需時甚久，久到幾乎沒有後續動作。當局第一次宣讀，調查條款時聽起來相當公平，但是某位律師注意到內有玄機。最後一條要求那位主持調查的退休法官去釐清「所有和指控有關的證據」。換句話說，這位法官會去調查馬修和泰錫卡。印度最傑出的法律評論家之一，努朗尼（A. G Noorani）指出，這是有史以來首次要求調查指控者的資格。他評論道：「如果此舉獲得通過，媒體的嘴就被堵住了。只要媒體揭發醜聞，政府就用調查來報復，不只是指控的真實性，還包括其動機、財務、刊登醜聞的期刊消息來源。」《印度時報》（Hindustan Times）的社論說得更明白，政府試圖抹黑泰錫卡，來「消除執政黨形象上的一些污點」。該報的社論繼續用其典雅、帶著說教意味的英文寫道：「這種姿態純為報復，且極其諷刺。若受到壓力的政黨想當然爾地採取這種手段作為恫嚇策略，那麼在這種恐嚇性任務中代表他們加入特別調查委員會簡直是無法無天。」

不只是政府委任的特別調查委員會要抹黑泰錫卡。他們還用上了政府對付惹惱他們的人的標準武器——查稅。泰錫卡的會計師被稅務官員拷問了兩個星期。不過事情還沒結束。政府知道泰錫卡需要募集更多資金，所以決定要拿兩個已經投資泰錫卡的人殺雞儆猴，警告未來的投資者。山卡．沙馬（Shankar Sharma）和迪維納．梅拉（Devina Mehra）是第一環球（First Global）的創辦者。第一環球是一家證券及投資公司，持有泰錫卡母公司百分之十四點五的股權。這家公司不是普通的印度證券商，除了在印度進行交易之外，還通過種種考驗成為倫敦證券交易所的會員。第一環球和印度稅務當局或其他財經主管機構從來沒有出現重大摩擦。但是當泰錫卡披露醜聞之後，第一環球就被迫撤出業務。證券管理當局先是暫停其交易執照，搞到該公司只留下一個辦公室，其他全部關門。山卡．沙馬漢和迪維納．梅拉的財產被查封、銀行帳戶被凍結。法院的傳票如雪片般飛到兩人手上，至少有兩百張。他們的房子和辦公室都被侵入、護照被沒收、他們自己有幾次還被拘留。山卡．沙馬在德里最惡名昭彰的提哈爾監獄（Tihar Jail）被關了兩個半月後才能夠被保釋出來。他的逮捕是根據一條容許官員可以濫用暴權、早已遭到國會廢止的法律。經過十八個月的調查，山卡和迪維納都沒有因為任何罪名被判刑，也沒有被判補交任何稅金。

除了騷擾第一環球的合夥人來嚇退泰錫卡投資者之外，政府也試圖證明調查泰錫卡是整肅股市的計畫之一。政府律師向調查委員會呈上一份具結書，指控第一環球和泰錫卡以其報導來擾亂股市。事實上，第一環球在泰錫卡公布醜聞前買進的股票比賣出的多。如果第一環球真的打算讓股價重挫，那麼應該是盡可能賣股票才對。還有，泰錫卡事件只是讓券商的螢幕跳動一下，九天以後的大跌乃是因為一個和第一環球完全無關的醜聞爆發所導致的。

反對黨並沒有挺身護衛泰錫卡與第一環球，他們也不能從政府的難堪中取得政治資本。國大黨宣布要在全國各鄉鎮城市開會來「揭發」政府，可是真正實現的卻很少，即使做了也幾乎沒有形成影響。除了在議會裡使用辯論技巧來羞辱政府之外，毫無紀律的反對黨成員高喊口號，要求政府解散，導致議程每天都不能進行。會期最後在總理和反對黨領袖桑妮亞．甘地❾彼此對罵中間結束。總理指責反對黨誹謗他，說：「我在這裡被虐待，沒人站出來說這不符議會風格，而且不應該使用這種話。」

桑妮亞．甘地忘了她通常在議會所展現的謹慎，反擊總理對國大黨「說教」，把全部的辯論降格為家庭內的爭執。「我的丈夫才遭到虐待和折磨，但是他（當總理的時候）吭也沒吭。你們都還是反對黨的時候，我的婆婆遭到暗殺。是你們先開始虐待的。即使現在我和我的孩子都還被稱為小偷。我不怕，但是我不會再忍氣吞聲。」

在印度，熱潮通常很快就過去，而且老實說，泰錫卡醜聞所掀起的怒氣很快就平息了，激動之情灰飛煙滅，這個國家發現揭發醜聞也制止不了貪污，更別提當局的改革已經明顯地漏洞百出了。儘管調查還在進行，喬治・費南德斯後來還是回到國防部。

泰錫卡暴露了最高層的貪污。一個月後，那些會被五星級飯店拒於門外、甚至不會被邦加魯．拉克斯曼私人秘書接見、在軍中服役也永遠不會升到將官的平民們則揭發了底層的貪污，也就是在整個印度鄉野間散布的經濟毒瘤。這種毒瘤的破壞力讓拉吉夫．甘地擔任總理的時候，承認政府分配給鄉村發展的預算只有百分之十五真正花在該花的地方。十多年之後，經建委員會發現，每花一百盧比在鄉村發展上，只有十到十五盧比送到窮人手上。

這樁貪污是在西部以拉其普特⑩軍人聞名的拉賈斯坦邦（Rajasthan）曝光，地點是賈納瓦德村。在當地舉辦了公聽會來辨認誰濫用政府資金，並對政府施壓，要求嚴懲這些人。這個非正式公聽會的組織者之一是個非常了解政府作風的女士。阿魯娜．羅伊（Aruna Roy）的事業以擔任印度行政改革（IAS）的官僚開始，那可是印度公僕的菁英中堅幹部。她加入的原因是相信其目的是為了建立更公平的印度，可是還不到一個星期，她就發現IAS根本沒有執行所謂的「法律」，遑論其精神。

一九五〇年，印度人民草創了一套憲法，旨在為所有的公民捍衛「社會、經濟、政治的公平正義」以及「平等地位與機會」。然而阿魯娜發覺，她所服務的印度人只有菁英分子，無論他們是否就是那批在鄉村、小鎮、城市裡掌權和發揮影響力的人。

經過七年的沮喪生活，她辭去工作，加入丈夫邦克（Bunker）的行列。邦克在拉賈斯坦邦的提隆尼亞（Tilonia）村建立了一個社群，幫助村民自立。提隆尼亞被認為是鄉村發展的傑出範例，不過阿魯娜認為這只是對有限的鄉村帶來好處，卻沒有挑戰她曾服務的體系。她四處考察，眼見因為印度鄉下的權力政治沒有受到挑戰，而浪費掉政府所分配的發展基金後的村落困窘實況，她決定要抗爭，改變法律和政府的規則，讓那些權利被剝奪的人，在那些白紙黑字指明要幫助他們的規劃和執行計畫裡有發言權。

她和幾個同事搬去一個小村落，像那裡的村民一樣生活，並開始與當局抗爭，以確保勞工可以得到最低薪資。三年後，數百位村民都加入阿魯娜與其同事的抗爭，並組織了一個名為勞工與農民力量組織（Mazdoor Kisan Shakti Sangathan），簡稱為MKSS的團體。

在賈瓦納德村的公聽會是MKSS所發起的活動之一，旨在確保知道政府預算執行資訊的權利。阿魯娜說，決定要集中在知的權利的人並不是她，也不是智囊團或大學畢業的社運分子，而是那些堅持只有政府支出公開，才有可能阻遏貪污的村民。阿魯娜自己說，「無可避免，當我們試圖打破現有的權力中心，我們就得突破那些藉著不公開的掩護，而行之多年的專制決斷和貪污行為的壁壘。」靠著掀開這些掩護，賈瓦納德的村民在MKSS的幫助下，得以在公聽會上揭發數個「鬼魅計畫」——稱之為鬼魅是因為，這些計畫在文件上的紀錄是完成了，實際上並沒有在地方上實行。興建榮民醫院的預算已經撥出，但醫院並無蹤影；紀錄宣稱一九九八年興建了一座健康中心，但那棟建築事實上已經超過三十年；還有沒蓄水的水壩，以及不會通往任何地方的道路。公聽會的結果幾乎史無前例。前村議會的主席與秘書，還有一名政府工程師全都被捕，控以貪污罪。通常這些被捕的官員，所得到的最大懲罰是被調去一個油水有限的工作。

七年前MKSS開始舉辦公聽會。其效果之宏大讓害怕預算執行細節可能被披露的低層官員罷工，不過即使如此，公眾壓力強大到拉賈斯坦邦的首長必須有所回應。他宣布他會給予民眾知的權利，不過並沒有發布任何命令。一年之後，MKSS在碧華爾（Beawar）鎮的總部外面發起靜坐。一開始鎮民抱持著懷疑態度，稱呼抗議者「娘子軍」、「白目」。一位同情他們，但態度悲觀的律師問道，「你們要求一個完全腐爛的組織自曝內幕，怎麼可能成功？」但是抗議者並未氣餒，經過四十天，拉賈斯坦邦政府承諾會設立一個委員會，改善去執行首長那些保證的方法。因為首長的保證通常是一種拖延行動的迂迴官僚手段。這導致齋普爾[11]的大會堂外出現更多遊行，迫使委員們集會商討，但是他們最後出爐的報告，上面還是寫著「機密」。MKSS和其村民支持者拒絕投降，最後拉賈斯坦邦的政府確實通過了自己的陽光法案，不過境內大部分官員還是當作沒看到。

村議會主席和當地官員想盡一切辦法，逃避村民關於披露村務委員會（Panchayat）的錢如何被濫用的文件之要求，好破壞在賈納瓦德村舉辦的公聽會。一位低層官員拒絕交出詳載「鬼魅計畫」的文件，即使他的上司命令他交出來，他還是用老方法加以拖延。他先說一個做不到的承諾，堅持法律有漏洞，駁斥村民與MKSS所遵循的程序，最後說那份文件正在稽查。他希望村民和MKSS會因絕望而放棄。當他察覺這招沒效的時候，這名官員和前村議會主席就改變策略，宣稱交出這種資料會擾亂村裡的安寧。等到政府解除了這種恐懼，他安排了一個委員會來調查指控，但其中有三名官員可能在鬼魅計畫裡面涉嫌共謀。擔任區行政首長的收稅官堅持這些文件應該要交出來，因此這名低層官員採取的最後一個手段，訴諸法庭。法庭常常可以提供那些偷取政府資金的人暫時的庇護，有時甚至是長期的保障。由於首長宣稱法案是其成就之一，因此這件事也關係到其利益，可是那名官員還是把文件拿到齋普爾，高等法院判決他可以持有該份文件，直到他提出的訴訟有結果為止。

到法院終於判決該名官員敗訴為止，這當中的一年，當局各層級，包括首長都遭受不斷的壓力，必須依照新法案去維護該村莊的權利。如果MKSS沒有支援並忠告這些村民，他們不會有毅力和技巧繼續跟進這宗案子——沒有人比那名官員更為狡猾，也沒人更清楚怎麼去干擾公正。在文件被拖延的這一年間，村議會主席和貪污的官員有充分時間對村務委員會施壓；如果沒有公聽會，可能根本不會有任何人遭殃，除了一兩個官員被調走以外。

至少在拉賈斯坦還有條法律，終於在賈納瓦德的案子裡派上用場。在德里，中央政府還在故步自封，躲在一九二三年英國殖民政府立的官方機密法案。殖民政權的機密法案是印度獨立之後所保留的英國政權傳統之一。一位傑出的印度律師曾經指控民主政府「狂熱地保護資訊有如守衛諾克斯堡⓬的黃金一樣」，所以沒有官僚或政治人物急於廢止一個這麼方便的法案。中央政府受到來自最高法院的壓力，因最高法院稱「憲法中保障的言論自由即包括了知曉資料的權利」，但是這又花了十六年的時間才修改官方機密法案，並在議會推行資料公開化的提議。不過三年後，這個提議還沒化為法律。

以村民集會來說，賈納瓦德可說令人印象深刻，一千名男女老幼坐在廣場上，只有色彩繽紛的帆布棚子幫他們擋去夏天的日曬；一群包括高級政府官員的貴賓坐在折桌後面，像法官一樣聽取證據。提出證據就花了一整天的時間，數十位村民一個接一個站出來舉證假造的紀錄上說他們有然而他們從來沒有收過的錢，還有從來不曾執行的建設。為了給程序中添點娛樂，還有歌曲助興。一群MKSS支持者以高音合唱著：「我們不要，我們不要大別墅、擺著盆栽的陽台、有項圈的狗、大而時髦的轎車、咖哩雞、咖哩羊肉、百事可樂、礦泉水！我們要的是事實和數據、會計總帳、收據和憑證！我們要擁有知的權利！」

幾週以後，拉賈斯坦邦負責肅貪的警備委員和警察局副局長，發現自己正身處另一場MKSS的公聽會。這是一場精挑細選的公聽會，在首府齋普爾的成人教育中心舉辦，參加的村民不到一百人，但都是從各地打擊貪污運動中所選出擔任不同角色的人。我和吉莉與村民一起坐在會議室的地上，周圍的牆壁光禿禿的。坐在一堆墊子上的阿魯娜，鐵灰色的頭髮梳成一個圓髻，一副眼鏡遮掩了她漂亮的五官，前額點著硃砂（bindi）。通常她並不認為帶領這些人會讓她吃苦，但是圍在她紅色紗麗上的外科腰帶顯示她正為背痛所苦。為了對我年老體弱表示敬意，阿魯娜堅持要給我椅子坐。雖然很不好意思，但是我得說這實在是種解脫。警備委員或警官都沒有享受這種待遇。

阿魯娜主持公聽會，她的權力得到村民與官員的認同。第一位她傳召發言的村民是個賈特（Jat）種姓。他們傳統上以農夫為業，蓄著男性化的短髮，穿著則是粗布做的衣服，但是拉姆・卡朗・薩蘭（Ram Karan Saran）是個律師，看來頗為時髦。他整齊的黑髮在陽光下閃閃發光，他的衣服是由昂貴的棉布做成，剪裁合身，雙耳都有金鈕。雖然有警官在場，他還是解釋了自己如何用法律來懲罰貪官污吏。

「每個月我們有一百五十個人去找一個拿賄賂的官員，告訴他如果不把錢拿出來，就把他剝光遊街。我們有收賄的證人，但是沒有去找警察。如果你想要正義，你就要靠自己，法院沒有用。」

拉姆・卡朗・薩蘭繼續敘述關於第一個他舉辦的人民法庭的故事。有個銀行經理收賄以後批准一個貸款，他被迫連本帶利把錢吐出來。顯然身兼法官、陪審團、證人的村民們，在那個經理接受判決之前到他辦公室裡坐了兩天。

阿魯娜站起來，從律師手上拿過麥克風，交給一個村民。這個村民講了一個很長的故事，是關於一長串受雇為政府營建工作的人的點召單。顯然在名單上和他同村的人都沒辦法去工作，因為他們都已經死了，其他的人則是從有錢人家來的，絕對不會親手去作工。他抱怨過，但是收稅官把整件事情當成是那位村民和村議會主席之間的家族紛爭。收稅官堅持這兩個人是兄弟，但其實他們只是遠親。

「議會主席還是不願意給我們點召單，」村民抱怨道：「他仍舊坐在家裡準備那些名單，還跟我們說『我不會有事，因為有個政治領袖罩我』。在現有的兩份點召單上，一百五十個名字裡面有六十五個是假的，他們的薪水就由議會主席和官員分享。」

阿魯娜打斷他的話，看著警官的方向：「這些點召單有個模式。議會主席說：『我們不會交出資料。』等他們被迫交出的時候，他們說他們沒有，在地方官員那裡，官員又說在另外一個官員那裡，所以你的時間就花在四處奔走上。他們不交出資料的原因是點召單和對帳單都是假的，錢都進了他們的口袋。」

警官穿著藍色名牌襯衫，袖子時髦地捲在手腕上方，而不是穿著像軍服的卡其裝。他沒有對阿魯娜的話置評。當村民抱怨他去投訴關於建造學校的材料不合標準，結果在警察局受辱的時候，他甚至也沒有說話。那個村民說：「值班警官不是為我的投訴作筆錄，而是說我破壞和平。我不願意在他寫的自白書上簽名，他就用拳頭和皮帶打我，最後我只好簽名，被鎖起來。」

抱怨一邊進行，阿魯娜一邊促請村民簡短扼要，留下時間給官員回答。到了預定的午茶時間，她宣布，「樓下已經準備好茶，但是你們有多少人決定不要喝茶繼續會議？」贊同之聲嗡嗡響起，阿魯娜說：「想要喝茶的人請舉手。」我有點沮喪，因為我想喝杯又熱又濃的茶也不錯，可是只有一隻勇敢的手舉起來，而會議也就繼續下去。

越來越多的故事接連而來。某個村議會主席在推薦人住進公共住宅之前，固定要求一千盧比。另外一個則是在村民前來抱怨官員只付給他們半薪，卻要求他們簽名確認領了全薪的時候，威脅要打斷村民的骨頭。不過這個議會主席沒有遭到任何懲罰，因為他是當地立法會成員的人。某個村民插話說：「有好多地方該做的工作都沒做，錢全都進了他們的口袋。」

阿魯娜終於把到目前為止的過程作了總結，說：「我們眼前的問題，是怎麼得到資料，以及怎麼阻止貪污。我們得拿到資料，然後呢？我們不是要針對議會主席，而是針對整個容許貪污的系統。」然後她讓警官說話。

副警長沒說什麼，只說「捐套」是保證貪官污吏一定會被判刑的最佳方法。我想了一下才知道「捐套」是他沒把「圈套」發音清楚。這位警官建議在收賄現場人贓並獲。「捐套，」他說，「我相信捐套。嘗試設個捐套。違法犯紀的事情太多了，反貪污部門沒辦法全部處理。可是有了捐套，就有確鑿的證據和污點。對一個官員來說，在手伸出去的時候被抓是非常丟臉的。」

村民指出要設圈套是說得比做得容易，而且還需要警察幫忙。副警長承認受過設圈套訓練的警察人數不足，所以也就沒有再討論下去。

和警備委員的對話就比較生動。奈伊爾（R. D. Nair）兼任主任秘書，是邦政府裡面最重要的職位之一，這讓他有權控制警方。他是一個矮小的男人，稀薄的灰髮貼在頭上，蓄著濃密的軍人鬍鬚，說起話來緩慢從容，就像在對手下軍人訓話的上校。奈伊爾承認陽光法案「到目前只有一半成效，」並稱有必要確保官員更清楚這件事情。「再幾個月他們就可以了。」他堅定地補充。

但是阿魯娜並不滿意。「我要一個保證。如果證據確鑿，就該有後續動作。如果沒有的話，就是放任各個階層想要貪污卻不好好工作的人。」

警備委員辯稱要保證全部案件都要在固定的時間內處理完畢是不可能的，因為調查可能會有延誤，這些延誤可能包括筆跡測試、驗屍結果、文件調查，或者其他許多原因。但是委員確實認同不應該有「非必要的延誤」，並繼續向阿魯娜保證「及時而有效率的調查」。

阿魯娜沒有採信。「在官僚間有官官相護的現象存在。」她堅持。

委員倒退一步，「請改變你認為政府公僕受到袒護的說法，那並不是真的。」

可是有個阿魯娜的同事堅持，很多次即使MKSS提出貪污證據，那些官員一樣安然無事，因為調查根本不獨立。

委員沒有答案，只是咕噥著說：「那是一定要的。」

阿魯娜隨即爭辯道：「你告訴我們要向這個體系發誓，但我們辦不到。你的體系不能免於愚弄我們，你也沒有對這個體系的基礎作出保證。看看有多少案子在法庭裡的下場。」

奈伊爾拒絕為法庭負任何責任，推說他可能會遭到侮辱，但是他認同政府的狀況難以令人滿意。「我的確同意，」他告訴阿魯娜，「新的思想、新的舉動是必要的，新的解決方法也是必須。突擊檢查點召單可能是一個做法。現在來投訴的人比貪污犯罪的人還要恐懼。我希望看到那些來投訴並且可能身處險境的人得到保護，可是我不負責提供保護。不過我還是希望未來這種系統會出現。」

所以最後邦政府裡有個最高級的官僚可以為體系的改善帶來一點希望，雖然他承認不能保護投訴的人。不過阿魯娜沒有氣餒。她告訴村民，「我們只要再設置更多我們自己的監視委員。」

阿魯娜和馬修・薩母耳用不同的方式監視著那些應該要看守印度人民福利的官員。這全都回到最關鍵的憲法難題：誰去看守那些看守者呢？

【注釋：】

❶克拉拉邦（Kerala）：印度南部一邦，西瀕阿拉伯海，首府特里凡壯。有數條河流流過邦境。

❷湯瑪斯・庫克（Thomas Cook）：以倫敦為基地的全球性旅行社，也發行旅行支票。

❸「曼聯」：曼徹斯特聯隊，英國足球甲組勁旅。

❹普亭（Putin）：全名Vladimir Vladimirovich Putin，一九五二～，俄羅斯總統（二〇〇〇～）。

❺薩達姆（Saddam）：即海珊（Saddam Hussein），一九三七～，一九七九年起任伊拉克總統。九一一事件後，海珊於二〇〇三年十二月十三日在伊拉克被捕。

❻新德里（Lutyens's Delhi）：英國建築師路提彥（Sir Edwin Lutyens，一八六九～一九四四）於一九一二年受聘擔任印度新首都新德里的總規畫。因此，「路提彥的德里」即指新德里。

❼達利特（Dalit）：即一般平民。原意是指受壓迫者（the oppressed）。

❽海德拉巴（Hyderabad）：印度安德拉邦首府。一五九一年由伊斯蘭哥爾康達（Golconda）王國統治者在穆西（Musi）河東岸建立，是古代城市建築的奇蹟，有「花園城」之稱。

❾桑妮亞·甘地（Sonia Gandhi）：一九四七～，出生於義大利，一九六八年與後來擔任印度總理的拉吉夫·甘地結婚。拉吉夫之母甘地夫人遇刺時，桑妮亞是第一個跑向她的人；拉吉夫後來也死於政治暗殺。拉吉夫生前，她總是在幕後支持他。現為印度國大黨主席。

❿拉其普特（Rajput）：指印度北方世襲軍職族群，自稱為古印度種姓制度剎帝利的後代。

⓫齋普爾（Jaipur）：拉賈斯坦邦首府。

⓬諾克斯堡（Fort Knox）：美國軍事重地，位於肯塔基州北部米德（Meade）、哈丁（Hardin）和布利特（Bullitt）等地。為美國聯邦政府存放黃金之地。

4 變形的祭壇

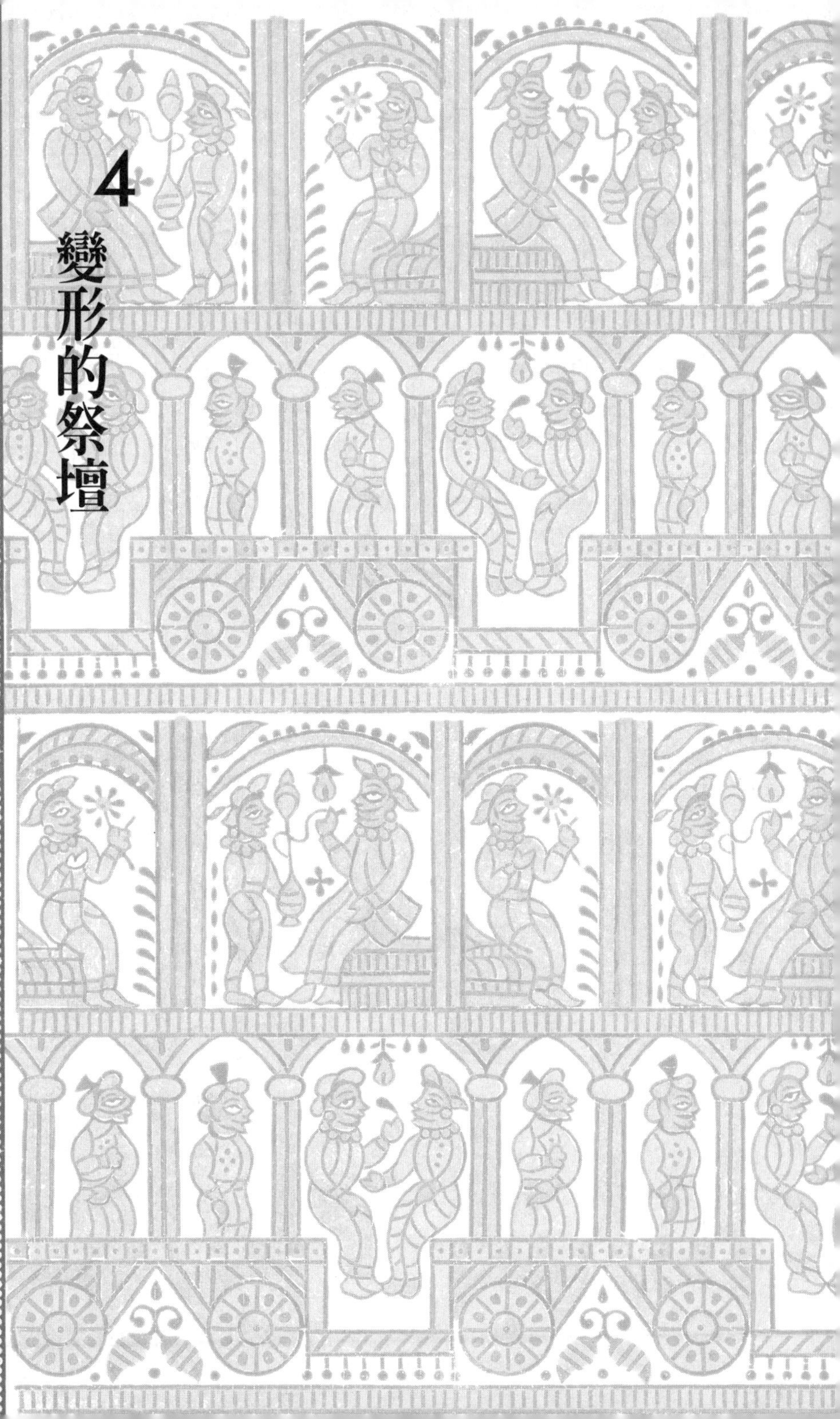

我第一次去臥亞❶的時候，還沒有觀光客前往該處。那是一九六七年，六年前當地才剛被「解放」：那時候印度軍隊開進臥亞，結束了四百五十年來葡萄牙殖民政府的統治，並用武力將位於康坎（Konkan）灣這個人口七十萬的他國小領地和印度共和國的其他部分結合在一起。雖然臥亞成為印度的一部分，葡萄牙人也走了，但是向來是殖民政府延伸的教會還是留了下來。

在改名為帕納吉❷的首府街上，神父的白色長袍是常見的景象，有如過去都柏林❸街頭的黑衣和狗項圈。週日參加禮拜的人穿過教堂的大門。聖人與耶穌神聖的心掛在店鋪與酒吧的牆上。臥亞人對教會的狂熱可能很令人意外，因為他們原來改信天主教的原因是恐懼，而非信仰。十六世紀耶穌會的范禮安❹神父時任東印度省的視察員，他承認：「藉由正確的方法，而非說教和教條來讓人改信並非常見之事，例如禁止偶像崇拜或慈悲的神罰這麼做的人，不給他們各種好處，反而把這種恩惠施予新改信的人，讚美、幫助、保護他們，這樣其他的人也會跟著改信。」

過去在臥亞幾乎可說是基督教徒獨享各種權益，直到當地受到隔鄰的印度獨立運動威脅，葡萄牙政府才開始給印度教的社群機會，藉以尋找盟友。

不再葡萄牙的臥亞

我首次拜訪臥亞後的二十多年間，由於神父不再穿傳統制服，白袍幾乎不見蹤影，不過參加禮拜的人似乎並未消失，聖心和聖人也是。所以當教宗在新來臨的千禧年第一天封聖的時候，吉莉和我決定要再去一趟臥亞，看看曾是殖民政權支柱的教會，在成為獨立後印度一部分的臥亞，如何發展為當地漸進的政治勢力。

人們很容易被誤導，認為教會還能生存、繁茂，是因為四百五十年的殖民統治已經把臥亞變成歐洲人在外據點。臥亞曾是葡萄牙帝國在東方的首府，占了該國天主教最高級主教六席中的一席，也是西方殖民主義在次大陸中歷史最久、最晚被消滅的殖民地。漫長的歲月留下了它們的痕跡，特別是臨海的臥亞，因為其殖民歷史比內陸早了兩百年。所有臨海的村落仍舊可見白色的教堂、禮拜堂、路邊的十字架，這是最明顯的葡萄牙遺風。葡萄牙人離開之後，臥亞成為印度第一個國際性海灘度假村。這個地方被包裝成「第二個家」，賣給包機營運商，對許多觀光客來說，是在廣袤的印度領土上的小歐洲。有一份印度航空的月曆甚至將臥亞人描述成葡萄牙人後裔，而某份旅遊手冊更稱臥亞是「歐洲拉丁文化的縮小版」。

但是臥亞的歷史可以回溯到一五一〇年之前，當時阿方索．阿爾布克爾克❺下令，在當時他贏得對伊斯蘭教統治者第二度的決定性戰役的戰場上興建教堂。在葡萄牙的統治下，臥亞成為東方傳教的大本營，常常被描述為東方的羅馬。不過更早以前，臥亞被稱為康坎的迦尸（Kashi），或貝那拉斯，因為這裡對印度教徒而言也是聖地。

由於葡萄牙人把首府搬到臨海的帕納吉，阿爾布克爾克獲勝戰場上所建起的城市目前被稱為舊臥亞。連接新舊首府的道路沿著曼多維河（Mandovi）的河口，跨越葡萄牙人所興建的堤道。我們開車經過堤道的時候，雨季的洪水雨吞噬了河流，而被臥亞富含礦物質的土壤染成暗紅色的水，則滲入紅樹林的沼澤和稻田。從遠處我們可以看到綿延西印度數百哩的西高止山脈（Western Ghats）。沒多久我們就進入舊臥亞，看到建於十六世紀雄偉的聖凱瑟琳（Se）大教堂再也不是白色，變成了可怕的黃色，我嚇了一大跳。鄰近的聖方濟（St. Francis）教堂亦復如是。這兩座教堂靠得很近，當你快要抵達臥亞時，還會把它們看成同一棟建築。

舊臥亞現在不只是教士的博物館、朝聖的地方和觀光客的目的地。山坡上有教堂聳立。山腳下接近河岸之處矗立的是總督拱門（Viceroy's Arch），可說是英國人在孟買所建的「印度之門」（Gateway of India）的葡萄牙版。在曼多維河上的防波堤則曾是皇家要人登陸之處。在防波堤對面，河中央的小島狄娃（Diva），是由山頂上的白色教堂所管理。或許葡萄牙人想要表示他們甚至為基督徒們奪取了最小的一塊土地。海邊的臥亞幾乎處處是教堂，令人幾乎忘記經過葡萄牙人的統治，大部分的臥亞人還是印度教徒，而現在印度教徒要求分享狄娃島，在教堂下方興建神廟，以祭祀象神歡喜天的古老神像。根據傳說，這座神像原先立在山頂，直到葡萄牙人對偶像崇拜宣戰，才為了安全理由搬走。

對葡萄牙的忠誠也並不曾深植人心。在去殖民期的高峰，葡萄牙遭到聯合國的譴責，而臥亞正持續進行不結盟運動，臥亞人稱他們不是殖民國的臣民，而是祖國羽翼已豐的公民，並宣稱他們以自己的公民身分為榮，若是印度被入侵，也將挺身與敵決一死戰。當印度軍隊真的在一九六一年跨越邊界，葡萄牙人不戰而降，臥亞人也沒有反抗。不過臥亞的基督徒並沒有完全摒棄他們全部的葡萄牙傳統。

我們在週日抵達舊臥亞，好參加聖嬰大教堂（Basilica of Bom Jesus）舉行的彌撒，那裡有聖方濟・沙勿略❻的陵墓與聖骨。他被羅馬教會尊為印度與日本使徒、海外傳教守護聖人。沙勿略是和聖伊納爵・羅耀拉❼共同創立耶穌會的人之一，他後來變成一個我覺得現在會被稱為「宗教帝國主義者」的人，他讓七十萬人改信，被他的教會稱讚。他視葡萄牙政府為教會的俗世延伸，請國王在臥亞設立宗教法庭。他對印度宗教沒興趣是出名的，或者事實上除了自己的宗教以外，他對其他宗教都沒興趣。但是參加這個彌撒印證他還是臥亞最受歡迎的聖人。

當我們進入他那精雕細琢的棕色紅祠堂，我們發現八點鐘的彌撒只剩下站位。舊臥亞目前的人口非常少，這個大教堂是他們的教區教堂，所以來做彌撒的人一定是從四面八方，特別來聖嬰大教堂禮拜。幾個年長女士用黑色蕾絲蓋住臉，有的年輕女孩穿著宴會洋裝和邊緣縫上蕾絲的襪子。少數幾個修女仍穿著傳統修女服。不過大部分來做禮拜的人的服裝，就是西方人上教堂的非正式服裝。我在教區雜誌上讀到的一封信說這太過分了。投書者抱怨，「現在的臥亞人」來做彌撒的時候，「穿著各種膽大妄為的性感服裝——露出肚子的背心、透明上衣、熱褲、超短裙、無袖上衣、寬大牛仔褲等等。」不過我們眼前的年輕女人穿著既不鬆也不緊的牛仔褲，長袖襯衫，做禮拜的時候都跪在石頭地板上。

彌撒之後，我們加入想對聖方濟・沙勿略獻上敬意的禮拜者長龍中。隊伍移動得很緩慢，所以我們花了一點時間才抵達高聳祭壇下的祈禱室。那個祭壇後面有個金屏風，上面則有個人像。那不是聖方濟・沙勿略，而是他的朋友聖伊納爵・羅耀拉。沙勿略的陵墓花了翡冷翠雕刻家喬凡尼・巴提斯塔・佛吉尼（Giovanni Battista Foggini）十年的時間才完成。他的聖骨放在一個精雕細琢的銀棺裡，上面豎著十字架，擺放在信徒碰不到的地方，不過還是有人去親吻陵墓的石頭，有的人則握著雙手，站在一旁凝視銀棺，就像印度教徒得到功德的時候，站在神像的前面，帶著崇敬之意凝視，相信自己正蒙神恩。

禮拜過沙勿略之後，我們走過南邊的拱門，經過聖器室，可以看到有位神父正在為下一場彌撒著裝，進入迴廊以後有位年長的神父，穿著白袍，在賣書和小冊子。他看起來樂於和路過的人聊天甚於推銷生意，當他看到我們，免不了又要問我們那個問題：「你們是哪來的？」

滿足了他的問題之後，他拿起我們的導遊書，翻到聖凱瑟琳大教堂的部分。他那張有被剃刀刮傷痕跡的臉露出滿意的微笑。他小心地標出「由道明會修士（Dominicans）所建」，在上面寫上「錯」，然後把書還給我們，說：「大家都會犯這個錯誤。事實上道明會修士很久以後才到這裡，不過在阿爾布克爾克的船上的確有四個道明會的修士負責唱聖詠。」

否定了道明會修士和他們對臥亞基督教徒的貢獻之後，他繼續驕傲地說：「我是耶穌會士，這座教堂一直由我們主持，因為聖方濟．沙勿略屬於我會。」

我告訴他一個我在多年前，從某位愛爾蘭俗家神父那裡聽到關於耶穌會的故事。在西奈山的山頂召開了一個集合所有修會的會議，試圖解決他們之間的敵對狀況。各修會的修道院院長圍成一個圓圈，跪在地上祈禱，祈求上帝告訴他們，祂對他們之中誰的評價最高。祈禱了很久之後，一隻鴿子銜著訊息從天而降。耶穌會的會長拿起那張紙，讀道：「你們在我眼中都是一樣的。簽名：上帝，耶穌會。」

老神父大笑。「沒錯，這裡其他的教士的確說我們很自大，可是大家都愛聖方濟．沙勿略，而你知道，就像我說的，他是耶穌會士，所以我們也很受歡迎。你可以看到他們大批人來到這裡向我們告解。」他暫停了一下，確定坐在他旁邊的修女沒有在聽，他往前傾，煞有其事地小聲說：「提醒你，有時候我覺得那些人跑來，是因為他們有些事情寧可向陌生人告解，也不願跟認識他們的教區神父說。」

為了把話題帶回葡萄牙人對教會的影響上，我問他還有多少葡萄牙遺風殘存。「有時候你會發現有人用葡萄牙文跟你告解。但是大部分的神父已經聽不懂了。他們唯一知道的外語是英文。我們已經把葡萄牙殖民主義變成英國殖民主義了。」

印度天主教會目前試圖擺脫所有殖民地的影響，成為一個純印度教會。這個運動有個冠冕堂皇的詞——文化適應（enculturalization）。這位年長的耶穌會士認為這有點矯枉過正。「我們需要文化適應幹嘛？」他語帶輕蔑地說：「在臥亞的天主教裡面，我們一直都有很多印度成分，如果那就是你的意思。很多還在延續，時間久到我不記得的傳統都是很印度的。以每年的這個時候為例，由於田裡沒有工作，整個村裡的印度教徒都去朝聖了，而基督徒就跑到聖嬰大教堂來朝聖。還有，年輕夫婦帶小孩來這裡剪去一綹頭髮，就像印度教小孩被帶去河邊或海邊剪聖髻一樣。」

葡萄牙人盡了全力去斬除這些印度人的根。葡萄牙人在臥亞傳佈基督教義後的兩百多年，一七三六年宗教法庭發布了一道敕令，禁止特定的印度教活動侵入天主教信仰。在婚禮中用牛奶和椰奶的混合物為新郎新娘塗油、或是用生米的穀粒觸碰他們的額頭都被禁止。人死後，家裡的牆不可以用牛糞塗抹，死者的衣服不可以丟進被印度教徒視為神聖場所的河裡或海裡。如果為了避免傳染而需要銷毀衣物，必須要用燒的。活人也被嚴禁穿著「印度服裝」。

即使葡萄牙人離開後，梵蒂岡還是花了很長時間才能接受臥亞的教會必需要印度化。有個葡萄牙人主教在六十多個場合寫信給教士，提醒他們要記得效忠葡萄牙政府；這位主教並未隨總督一起離開，直到「梵蒂岡第二次大公會議」的解釋[8]讓他處境尷尬。梵蒂岡還是一直不覺得可以完全信任臥亞人。有個叫做法蘭西斯可・沙勿略・達・皮耶達德・雷貝尤（Francisco Xavier da Piedade Rebello）的臥亞人被升為主教，可是最後只被指派為行政使徒。由於他在庫里亞教區（Patriarchal Curia）服務過，得到葡萄亞教會的認同，因此是個安全的選擇。臥亞大主教的職缺一直懸空。直到一九七八年臥亞人才終於有了大主教，而東方大主教和東印度教區主教的職位也終於有人來坐了。

梵蒂岡害怕臥亞人要是得到了自己教會的完整權力，會讓具有長期融合歷史的印度教侵蝕掉葡萄牙人保存的正統信仰。從羅馬的角度來看，教會要在新的環境開花結果，與當地融合的方法並非必要。不過對於在臥亞創立的修會——皮拉會（Society of Pilar）來說，那可是再清楚不過了。皮拉會和耶穌會一樣，總部都不在羅馬。❾

皮拉會

皮拉會在距離臥亞大約十公里的島上，路上要經過一段上坡路、音樂學校、工業訓練學校，還有其他彰顯皮拉會士工作的建築。那條路的末端又是一座白色的葡萄牙教堂。旁邊是一個現代辦公室建築，稱之為生產區。在山坡的頂端有個修院俯瞰臥亞另外一條大河祖亞利（Zuari）河和馬爾馬高（Marmagao）港。較年長的神父記得在「解放」的時候爬到屋頂去看印度飛機轟炸港口貨運，如果還記得當時葡萄牙人的不抵抗，那顯然是很誇張的景象。

我們沒有受到警告，也沒有經人介紹就抵達了生產區，我們甚至不知道要跟誰見面。在接待處的害羞年輕女孩不知道要拿我們怎麼辦，所以她把我們送去修道院參觀博物館，然後打電話給館長告訴他有外國記者正在前去。

我們沒有等館長科斯梅．荷西．科斯塔（Cosme José Costa）神父很久。他和一個年輕神父一起來。很快我們就知道蓄著白鬚的科斯梅神父是個溫文誠實的學者，熱愛他的博物館。我懷疑那位配合度十足的年輕神父賽比．馬斯塞雷納斯（Sebi Mascerenas），前來擔任隨從的目的，是為了確保沒有輕率言行，沒有說出會讓皮拉會在教會或俗世當局前丟臉的話。

博物館裡許多展覽都是從皮拉會總部附近所挖掘出來的。科斯梅神父帶我們去看一個嚴重損壞的象神歡喜天雕像的軀幹，還有佛像，解釋說這兩樣東西顯示這個山上以前有個稱之為高達瓦利（Godavri）的城市，原來是尸羅波羅（Shilapara）朝代的首都。山下祖亞利河河口甚至有個古代的港口，叫做高帕卡帕塔姆（Gopakapattam）。科斯梅神父對於兩個從港口挖出來的展覽品特別滿意，一個是西元一世紀的羅馬硬幣，一個是羅馬雙耳罐。他說：「這些證明以前這裡和羅馬就有貿易，表示使徒聖多馬❿前來印度不只是傳說。他很容易就可以辦到。你看，我們可能是全球最古老的教會之一。」

「科斯梅神父不只是教會歷史學家，」賽比神父解釋：「他自己就是歷史的一部分。你走之前要快點告訴他們。」

「你覺得我應該這樣做嗎?」科斯梅神父懷疑地問。

賽比神父認為他應該，所以我們聽了一個嬰兒奇蹟似的誕生故事。科斯梅神父的母親生下第一個孩子的六個小時後，孩子就死了，然後又流產三次。懷著科斯梅神父的時候，有個醫生跟她說，母子均安的機會只有百分之一。於是全家人向一位十七世紀的臥亞神父約瑟夫・瓦茲（Joseph Vaz）祈禱。顯然祈禱奏效。在剖腹產的前夕，雖然醫生已經接近放棄所有希望，沒想到這次科斯梅神父卻以自然產方式順利生了下來。他的母親也活到九十五歲才過世。梵蒂岡認同這個家庭的禱告乃是榮耀約瑟夫・瓦茲的奇蹟。科斯梅神父說，「受聖寵的約瑟夫・瓦茲給了我一個奇蹟，我也要回報他一個。」

當科斯梅神父離開的時候，賽比神父帶我們到一個看起來像是職員休息室的地方。我們解釋說正在寫關於臥亞現代教會的文章，且有興趣進一步認識皮拉會的神父，因為這是一個臥亞的教會。

「沒錯，我們是相當臥亞的教會。」賽比神父斬釘截鐵地說：「大家認為我們是聖方濟・沙勿略傳教士會，但是我們和葡萄牙人毫無關係。我們從來不和他們站在同一邊，我們一直是國家主義者，那也是我們枝繁葉茂的原因之一。看看世界其他地方，也許我們做的還不夠好，但是在我成為神父的時候，皮拉會只有一百二十位神父，現在有兩百五十九位，今年還有二十人會成為神父。」

「你們成功的理由是什麼?」我問。

「因為我們在臥亞是開路者。我們是第一批對大家開啟修道院大門的人，而高級種姓並不喜歡這樣。這表示我們從三〇年代就有向四面八方，而非在教會裡面尋求聖召的傳統，而這個傳統保留的狀況比預期中要好。或許我們應該對上帝更有信心。」他笑著說。

皮拉會是個使徒生活的教會，這和傳教教會不同，因此成員間平常並不使用宗教上的職稱。不過賽比神父並不擔心神職上的微妙差別。

「我總是告訴見習修士不用擔心，」他告訴我們，「畢竟，我們和傳教教會一樣發了三個誓願，你也不可能只守貞一半、服從一半，所以我們並不比他們少了什麼。唯一不同的是，我們受臥亞大主教的領導，而耶穌會士和其他人則是直接聽羅馬的指揮；他們跳過大主教。」

賽比神父對自己的使命非常確定，他曾藉由和印度最窮困的人生活在一起、住在帳棚裡面十二年考驗自己。他也同意聖嬰大教堂的耶穌會士認為儘管宗教法庭出盡百寶，還是不能避免印度教對臥亞基督徒產生影響的說法。在他前往西海岸、臥亞北方的納加哈斐利（Nagar Haveli）的部落成員那裡工作時，他總是和村民一起盤腿坐在地上舉行彌撒。他不穿長袍或法衣，只是在肩膀上圍條披肩。提醒你一下，好像沒有皮拉會的神父經常穿長袍。賽比神父自己就穿著非常亮眼的粉紅、白、藍三色襯衫。

「我們得接受我們的人民，而的確，我們教士也有近似印度教徒的心，」他說明：「在臥亞，到處都是十字架和聖心。你一定有看過。可是聖人又是什麼意思？我們改信的時候都有自己家裡的神，而用聖安東尼⓫或類似的東西來代替並不困難，所以就某方面來說，向聖人祈禱有其印度教的根源。儘管是拉丁文化的影響，但是還是很印度。」

有的臥亞天主教徒還是會去神廟崇拜。賽比神父告訴我們一個故事，有個前去神廟的神父，穿著無領上衣和寬鬆的褲子，好看起來像個印度教徒。他和朋友看到信徒帶著給神的供品進去，然後出來的時候額頭上有聖痣（tikas）。終於他們看到一對父子脖子上戴著十字架。那位神父說著印度教徒的口音——在臥亞，基督徒和印度教徒說話方式不同——並說很高興看到基督徒在神廟能夠被接納，接著問道：「現在基督教允許你們祭拜印度教的神了嗎？」那位基督徒緊張地回答：「我們的神父應該不知道我們來這裡。」神父安撫他們說：「別擔心，我們不會跟其他人說。我們了解你，因為印度教徒也喜歡去基督教堂，但是你可以拿我們的供品，我們不可以拿你們的。」這句話嚇到基督徒：「我們的供品是耶穌的血和肉⑫，如果你們拿了是有罪的；如果我們自己有罪，也是不能拿的。」

當神父問「那你們來神廟會不會讓你們有罪」的時候，基督徒受不了了，牽起兒子的手走開。

賽比神父被派去德國進一步研讀神學的時候，看過西方基督徒的狀況。他知道所有神父的缺點，或許還私下高興（雖然他沒有多加著墨）現在皮拉會神父有機會藉由派遣傳教士到歐美，掌握扭轉歷史的機會。他略帶驕傲地告訴我們，皮拉會神父已經負責倫敦南部戴普特福（Deptford）教區了。

「這真是了不起的轉變，」我說，「不過為什麼教會在這裡並沒有衰落呢？你們是怎麼留住參加彌撒的人和那些神父的？」

賽比神父揉揉他蓄著黑色鬍子的下巴，想了一下才回答：「好吧，我不知道我是否該繼續關於我們的印度教之心的話，不過至少我可以說，相對於你在教堂所看見所有來自西方的外觀、幾個世紀來葡萄牙人的影響而言，我們還是很東方的。這裡沒有西方把神和人分開的那一套，神是我們心裡的感覺。在這裡信神是天經地義的，這不像在西方，你不用質疑。神屬於你的生活，就在你裡面。」

我們在修道院的餐廳享用午餐，有臥亞式炸魚、咖哩魚、蔬菜咖哩等等，還有很多的飯——遠遠沒有我原先所擔心的那麼刻苦。午飯後我們到修院上面去看祈禱室。

那是一個長方形的樸素房間，大理石祭壇上有個圓頂，另外一邊的牆上有彩繪玻璃窗。賽比神父指著一扇窗上所繪的聖母瑪莉亞說：「我們要聖母穿上紗麗，但是這塊玻璃從德國科隆的彩繪玻璃匠那裡送回來的時候，祂還是穿上了西方的傳統聖母服裝。這是個問題。我們要在教會承認印度成分，但是西方影響還是陰魂不散。下個星期皮拉會神父要以公開彌撒來慶祝印度獨立，其中會包括獻祭（aatri）和在前額點上聖痣（Kumkum）等印度教儀式。我們的人也只會提供一點這樣的服務，不過基本上，這裡的基督教徒對外還是想要表現出西化。我們一定要成為一個印度的教會，否則這個國家的其他地方不會接受我們，但是我們也不能太過份，否則大家也會離開我們。」

教區神父

不過有個印度傳統還是臥亞的教會想要消滅的——種姓制度。經過四百多年的傳教活動，教會多少不情願地接受印度基督教徒中的種姓分別。以勸服約十萬名南印度人改信而聞名的十七世紀耶穌會教士羅伯特．迪諾伯利（Robert de Nobili），建議傳教士「看看當地哪些風俗是無罪的，又可以用在推廣神的宗教上面。一旦決定之後，自己就要照著這些風俗去做。」他認為種姓制度沒有問題之後，迪諾伯利就以婆羅門的身分生活，因為他相信這是唯一讓印度人改信的方法。他甚至避免和婆羅門認為不潔的種姓接觸。迪諾伯利被叫到臥亞去解釋自己的行為，但是最後決定繼續讓他以婆羅門的身分生活。

教宗亞歷山大二世（Pope Alexander II）很擔心種姓制度對教士的影響。一六五八年他宣布，「學校應該開放給所有人，不過為了防止紛爭，低階種姓的小孩應該要和其他人分開。可是低階種姓和被忽視的人，不應該被排除在聖餐之外。要去探訪生病的人，不管他們的小屋有多悽涼，都要帶移動祭壇去。」到了十九世紀，教宗本篤十四世（Pope Benedict XIV）明確表示，高階種姓和低階種姓必須在同一個時間、同一個教堂做彌撒。那個年代耶穌會的傳教士有分派系，法籍修士認為應該要接受種姓制度，愛爾蘭籍的反對，義大利籍的則是一半一半。

葡萄牙時代的臥亞，教會接受了種姓制度。高級的種姓擔任委員會成員，控制村裡的教會。彌撒時他們坐在前面幾排，組織年度慶典，並在其中扮演重要角色。上層種姓家庭向來會將一個兒子送入教會，這樣他們也就主導了教區的教士社群。在民主印度，來自下層種姓的基督徒變得比較積極，高層也受到壓力，保證在地球上神的國度裡，沒有次等種姓的存在。

教區神學院位於一個小丘上，原先是個碉堡，不過龐大的建築看起來一點也沒有軍事氣息。在其中首席神父的大廳裡，我們聽說了一個最近教會中的種姓危機。這個神學院院長叫做湯瑪斯・達奇諾（Tommas d'Aquino）——一個令我們難以置信的名字，他說他必須同意神學院的道德神學教授負責坎柯林姆（Cuncolim）教區，因為當地控制教會財產的委員會成員資格出現爭議後，沒有其他神父願意去。那裡的低階種姓堅持要打破由高階種姓把持委員會的狀況，並要求在守護聖人慶典上獲得一個正式的身分。當他們的要求被拒絕後，他們抵制村裡的慶祝活動，並跑到在帕納吉附近的神龕去祭拜他們的守護聖人。可是湯瑪斯神父有信心那些高階種姓已經得到教訓。「他們嚇到了，」他說：「因為整個教會都有反應。」

湯瑪斯神父不到五十歲，比我想像中的神學院院長年輕，而且看起來急於說服我們他並不是個心胸狹窄的傳統主義者，不過他的確帶點驕傲地告訴我們，他是從傳統家庭來的，而我猜那表示他家屬於上層種姓。「我的同代人還有家裡帶來的包袱，」他說：「對年長者的敬意、家庭教育等等。現在我們有神學生來自於鄉下地方，家裡從來沒出過神父，他們沒有這種包袱。」

對於神學院缺乏紀律的狀況，他也似乎很遺憾。當他還是神學生的時候，教師們都是德高望重的象徵，令人肅然起敬，就像那些故去的大主教和現任大主教的畫像一樣，從單調大廳的牆上嚴厲地瞪著人。根據神學院院長的說法，現在的學生都是「他的哥兒們」。我不太能把這種說法和他承認去年退學率達三成半，其中還有人是因為「智慧或道德的不足」被退學的說法聯想在一起。不過湯瑪斯神父仍舊堅持那是例外。

繼續說到神職人員的素質，湯瑪斯神父說：「他們不一樣了，他們和過去不同，可這是好的，因為他們也沒有帶著過去的次文化。」說清楚點，這表示他們從最低層的種姓而來。我不能不一直好奇湯瑪斯神父是不是真的覺得這很好。

有個住在附近盧土林（Loutulim）村的朋友曾建議，參觀過神學院以後，我們應該要去見他的教區神父，一個沒有背著神學院院長那種包袱的人。我們的計程車司機遇到最嚴重的駕駛難題：泥濘的道路坑洞在雨季的大雨下很快就變成洪水氾濫。而他唯一的一支雨刷難以抵擋如瀑布般傾倒在擋風玻璃上的雨水，對他更是毫無幫助，不過我們最後還是到了盧土林的神父住處，如常一樣也是個教堂。我們走過小徑，大雨打在我們的雨傘上，然後發現一個僕人，或者可能是個教堂主事在門口等我們。我們跟著他穿過黑暗潮濕的走道、踏上燈光微弱的樓梯。那個房子像公共設施多過像個住家，一個簡陋朽舊、沒有人住的公共設施，但是教區神父約瑟夫．卡耶坦．德柯斯塔（Joseph Cajetan d'Costa）還是把自己住的房間布置得明亮有生氣。雖然他已經下班，和朋友在看電視，他還是熱情地歡迎我們的打擾。

那是我們第一次和身為教會基層尖兵的教區神父會面。德柯斯塔神父一定已經四十幾歲了，但除了頭髮在為教會奉獻的年頭裏開始轉灰，他的臉還是年輕而沒有皺紋；在這個財慾橫流、上帝退卻的世界裡，他看起來也沒有因為那些給西方教會神父造成龐大壓力的憂慮——寂寞、缺乏回應、懷疑、沮喪——而灰心。在盧士林，八千位教區居民有一半還是每個週日都來望彌撒。德柯斯塔神父證實，他並不是從那些曾經主導教會的上層種姓家庭出身——他的父親是個農夫，住在一個印度教徒占優勢的村裡，家裡沒有出過神父。這在他早期的教區造成一些問題。

「有影響力的人並不總是給我適當的敬意，」德柯斯塔神父承認，「當我反對他們自私的利益時，他們很不悅。他們想要把持教會的財產，如果你不讓他們這麼做，他們就在言語上跟你作對。而且他們給特權人士過度重要的地位，如果你不給他們，他們又跟你作對。」

「你所謂的特權人士是誰？」我問。

「婆羅門，你知道，他們認為自己高人一等。他們要給自己保留所有的特權。例如他們說只有自己能在耶穌受難日扛十字架。他們堅持那是他們的傳統，而且應該維持下去。」

「所以這個會打擊你，讓你懷疑一個維持這麼不公平、不像基督教的特權教會嗎？」

「不，我很高興為好事受苦難，透過受苦認同基督。」

「這個教區呢？有比較輕鬆嗎？」

德柯斯塔神父很快地回答，好像急著要向我保證：「不、不，這裡沒有引起爭擾的東西，大家都很合作、友愛。」他停了一下又繼續說：「但是我在這裡當然是個新人，」他第一次看起來氣餒。顯然他擔心未來可能還有更多苦要受。

拜訪威利

從盧士林回到帕納吉的狹窄道路乃是沿著祖亞利河口的南岸。我們上路的那天，看來有非常多大型車輛擠在一條次要道路上。我們的司機解釋，因為主要的南北通道亟需維修，禁止大型車輛通過，所以大型車都被轉到這條路上來了。葡萄牙人離開臥亞的時候，祖亞利河或曼多維河上都沒有橋。首府帕納吉實際上等於是個島。即使印度政府在曼多維河上建了座橋，可是沒幾年就塌了，得重新建過。現在祖亞利河的橋看來也將慘遭相同厄運。無可避免地，橋梁建築出現問題要歸咎於政治人物默許的貪污——包商負錢賄賂，所以偷工減料不會被政府發現。一度要仰賴國家支援的臥亞教會，現在已經有自信，不怕和政府作對，特別是關於貪污的現象。不過貪污並不是第一件讓教會涉入政治的事情。

「解放」之後，臥亞的基督教徒害怕他們的小天地會被淹沒在印度這個廣闊海洋中。這個恐懼後來變得相當真實，因為有個印度教徒的政黨成立，且決定要把臥亞和北邊的鄰居——馬哈拉施特拉邦及其首府孟買合併，而這兩地開車要十二個小時、坐船要二十二個小時。馬哈拉施特拉戈曼塔克（Gomantak）黨想要摧毀臥亞不同的身分，藉以打擊教會的影響，並消滅基督教信徒的價值觀。基督徒在臥亞占了約百分之三十二，但是一旦與馬哈拉施特拉邦合併就有如滄海一粟。該黨意在確保政府津貼和特權，尤其是工作，落到印度教徒手上。雖然臥亞教會的地位如此脆弱，他們還是冒險投入政治，為保持臥亞不被合併一搏。

我們不管去哪裡都被告知，「如果要了解政治和教會，你們應該要去看威利（Willy）。」威利的本名是威爾弗瑞．迪蘇薩（Wilfred de Souza）醫師，亦被稱為「雙FRCS」，因為他通過倫敦皇家外科學院（Royal College of Surgeons）的考試，又在愛丁堡外科醫師們的面前露了一手，之後於一九六二年返鄉。當他回到臥亞，他發現當地沒有外科醫師，而他有兩個FRCS則提高了他的聲望，於是他有許多工作可做。他的別墅位於帕納吉北邊的村落，周圍有保養良好的花園。他不只帶回在受訓期間所娶的英籍妻子，還有對養狗的熱情。他的達克斯獵狗是我和吉莉看過最大的一隻，此外還有隻友善的拉布拉多及垂耳狗。

威利自己是個矮小、圓滾滾，有如英國作家狄更斯筆下人物的白髮男人。他穿著醫生制服，閃亮的白色西褲和一樣白的襯衫。我問他為什麼在受過多年艱苦訓練和通過考試之後，他要放棄醫療而投入政治。

「我是被牽拖到政治裡去的，」他說，身體從他坐的那張精雕細琢的臥亞巴洛克風椅子上往前傾：「這是生死存亡的問題，我們得保護我們自己的身分。但是我從未放棄醫療。我還是部長的時候也會動手術。」

「基督教是否受到威脅？」我問。

「嗯，我不會說得那麼嚴重，」威利醫生回答：「可是教會覺得需要有更大的舞台。基本上基督徒較低的層級受到教會的影響。」

「所謂較低的層級是什麼？」

威利醫生不好意思起來：「呃，你知道，那些比較沒受過教育、環境比較不好的人。」

「低階種姓嗎？」

身為優秀的政治人物，他沒有回答這個問題，只是繼續說，「通常負責指引民眾的神父都反對合併。他們支持我們的聯合臥亞人黨（United Goan Party）因為這是個基督徒的黨。」

「可是那不就把政治帶到宗教裡了嗎？」我問。

威利醫生也沒有回答。「他們的手段很卑鄙，」他坐回椅子上。「某個來自馬哈拉施特邦的重量級政治人物到這裡來，稱呼基督徒是『黑皮膚的葡萄牙人』。當有人耍這種計謀的時候，你覺得我們該怎麼辦？躺下來任人蹂躪？」

最後是印度教的種姓制度救了臥亞。馬哈拉施特拉戈曼塔克黨獲得低階種姓的認同，因此在表決合併臥亞的提議時，高階種姓投票反對，臥亞因此不被合併。

威利醫生還做了兩件事情才心滿意足。合併沒有成功並不表示臥亞可以自治，統治臥亞的還是在德里的中央政府。威利醫生相信，在成為印度邦聯下完整的一個邦、由自己的議會統治之前，臥亞稱不上安全。邦裡的官方語言也是一個問題。馬哈拉施特拉邦出身的人想要用他們的語言馬拉提語⓭，但是基督徒和許多印度教徒的語言，是臥亞自己的康坎語。威利醫生也尋求教會的協助去打這場仗，而且再度勝利。不但有了獨立的邦，康坎語也成為官方語言。語言的政策並非教會所期望那般明確，因為官方事務也允許使用馬拉提語。教會在教區檢討報告中，將這個妥協描述成重婚罪，但是決定接受這個罪過。

根據威利醫生的說法，那就是教會參與政治的尾聲。「教會不再參與任何政治事務，」他以非常果斷的態度說道，好像在擺脫他的政治生涯，「事實上宗教應該完全和政治分離。到目前為止我是個天主教徒，每個週日都到教堂禱告，但是我不是天主教政治家。」

我不想提醒威利醫生，他曾經承認過自己是個天主教政治家，和教會同一陣線戰鬥，而且幫助教會擺脫葡萄牙遺風是他的政治理念。只是在需要新的認同的時候，有個機會以臥亞文化捍衛者的身分出來戰鬥。由於教會需要印度教菁英的支持，才不會落入代表基督教文化的陷阱。因此教會從殖民者的教會，變成一個我想稱之為臥亞次國家主義（sub-nationalism）的教會。要宣稱自己是國家主義者，就會得罪印度中央政府，而教會聰明到不會這麼做。

環保神父

不是所有的政治人物都同意威利醫生認為教會和政治已經沒有牽連的看法，甚至也不是所有的神父都這麼想。例如距離威利醫生所住的村子幾哩之外，有個名叫荷西・狄亞茲（José Dias）的神父以其政治活動聞名。不過他的教堂聖亞歷卡蘭古特（St Alex Calangute）是由方濟會教士所建。臥亞建築歷史學家認為，方濟會教士蓋的教堂比起其他修會來得嚴肅。不過這座教堂正面的兩側加了華麗的鐘塔，中間夾著一個拱頂和塔樓，上面有個十字架。教堂的兩側種著棕櫚樹，不過以前是沒有的，白色的教堂是平坦的鄉村裡一個顯眼的標記。現在在路的另一邊，蓋了一排一模一樣的公寓，漆著醜惡的粉紅色，和翡翠綠的田地非常不協調，而教堂的孤立感也被破壞無遺。不管是在建築或是園藝學上，都沒有人想要把這醜陋的景色遮掩一下。

當我們在荷西神父位於教堂的住處碰面的時候，由於來不及在早上六點的彌撒之後換裝，他還穿著白袍。現在已經接近中午，還有一對年輕情侶在他的房間外面等著討論關於婚禮的安排。雖然荷西神父以參與環保議題聞名——他曾經參與抗議政府興建穿越臥亞海岸的鐵路，後來運動失敗，他也被逮捕三次——他始終還是位神父。「我已經擔任神父二十年了，我也很滿意我的職務，」他用輕快而真摯的語氣跟我們說：「我覺得我有聖召，我對自己的身分也很清楚。那些有問題的神父是因為有認同危機。」

荷西神父身材瘦弱，戴著金框眼鏡，看起來一點也不像出身於從事商隊運輸這種需要身強體壯職業的家庭，但是他的老家在曼多維河的聖史提芬（St. Stephen's）島，那裡以船隻聞名。他的父親和所有的兄弟都在P&O公司的船上。當我問他們是幹部還是水手，他很堅定的說：「水手。」

他屬於那批從事在教會中被稱為「窮人的選擇」的神父。在臥亞，就像世界其他地方一樣，那是一個政治選擇，雖然許多議題都和環保相關，但是也和政治經濟相關。荷西神父自己的教區在三十年前還是個漁村，不過在七公里外的卡蘭古特海灘出現嬉皮運動。嬉皮士為後來的自助旅行者及五星級觀光客打了前鋒。現在海灘後面有一堆旅館、青年旅社、度假小屋、餐廳、酒吧、攤子、店舖等等。讓這一切更顯醜陋的，是這個雨季裡，從海上沖來一大艘貨輪擱淺在沙灘上。看來沒人知道該拿它怎麼辦。在船隻所在的沙灘上，有間五星級酒店的經理說他已經抗議過了，可是沒有下文。他只能希望在觀光旺季之前有動作出現。

荷西神父目前正在組織一個反貪污運動，嘲弄要控制卡蘭古特發展的一切動作。他給我們看最新一本教區雜誌上的文章，是在責備教區居民的貪婪和腐敗。作者抱怨，「我們卡蘭古特的居民現在願意收買恩惠。我們要政府把我們的違規行為合法化、規範化。我們要不經允許就可以砍樹、在違反地域及建築法令的情況下蓋房子、興建不合法的旅館、闢建擋住人們前往某些村民傳統通路的通道、付錢給公共衛生官員說另外一套說詞、製造假證明、改變土地紀錄。」

我跟荷西神父說，威利醫生曾經描述某個首長是聖方濟．沙勿略二世，因為他也擅於改變——把農地變成建築用地。他聽了笑起來。

這位教區神父也參與另外一個活動，阻止一家名為「司崔普冶金」（Meta Strip）的公司利用廢棄纜線的銅提煉黃銅。銅被公定為危險廢棄物，而百分之七十進口纜線都包著難以處理的PVC[14]塑膠。此外，將廢銅線提煉成黃銅需要大量清水，那可是臥亞地區一直缺乏的資源。

荷西神父很擔心我們會認為這是一個全臥亞宗教界都參與的「全民運動」。「我們不想要教會帶頭，」他說：「我們只需要，也已經得到的是教會的支持。」但教會還是扮演很重要的角色，重要到變成一個顯然是精心策劃的法律威脅計畫的目標。教會的發言人收到來自冶金公司股東所發出一連串幾乎一模一樣的律師信，宣稱針對冶金公司的運動讓工廠不能開工，因此令他們的投資利益被剝奪。信件指控教會「誤導工廠周邊天真、貧窮、不識字的村民，煽動與教唆他們使用暴力手段對工廠進行不合法的暴動」。教會也被指責對政府施壓「非法」關閉工廠。股東稱，除非教會付出巨額賠償，否則要採取法律行動。

對手指摘教會玩社區政治手段，將宗教和政治混為一談，好讓公眾轉為與教會對立。但是這沒有成功，荷西神父解釋說，「因為我們稍早也反對一個要在印度教徒社區設立的尼龍工廠，所以我們已經表示過，我們不是基於社區理由才對環保議題感興趣的。臥亞從來沒有社區問題，只是政治人物在操弄而已。」

荷西神父堅持，政治腐敗是他所參與所有議題的根源。「這些計畫，」他說明，「都是富人在對付窮人。窮人選出政治家，但是當選以後他們就不關心窮人了，只服務那些可以出錢收買他們的億萬富翁和跨國企業。如果他們不付錢，政治人物扭曲環保法律也就無利可圖——事實上是所有的法律。」

荷西神父興頭來了就把自己說的話記下來。他攻擊興建新機場的計畫，堅持那是非常不必要的，他邊說邊寫：「四百億盧比，一成佣金——四十億盧比！」

他繼續說：「政治人物比起英國和葡萄牙殖民政府好不了多少，只是膚色不一樣。我們現在期待第二次解放，我可對慶祝第一次沒什麼興趣。」

在一個令人質疑你對印度忠誠並非聰明之舉的地方，這是相當挑釁的言論。不過荷西神父在教會裡並不孤單。當我們前去會見臥亞大教區的發言人，索取關於教會和政治的正式意見時，他說：「攻擊政治腐敗是我們基督徒的義務。我們佈道的時候，會批評貪污。他們什麼事也沒做，所有進度都被拖延，因為政治人物和官員都在等賄賂。」

一個向來保守、和政府關係脆弱的組織，其官方發言人說話這麼直接，嚇了我一跳，我問：「你確定我可以引用這段話嗎？」

「為什麼不？政治人物自己都承認遍地貪污。」

隨後發言人拿出一本前臥亞首長路易奇諾・法雷諾（Luizinho Falero）的書，給我看他寫了什麼。「腐敗衍生腐敗，這是公民願意付出，而政治人物渴望拿到的代價。」

如果教會不對自己的人民忠誠，那麼在臥亞就不可能維持強大的政治勢力，挑戰腐敗政治人物、官僚、商人這些聯手奴役印度的因素。幸好，在臥亞如果不想被視同於過去的時代，就得改變的時候，第二次梵蒂岡大公會議迫使他們改變。一個由神父支配、權威的教會，旗下有學過外語、拉丁禮拜儀式祭典的教士。而這個教會被教廷要求參與俗事。所以神父主持的彌撒，從遙遠、黑暗、高大的祭壇，背後還有令他看來矮小的葡萄牙巴洛克式屏風，搬到聖壇的階梯上。而講道者也離開教堂中殿牆上高居信徒頭上的華麗講壇，跑到教堂的地板上來演說。信徒讀的是舊約全書和使徒書。過去身為全能的上帝代表而遙不可及的神父，變成一個和教區居民一起崇拜一個人性化的上帝，一個像朋友多過像國王的上帝。

聖靈臨世運動

不是所有的改變都按照應有的速度，有的甚至還沒有完成。雖然現在儀式以康坎語進行，但是新約聖經的翻譯直到一九七三年才完成，舊約聖經還在進行中。而沒下的決定之中，有的也沒有足夠的進展。在一九七〇年代，天主教徒離開教會而投身聖靈教派。在臥亞他們被稱為「信仰者」。

在馬爾高（Margao）鎮的外緣，有個可口可樂瓶裝工廠，旁邊就是一個看起來很像瑞士小屋的新紅磚建築。這個教派的領導朗吉特．羅德里蓋茲（Ranjeet Rodrigues）和他的助手夏米拉．迪蘇薩（Sharmila de Souza）兩個人曾經都是羅馬天主教徒，並證實他們大部分的成員也都一樣。羅德里蓋茲說：「他們來的目的是耶穌寬恕罪過的訊息。我曾經是羅馬天主教徒，我遵從所有的規定和儀式，但是那並沒有解決我是個罪人的認知。那沒有接觸到我的生活。」

「你們離開教會的時候有和神父談過嗎？」我問。

「有的，我跟神父說告解不是聖經的概念，聖經裡面並沒有說到教會的結構，而他們做的好多事情根本和聖經無關。他們想要勸阻我，但是他們能說的只是：『那是五百年來的傳統，以後也會一直沿用下去。』這可滿足不了人。」

羅馬天主教會確實自行研究過教徒離去成為「信仰者」的原因。有八成的人說是為了「體驗神」。他們的第二個理由是「神是至高無上的」。第三個理由則是「友情和個人化的教區關懷」。為了對抗這個潮流，一九七四年教會引進從美國開始的天主教聖靈臨世運動。

我們聽說在曼督爾（Mandur）的教區教堂每週五有個天主教聖靈禮拜。我們決定前往的那個週五，雨又下得很大，我們很懷疑此趟旅程是否徒勞無功，禮拜會不會隨著大雨被沖走。不過當我們在鄉間窄路間迷失方向，向一個有點濕濕髒髒的男人問路的時候，那人剛好就是從那個禮拜出來，他可以跟我們確定參加禮拜的信徒都來了，而且還要持續幾個小時。順著他的指引，我們來到矗立在村中草原上的白色教堂——庇護聖母教堂（Our Lady of Refuge）。教堂外停著成排的轎車和機車，教堂擠到有的信徒甚至沒有站的地方，得在湊數的波浪板下躲雨。好消息教會（Good News Church）的領袖說，週日大概有一百三十人來參加他的聚會。平日一定有超過一千人來參加這個天主教聖靈臨世禮拜，這樣才不會干擾到普通的主日崇拜。

這個禮拜被稱為靜修，但是信徒絕對不是為了普通基督教靜修的安詳和靜謐而來。他們從前一晚就開始禁食，而禮拜已經進行了三個小時，他們還是熱情未減。我們從側門擠進教堂，被壓在牆上。剛剛才短暫休息過，一個穿著敞領襯衫、肩上掛著吉他的年輕男人站到祭壇的另外一邊，那裡有兩根蠟燭的火光在跳動。在燭光之間，放在瞻仰台上的聖器看起來就像是綻放著光芒的金色太陽。

傳福音的人等到興奮的竊竊私語都停止，教會恢復寧靜以後，舉起雙手大喊：「哈利路亞、哈利路亞、哈利路亞！」幾百雙手鼓起掌來，幾百個人跟著回應：「哈利路亞、哈利路亞、哈利路亞！」傳福音的人又大喊：「主耶穌，我前來讚美祢，我需要祢！祢對我們是這麼好。祢賜給我們生命這麼多奇蹟。」然後他撥著吉他唱道：「我們到此來讚美祢，我主耶穌，讓我們讚美祢並歌唱。我們到這裡來奉上我們最好的東西。」信徒著迷地聽著，有的人雙手交握成傳統基督徒祈禱的姿勢，有的舉起手掌，有的作出捧杯狀。傳福音的人急切地哀求說：「甜蜜的耶穌基督，這都是來自於祢。請指示我要追隨祢腳步的道路。」

他有時說康坎語，有時說英語。我們身旁一個女人在大拇指底部刺著十字架，脖子上帶著印度已婚婦人的項鍊，而她將手臂伸到空中，叫著「哈利路亞！」傳福音的人改成鄉村樂曲風唱道：「一天一次，甜蜜的耶穌，那是我對祢唯一所求。」這次信徒跟著唱。興奮之情升高，電子蠟燭光線的末端在金色屏風上跳躍。周身都是閃爍燈泡的聖母瑪莉亞像俯視著信徒。彩虹的七個顏色照亮了燈光微弱的教堂——紅橙黃綠藍靛紫色的紗麗、裙子、上衣。不過其光輝還是略遭某些傳統的黑色禮拜服所抵銷。男性不僅衣著較不鮮豔，人數也比較少。

狂熱的傳福音者大喊：「洗滌我們、讓我們潔淨，我們向祢祈禱，我主耶穌，哈利路亞、哈利路亞、哈利路亞！」他的聲音越來越大，而隨他唱和的信徒也逐漸加強音量。然後他們又轉為漸弱，哈利路亞的聲音越來越柔和，直到在一絲呢喃中消逝。傳福音的人宣布：「你們已經治好了，」而蓄著鬍子的年輕神父，穿著簡單白色背心，只在胸前配戴了十字架，為擠在祭壇附近的一些信徒灑聖水。我猜他們生病了，但是是好是壞，這實在是不可能知道的。

治療師是一個清瘦的老女人，一條頭巾緊緊地綁在下巴下面，拿過麥克風，呼喚信徒出來印證奇蹟。她要一個女人出來證實自己的背痛已經好了。還有一個人的「白色分泌物」也已經痊癒，但是當治療師宣布某個病人的血癌痊癒時，信徒裡沒人出來證實。最後有個女人站起來說：「她今天不能來。」

又輪到傳福音的人上場，帶著大家唱「耶穌愛我，那已足夠……」我們身邊的老老少少拍著手，隨著音樂搖擺。他們唱著：「今天我很愉快地在耶穌中。今天我在耶穌中鼓掌，今天我在耶穌中歌唱。」神父以勝利的姿態將瞻仰台舉過頭頂，像個高舉獎盃的網球冠軍。鼓掌、歌唱、哈利路亞的讚美等等似乎永遠不會結束，但是最後神父把瞻仰台放下，往祭壇的中央移動，開始舉行彌撒。教堂恢復了向來的靜謐崇敬，直到講完使徒書，福音讚美歌又掀起另一波哈利路亞讚美潮，神父就淹沒在掌聲中。可是當他打開祈禱書，開始閱讀福音的時候，這些手在胸前劃十字，歌聲也消失。

神父用康坎語開始不帶感情地佈道，警告信徒他們要在生活裡作耶穌的見證人。只在教堂裡面謙恭是不好的，他們要服務其他人，寬恕其他人，當他們在外行走的時候也要保持謙恭。那就是見證耶穌。佈道結束後，神父請想告解的人舉手。一個我們看不清楚的女人舉手，說：「我沒有在生命中引用到神這個字，我很抱歉。」一個站在祭壇旁邊的贖罪者則因為自己的軟弱而沒有見證。在每個告解之後，神父說：「我們已經承認自己的錯誤，我們要回到祢身邊，請寬恕我們。」接著就是奉獻麵包和酒，群眾分過之後，奇妙地沉靜的信徒離開教堂。

我們去找安捷羅．費南德斯（Angelo Fernandes）神父，他剛好就是一個皮拉會的神父，代替去英國參加佈道團的教區神父。安捷羅神父從早上八點開始聽告解，只有快結束時才來參加禮拜。當我說這個禮拜不太正統的時候，他回答：「我們不能照老法子，那樣就是教會的窮途末路，因為現在這樣正是大家所需要的，如果我們不能提供，他們就會變成『信仰者』。」

「所以你們現在做的和『信仰者』有什麼不同？確定你們都是有號召力的嗎？」

「我們是天主教徒，你自己看到彌撒的情況，而我在這裡，一個神父，確保這是天主教的活動。所有的人都有天主教的號召力。」

隔天我發現自己在一個比較嚴肅的場合——大主教宅邸，位於帕納吉的最高點，象徵在葡領臥亞時代大主教的地位。即使是現在，首長的官邸還是位於比較低的山邊。帶我進去參觀的神父和我在那棟長形白色雙層建築的後院見面。廣闊門廳的宏偉氣勢被地板中間接天花板漏水的水桶給破壞了。顯然這座教堂難以讓大主教維持其葡萄牙時代前輩的那種享受。神父陪著我去大主教位於一樓的書房，敲了敲門，聽到有人說「請進」之後就讓我自己進去。

我在我們那本翻爛的教區人名錄上看過大主教的照片。他看起來就像個教會高層，穿著上面有紫色鈕釦的白色長袍，還戴著紫色的小帽蓋著灰髮。當我進去他辦公室的時候，他坐在辦公桌後，身後是一個大十字架。窗戶開著，沒有窒人的空調。我原先預期會看到一個令人肅然起敬的人物，不過他比我想像的要矮，並且他並不是像教區人名錄的照片一樣，滿臉嚴肅還皺眉，反而是用一個大大的微笑迎接我，並帶我到一張舒服的椅子上坐下。他的宮殿仍舊採用地中海式的待客方式，雖然離午飯時間還很久，但是還是給我一杯飲料，然後可以在蝦仁小餡餅和牛肉香腸捲之間選一樣點心。當我選了咖啡和一片叫做貝賓卡（Bebinca）的臥亞甜蛋糕的時候，大主教很意外，或許還有點失望。他自己也喝咖啡。

他的脖子上戴著銀製十字架，但那是他崇高職位的唯一象徵。長袍上的鈕釦是用珠母製成，灰髮上的帽子也脫了下來。他在小神學院的教學都是以葡萄牙文進行，英文的口音中還可聽出葡萄牙腔。

他很高興在他主持這個教區二十八年間的成果，但是沒有標榜是自己的功勞。當我問他，在西方勢力似乎逐漸式微之際，臥亞的教會如何開花結果的時候，他說：「上帝的功勞。」

「沒別的了嗎？」我問。

「喔，有的，民眾的參與度提高了。而且我們曾經對聖體奉獻非常積極。當然我們現在還是，可是我們如今也對聖經很積極。」

「聖方濟．沙勿略在傳教的時候從來沒有帶過聖經是真的嗎？」

「或許，或許，但那是不同的時代。在我短暫的生命中，教會甚至也有劇烈的改變，而我很高興看到俗家民眾的參與。你知道我們設立的小型基督教社區，現在他們輪流準備週日的彌撒，決定讚美詩、主題、閱讀物等。如果只靠我們教士做所有工作的話是不可能的。」

我告訴他我對聖靈臨世禮拜的印象很深刻的時候，我可以看得出他沒有那麼確定了。

「禮拜在哪舉行？」他問道。

「在曼督爾的教區教堂。」

「啊，現在我不確定我們的主教聖靈臨世禮拜小組有批准這個活動。我想應該還在審查中吧。我們設了一個小組來控制這個運動。這有打擊教區教會、把大家從自己的教堂帶走的危險。那就是為什麼我說過聖靈臨世靜修不可以在週日進行的原因。你去的禮拜儀式不是在週日吧？」他擔憂地問。

「不是，是週五。」我向他保證，而他點頭道：「好，好。」

大主教特別擔心聖靈臨世禮拜中的治療。「我們不想要人家去參加這些禮拜然後要求什麼。我們要他們見證神的旨意，」他說：「特別令人憂心的是，在治療中錯誤使用聖餐。甚至有報告說有人被強迫餵食聖餐。」

到了這個階段，我想我不會跟他說曼督爾使用瞻仰台的方式，所以我繼續推進對話，說聖靈臨世運動可能很強大，會自行找到留在教會中的規矩。

「喔，不、不、不、不，」他很急地回答：「沒人知道聖靈什麼時候會出現，而教會必須對聖靈開放。但是如果你回顧歷史，你會發現過去有那麼多的運動，而教會都抑制住了。以阿夕西的聖方濟為例，即使教宗也不太知道是不是該批准他。教宗批准了，所以現在到處有方濟會的修士，包括這裡，他們做得很好，我一點也不擔心。」

「好吧，我聽說您很快就沒有這些煩惱了，因為兩年後您要退休。是真的嗎？」

他往後躺回他的椅子上，微笑：「我馬上要七十五歲了，所以我做得足夠了，不是嗎？」

「對，我相信您是的。」

「如我告訴你的，我看到許多變化，他們對我來說都不輕鬆，我受的教育是非常不同的傳統。所以這是休息的時候，或許改變是個比較好的詞，因為我還是想要以某種形式繼續活動。」

我離開的時候，印象是聖靈降臨運動對大主教來說是個太偏激的運動，而他樂於把問題丟給別人。

最後一個週日，我們和另外一個覺得改變不輕鬆的神父碰面。當我們坐在舊臥亞聖凱瑟琳大教堂的長椅上等彌撒開始的時候，一位年長但生龍活虎的神父出現在我們面前，他並沒有穿著常見的白袍，而是老式的緊身高領黑袍。他問我會不會說葡萄牙文，但我告訴他一個字也不會的時候，他說：「我通常會這樣問外國人，是因為我想要說葡萄牙文，但是現在這種機會不多了。」

我問他為什麼教堂的外表變成黃色，而不是傳統的臥亞式白色，而這招致印度考古協會的抨擊。協會從教堂那裡奪走了對舊臥亞地標的管理權。「我們現在不能對教堂做任何事情，」他很不悅的說，憤怒地兩隻腳交互挪前挪後：「我們甚至得拿到許可才能設立新的捐獻箱，他們有做什麼事情來保存教堂嗎？沒有。」為了指證，他帶我到西邊去給我看一堆橡皮，那裡柱子上的油漆都剝落了。

我注意到他的長袍有紫色滾邊和紫色鈕釦，所以我問：「這個紫色表示要稱呼您為閣下嗎？」

「不，但我是阿道佛・霍維亞諾・卡斯楚・維耶加斯（Adolpho Joviano Castro Viegas）神父，是這座教堂的教士和教區神父，紫色只是代表我資深。」

既然他很直接，我於是問道：「在大教堂裡，你們維持禮拜的傳統嗎？」

「當然我會這麼嘗試，可是我們能怎麼辦呢？我們沒有錢付給唱詩班，還有適當儀式所需的一切，而主教也不在乎。過去葡籍主教常來，而且有完整的排場和奉獻。現在的主教一年只來四次。我喜歡完整的儀式和歌唱，那會提振你的心。」

性急的神父接著就丟下我們去為教士的例行彌撒著裝準備。

當阿道佛神父和其他六個一樣老的教士從南邊的通道進入的時候，廣大教堂內的人還是很少。他們穿著鮮綠色的法衣，以莊嚴的行列走向階梯末端的祭壇，而陪伴的只有一個。包括阿道佛神父在內的六位教士在祭壇後面的高背椅坐下，一個站在祭壇邊，以尊嚴和莊重的態度開始望彌撒。風琴廳那邊還有小唱詩班在與他唱和。

看著豪華光輝的屏風，上面有耶穌釘上十字架像，就在內殿的白色筒狀天花板之下，我忍不住想著興建這座紀念碑來讓臥亞人感受到上主之偉大的葡萄牙人。我知道教會必須改變，讓上帝變得更實際，才能在獨立後的印度生存，但是我也承認我來自古老的傳統，阿道佛神父保存的傳統。我覺得去崇拜一個權威的上帝比較容易，比崇拜為窮人而戰的社工上帝，或是聖靈臨世信徒們私人友伴的上帝更為容易。

【注釋：】

❶臥亞（Goa）：印度的一個邦，位於西海岸，與馬哈拉施特拉邦和卡納塔克邦交界，臨阿拉伯海，包含了臥亞外海的島嶼。首府為帕納吉。一四七二年以前臥亞受印度各王朝連續統治，一五一〇年被葡萄牙人征服，他們定居的舊臥亞成為葡屬印度的首都。一九四七年印度獨立之

後，政府開始要求葡萄牙將臥亞割讓給印度。經過數年的邊界緊張和游擊戰，印度軍隊於一九六一年十二月入侵並占領臥亞。一九六二年臥亞併入印度，一九八七年成為邦。

❷帕納吉（Panaji）：舊稱潘吉姆（Panjim），現又稱新臥亞，印度西部海港城市，臥亞邦首府。瀕臨阿拉伯海，處於曼多維河河口。於一七五九年取代舊臥亞，成為葡萄牙總督的官邸，並於一八四三年成為葡屬印度的首都。

❸都柏林（Dublin）：愛爾蘭首都。

❹范禮安（Alexander Valignano）：義大利人，一五三九～一六〇六，為耶穌會東方傳教區的偉大組織者，足跡遍及印度中國和日本。他堅持傳教者必須融入當地語言和文化，以及採用現地神職人員的必要性，對利馬竇影響極深。

❺阿方索・阿爾布克爾克（Afonso de Albuquerque）：十六世紀的葡萄牙印度總督，有偉大總督之稱。

❻聖方濟・沙勿略（St. Francis Xavier）：一五〇六～一五五二，耶穌會教士，於一五四二年開始在臥亞傳教，擔任第一任印度省會長；一五四九年轉往日本傳教，並試圖敲開中國大門未果。一五五二年底於廣東外海上川島；一六二二年被教宗封為聖人。

❼聖伊納爵・羅耀拉（St. Ignatius Loyola）：生於西班牙（一四九一～一五五六），耶穌會創始人（一五四〇年獲教宗批准成立）。

❽梵蒂岡第二次大公會議：由於宗教若望二十三世主持，於一九六二年十月在羅馬召開，針對新時代探討天主教會的角色與任務主要的成果包括與基督教對話的願望，並重新確定宗教禮儀可以採用地方語言，而非原先硬性規定的拉丁文等。

❾耶穌會總部一直設在羅馬。作者的說法並不正確。

❿使徒聖多馬（Apostle Thomas）：耶穌的十二使徒之一，據說在印度殉難。是葡萄牙的守護神。

⓫聖安東尼（St. Anthony）：基督教修院創始人之一。

⓬耶穌的血和肉：意指禮拜完畢後信徒分食的餅和葡萄酒。

⓭馬拉提語（Marathi）：印度中、西部使用的一種印度—雅利安語。一九六六年成為馬哈拉施特拉邦的官方語言，浦那城的語言為標準語。馬拉提語是由馬哈拉施特拉普拉克里特語（Maharastri Prakrit）發展而來。

⓮即聚氯乙烯。

5

打造數位海德拉巴

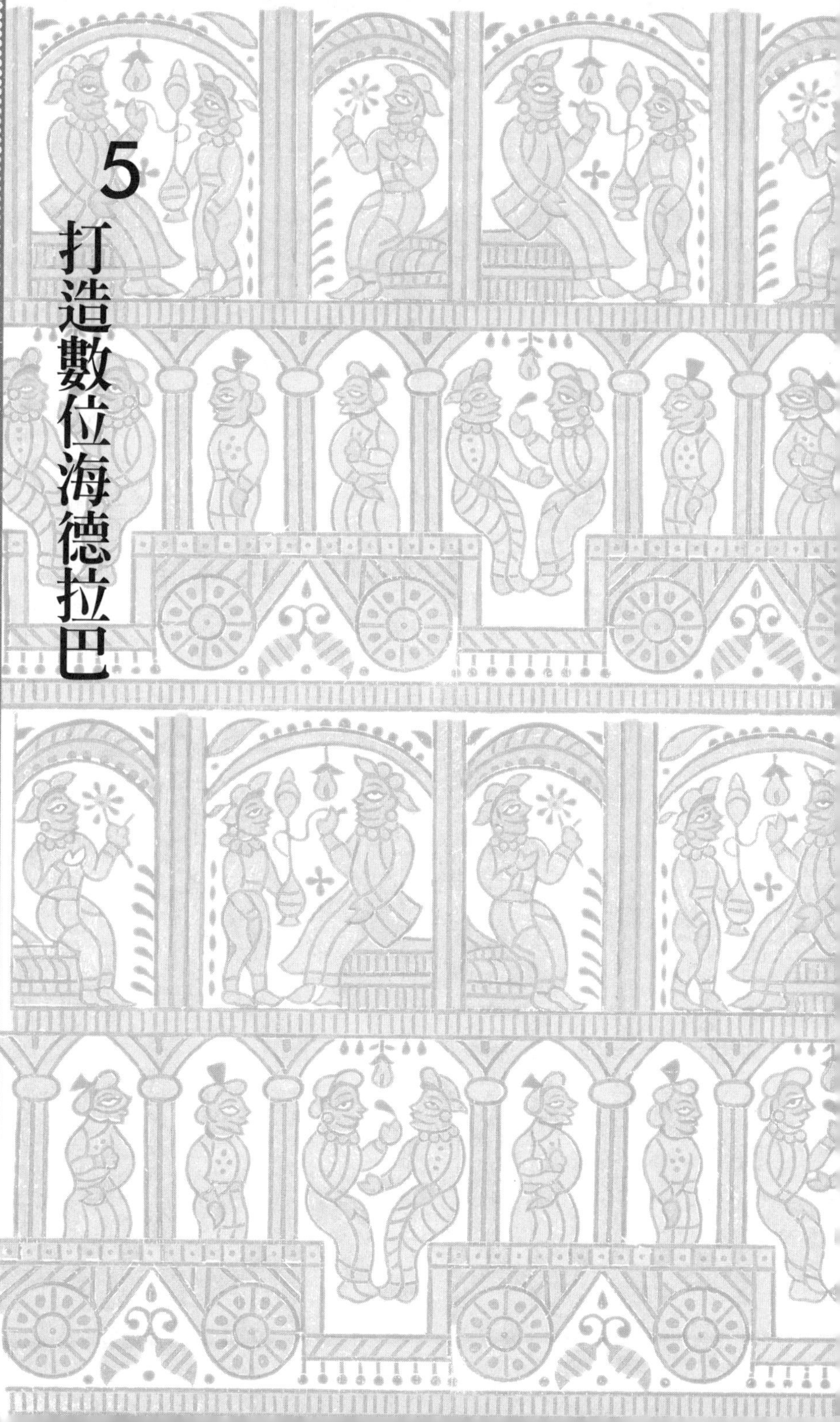

我獲准穿越安全圍欄，進入安德拉邦首長官邸的外緣等候室。這個官邸位於首府海德拉巴中心湖泊邊的山丘上。不過看來我不能再前進了。一個小時過去。一位灰髮、體型像公牛的政治人物，帶著前呼後擁的隨從，進了官邸。我現在是等候室裡唯一的訪客。一個看來搞不太清楚警衛所做的事情的女人正在派發糖果給各式各樣的人，慶祝孫子的出生。我拿了一個。現在已經接近十點三刻，而人家跟我說，我要是想坐進首長的直升機，前往他當天將發表演說的選舉造勢活動，那我十點鐘得到官邸。

泰魯古之鄉黨

我前來拜訪錢德拉巴布・奈伊度（Chandrababu Naidu），因為他是世界銀行和其他促進更佳管治、更少政府、行政現代化、打擊貪污的組織等的偶像。我很擔心會錯過他，畢竟一個以自己效率為傲的人是不會遲到的。他一定是極為罕見的例外，一個準時抵達選舉會議，而不是讓群眾曬太陽隨它方便的政治家。但是同時，我想如果他這麼有效率，當然他也不會忘記帶我去。就像常常發生在我身上的一樣，我因為猶豫不決而無法動彈。對印度安全官員來說，以會話或禮貌性要求來當開始，通常會變成叫罵比賽的結局，所以我不想回到大門去，只是為了被拒絕請示官邸裡發生什麼事而搞得不愉快。此外，要是裡面的人不知道我在等，我怕我會錯過直升機。又過了十五分鐘，沒有人關心我，所以我終於決定要行動。在大門我鬆了一口氣，找到一個舉止溫和的伊斯蘭警官，他馬上放下手中吃到一半、裝在午餐盒裡的午餐，用對講機聯絡官邸，並得到讓我前往第二道警衛門的許可。

終於我們起飛了，時間是我被告知應該抵達時刻的一個半小時後。在四人座的法國製直升機裡，我擠在首長的旁邊。我另外一邊是官方攝影師，還有一個人是首長的侍衛官，一開始我覺得他用不贊同的眼神望著我。直升機是從一家叫做百萬空中總裁噴射服務（Million Air Executive Jet Service）的公司雇來的，因為首長不能搭邦政府的飛機去參加政黨活動。在每一扇擋風玻璃——如果直升機也是這麼稱呼的話——的外面，飛揚著上面有鮮黃色背景加上腳踏車的旗子。首長自己也穿著鮮黃色的襯衫，以搭配他的泰魯古之鄉黨（Telugu Desam Party）的旗幟。腳踏車是該黨的競選象徵。

沒人知道五十九歲的錢德拉巴布．奈伊度是個寡言之人。他對我的歡迎是一聲嘟噥，然後埋首到侍衛官遞給他的文件裡面。我需要自己再次確認，所以我問道：「我們可以講話，沒錯吧？」「在最後的會議之後。」他回答，然後回去研究我們目的地的地區發展活動細節。

我從兩位駕駛的肩上望過去，試圖閱讀儀表板上的儀器。對我來說，他們似乎在說速度是每小時一百浬，而我們的高度是一千呎。稍後我發現我們實際上以兩百四十公里的時速飛行，高度是三千呎。還是我僅有的飛行知識。

大約四十分鐘以後，我們開始下降，在集會的上方盤旋。我可以看到地面上不是有一群人，而是在擁擠的人群中有裂開的洞。一些懂得等待直升機聲音的人，正加快速度前往演講台方向。當我們在接近地面處盤旋的時候，錢德拉巴布．奈伊度看著窗外，給人群一個邱吉爾❶式的V字手勢表示「勝利」，但是當我們被煙塵包住的時候，我懷疑有人看到他。螺旋槳一停止，他就爬出直升機，被政黨領袖和警察組成的人群包圍。他用指揮而非號召的方式，很快搞定了來接機的人，邁向會議，他的右手又舉起來比了V字手勢。

在當地領袖短得可憐的致詞之後，首長自己站起來講話。這裡裏舉辦一場地方選舉（man-dals），但是錢德拉巴布・奈伊度把這個選舉看得像邦議會選舉一樣重要，他的敵人也是這樣。他們都知道，如果選舉結果不好，那麼泰魯古之鄉黨裡面會出問題。奈伊度乃是鐵腕統治。所有的權力都抓在他手上，在他嚴峻的統治下，有相當嚴重的騷亂。他的高級同僚之一曾經離開，而且如果顯示他贏得選舉的龐大力量消失，其他人也會跟進。

我很意外看到泰魯古之鄉黨那迷人的創黨者，被稱為NTR的影星拉瑪・拉奧(N. T Rama Rao）唯一的照片貼在講台的角落。他是錢德拉巴布・奈伊度的岳父。但是接著我想起泰魯古之鄉黨的歷史與其創建家庭。

泰魯古語❷是安德拉邦的官方語言，而NTR是泰魯古電影工業裡最受歡迎的明星。他在八〇年代初期進入政界，當時甘地夫人也正向政治界介紹長子拉吉夫做為她的接班人，並咨意開除和指定國大黨籍的首長。在拉吉夫造訪海德拉巴的時候，國大黨籍的安德拉邦首長安賈亞（T. Anjaiah）是個出身低微，非常不英國的人。為了給拉吉夫造訪時留下深刻印象，他帶著一大群熱切的支持者去機場。擔任過飛機駕駛的拉吉夫被邀請到飛機駕駛艙，飛機降落時並坐上副機長的位子。拉吉夫當飛機駕駛的經歷比從政要深厚，他看到停機坪上的國大黨支持者破壞機場規則時嚇壞了，當他離開機艙，用英文給安賈亞下馬威，倒楣且聽不懂的安賈亞只好握起雙手啜泣。攝影師按下快門，安賈亞的丟臉事件變成全國性新聞。

當時六十多歲的NTR認為這是一個追隨鄰邦泰米爾那度（Tamil Nadu）影星出身的首長拉瑪錢德朗（M.G. Ramachandran）後塵的好機會。他認為，如果MGR扮演過的英雄角色可以把他從螢幕上變成真實生活裡的英雄，他在三百二十部以上的片中所扮過的英雄應該可以開啟他的政治生涯。為了盡量利用自己的長處，NTR穿著印度史詩中英雄穿的紅色袍子，然後用一輛看起來像古代英雄駕駛的戰車的車子來活動。他唯一的政見「復興泰魯古的驕傲」，相當公允地指出甘地一族在安德拉邦專橫操控國大黨所造成的傷害。

「六千萬泰魯古人民的領袖，」他疾呼：「被一個男人公開羞辱，而這個男人唯一的名聲來自於他的母親，還有學會怎麼開飛機！」

這位體格壯碩的影星魅力驚人，加上他猶存的英俊方臉和寬闊前額，還有他那泰魯古的訴求正是時候，在該黨組成後的九個月內，該黨成為唯一在安德拉邦議會選舉中擊敗國大黨的政黨。

錢德拉巴布．奈伊度曾是國大黨邦政府的部長，直到他岳父初嚐勝利的選舉時，都還對該黨忠心耿耿。他失去了自己的席位，決定要從商開啟新事業，但是NTR說服他加入泰魯古之鄉黨。拉吉夫．甘地沒有學到教訓，在他的政黨敗選之後，還玩了一個他和他媽喜歡的「顛覆遊戲」。選在NTR出國治病的時候，他鼓吹幾位泰魯古之鄉黨的領袖脫黨，政府因而倒台。

這是錢德拉巴布．奈伊度施展政治技巧的好機會。他召集所有留下來的泰魯古之鄉黨議員去德里證明，說他的岳父還是可以指揮大多數人，然後一起把他們送到隔壁的卡納塔克邦❸，當地友善的首長把他們留在距離邦加羅爾（Bangalore）約四十公里的山村旅館中，以避免誘惑。要是留在海德拉巴，一定會有人向他們提供金錢和其他誘惑。NTR返國，再度駕起他的戰車，激發該邦公民的憤怒情緒，來自喜馬拉雅區（Himalayas）、擔任過國大黨政府內閣的安德拉邦首長拉姆．拉爾（Ram Lal）也不能繼續厚顏無恥下去，NTR又重掌大權。

NTR承認他虧欠錢德拉巴布．奈伊度，把泰魯古之鄉黨「重生」歸功於他，並承諾「永遠不忘記他的服務」。可是感激之情在印度政界算不上個穩定籌碼，所以當NTR娶了個比他年輕很多的歌手而震驚家庭的時候，錢德拉巴布．奈伊度發現自己不再是黨魁身後的男人，新岳母取代了他的地位。這是錢德拉巴布．奈伊度和岳父大部分議員出走的大型政治糾紛。不久NTR過世，錢德拉巴布．奈伊度得以從岳父的寡婦手中奪回大權，成為泰魯古之鄉黨無可爭辯的黨魁。但是由於那個背景，他一直很小心注意宣稱是NTR的接班人，以免寡婦說他不忠誠的指控又死灰復燃。

奈伊度並未打算仿效他那位裝腔作勢的岳父。他不穿袍子，比許多政治人物都低調許多，更不穿他們的制服——傳統服飾。只有鮮黃色的襯衫讓他的穿著和其他現代印度官僚或商人有別。整齊梳理的黑髮，修剪整齊的鬍子雖然在下巴變白，對他也沒造成什麼不同。

當奈伊度開始演說，就非常清楚他決定根本不嘗試去配合NTR的那種重口味。他的確讓該黨候選人在講台上排排站，問有沒有人反對他們。沒有人說話的時候，奈伊度就帶頭鼓掌。但那是他唯一有意帶動群眾的時刻。在候選人重申效忠該黨與其原則之後，他很快地緬懷了一下NTR，才開始攻擊國大黨與其承諾。他指控國大黨「沉醉在對抗泰魯古之鄉黨的惡劣文宣中」，並質疑他們不肯讓自己統治的邦的農夫享有免費電力，又怎麼會讓安德拉邦的農夫享此權益。他抨擊國大黨對手說：「一位領袖告訴你一套，另外一個卻跟你說另一套。」然後他更為生氣蓬勃地宣布：「你們得在這次選舉中打倒對手，給他們受點教訓。不要讓國大黨得到任何一票。」那是一個很不錯的高潮，但是首長繼續闡述政府的成就花在發展上的錢更多、更多灌溉、更多醫生、更多老師，而且還會有更多資金進來，有的還是來自世界銀行。但是我注意到奈伊度並沒有提到他最喜歡的兩項議題：良好的治理和資訊科技的好處。

我們幾乎錯過下個會議。當我吃光首長常吃的美味凝乳午餐，我注意到駕駛在看地圖，然後準備降落。直升機在下降，但是那裏沒有集會。警衛和駕駛員焦急地用對講機討論。然後我們沿著鐵軌低飛，直到抵達車站。我們盤旋著，閱讀月台上的標誌。發現那是距離目的地一個站的地方後，我們又在鐵軌的上方飛，直到抵達會場。稍後駕駛跟我說，他拿到錯誤的座標。

最後一場造勢活動結束後，我差點錯過直升機。當首長結束演說，他們急著要他走，因為天已經開始黑，而黑暗會對直升機造成限制。首長已經坐進大使牌轎車，以極高的速度奔向直升機而去。我嘗試坐進車隊中的一輛車，但是被一個警察推開。幸好警察副總長看到了，把我拉進他要在開走的車。那些拚命想衝向直停機坪，一睹首長離去的群眾裡，有一個女人幾乎要擠上一輛車，不過她馬上就被司機的緊急煞車搞得飛出去。車隊上路了，每輛車的保險桿都貼著前後車的保險桿，喇叭和警號響個不停。有人應該被撞倒、有車會被撞傷，但是沒有真的造成傷害。這就是印度那種亂中有序的奇蹟之一。

資訊科技與良好的治理

在我們飛往海德拉巴的路上，奈伊度拿了一些文件閱讀。我又開始緊張了。我這一天會不會就浪費掉了？我懷疑。首長幾乎不記得我的存在，可是在狹小的機艙裡，我已經幾乎要坐在他的身上了。他是故意忽視我的嗎？不，他沒有，這只是剛開始而已。

看完那些討論他和他政府的文件之後，他轉向我，好像我是當天最不重要的行程，沒有任何禮貌的常見招呼語，他說：「你想知道什麼？」

我用相同的態度回答：「為什麼印度政府施政效率這麼差？」

那句話足以觸發奈伊度：「因為大家都是文盲，領袖不覺得需要給國家適合的指引。主要的問題是貧窮和無知，他們對於解決這些問題絲毫沒興趣。」

「所以你相信人家常說，印度領袖故意讓人民無知，這樣他們就不知道政府有多差勁的說法嗎？」

「我不會這麼說，」他回答，「可是你得回答這個問題：如果印度人像他們在世界上其他地方一樣，能幹又聰明，為什麼他們在這裡沒有表現得比較好呢？資訊科技（IT）已經顯示他們有多聰明，可是我們的政治人物一定要創造一個可以讓他們開花結果的正確環境。我們一九九一年才開放經濟，比中國落後許多，所以我們有很多得急起直追的。」

錢德拉巴布．奈伊度繼續說，對中國來說也比較簡單，因為中國是極權主義國家，不用管人民怎麼想，可是身為民主國家的印度不行。「在印度，要贏得選舉，我們是走民粹派路線，而不是事情的輕重緩急。」他解釋道：「政治人物誤導多於教育，唱一些他們做不到的高調承諾。在政府他們是說一套做一套。就像我在集會上說的，國大黨怎麼可能在反對黨的邦開放電力，但是在隔壁他們自己統治的邦卻做不到？」

不過他還是堅持，民主是印度唯一的答案；需要的是改革，讓政府更有效率。他要改革法律系統，這樣政府的決定不會一直在法庭上遭到挑戰，而他希望官僚無止境的權力能被制衡，因為那就是用來做人情、扭曲法律的手段。他相信人們應該要直接參與，這樣就能扮演監管的角色，而他也同意他們對於政府的活動應該要有知的權利，以盡到這個角色的責任。他正試圖改變其政府的角色，由控制轉為協助，他希望有更大的自由可以放手去做。

「從開始我就一直說，」他抱怨：「這個邦應該要有更多權力。中央的聯合政府已經執政一陣子了，所以現在應該要下放權力，可是什麼事情也沒發生。就算是最小的事情我們也得仰賴德里，然後他們什麼也不做。我們一定要把國家級的權力下放，但是我們也得把邦的權力下放。這就是我所謂的參與。我不想由政府來做所有的事情。我要民眾參與、出聲。」

奈伊度找來可能是全世界最好的管理顧問——麥肯錫（McKinsey's）去規畫一份稱之為二〇二〇願景的文件，描繪二十年後安德拉邦的狀況。文件的宗旨是SMART——簡單（simple）、道德（moral）、可靠（accountable）、有回應（responsive）、透明（transparent）的政府。資訊科技在達成一個SMART政府中扮演重要角色。這種熱切讓一度被視為印度最無聊的首府海德拉巴，躍上資訊科技的舞台。〔卡納卡塔邦首府〕邦加羅爾曾經想競逐印度的資訊科技首都，但是美國總統柯林頓參訪印度的時候，選擇前去海德拉巴參觀資訊科技工業。當我們在海德拉巴的時候，首長主持了一個和華頓❹、凱洛格❺、倫敦商學院（London Business School）聯盟的新商學院開學儀式。要比這種陣容更堅強是很難的。學校董事會本來沒有考慮要設校在海德拉巴，但是奈伊度對他們施壓，讓他們不得不前來參觀他的首府。他親自接待他們，並在麥肯錫的幫助之下，做了一次令人印象深刻的簡報，解釋海德拉巴勝過許多其他更有名的地點，如邦加羅爾、孟買、馬德拉斯❻。

奈伊度已經使用資訊科技來傳遞某些政府服務，不過他還有更為雄心大志的計畫。「我要把所有關於政府活動的資料、合約批准、進行中的工作等等放在一個安德拉邦的入口網站上，」他告訴我：「我們甚至會拍攝建築物的影片，放在網站上。如果你想知道，紀錄上顯示正在興建的學校在哪、蓋得怎麼樣了，你都可以在螢幕上看到。」

「很多人把你對資訊科技的熱切貶為作秀，只是個花招。」我指出。

「在這個國家，不管你說什麼，大家都會懷疑，到處都是悲觀氣氛。你一定要建立信譽，你一定要執行成功。我會一天工作二十四小時去達成的。」

「你有意識形態嗎？」我問。

「有人問我屬於哪種『主義』的時候，我說社會是我的神廟，普通人是我的神。我為神工作。現在每個人都用人的面孔在談改革，但是我不只是說說，我還要讓網路到達每個村落。」

天色已經黑了，我們也接近海德拉巴國際機場亮起燈的跑道。我還有問題要問，但是原先極為寡言的奈伊度對於網際網路可以帶給安德拉邦村莊的好處還在滔滔不絕。終於我打斷他說：「如果網際網路對鄉村的選民這麼有幫助，為什麼你今天演講的時候不說？」

「你已經說到答案了，」他回答：「每個人都說這是作秀。在我能夠證明不是作秀之前，我不想提這件事情，因為大家只會失去信心，問這個網際網路在哪裏？你得好好監督建設過程；如果沒有，什麼也不會出現。那就只是紙上談兵。」

我們往跑道降落的時候，我終於問了一個新聞記者一定要問的問題：「你有當上印度總理的野心嗎？」

這可不是個不實際的野心，因為在過去三次選舉中，沒有任何政黨得到絕對多數，有兩次聯合政府的領袖乃是來自小黨派的政治人物。不過奈伊度後退了：「我沒有這種野心。我要把安德拉邦建成模範邦。這麼做就讓我很滿足了。」

「你需要多少時間？」

「十年。如果我在這之前就失勢，我所有的改革就付諸流水，可是隨著時間過去，會建立起一種文化，也就不用擔心走回頭路了。」

當我們降落後，奈伊度回到他先前直率的自我。確認會有公家車來帶我回飯店以後，他爬上他的大使牌轎車，不花時間在接受我的謝意和習慣地表示希望再見面上。當我們的車離開飛機跑道，通過安全門以後，我想到拉吉夫．甘地，唯一一個我知道把施政效率列在重要政見的政治人物，而且他也深深沉迷於資訊科技。這兩個人非常不同。拉吉夫集三千寵愛於一身，奈伊度則是個呆板不幽默的人。拉吉夫被自己黨內的政治人物和施政效率對他們百害無一利的官僚所阻撓；奈伊度似乎緊緊掌握住自己的黨派和官僚。拉吉夫要面對全印度反對行政改革的既得利益者，奈伊度只需要搞定自己邦內的就可以。然而我知道奈伊度並不保證會比拉吉夫更為成功。那不只是因為有可以搞垮他的既得利益者，他還必須要建立對改變的需求，說服他的人民事情會更好，並對抗此起彼落，說他們做不到的譏諷之詞。那不是簡單的任務。

為反對而反對的反對黨

聖雄甘地對印度的了解和愛國心是無庸置疑的，但他曾說過這個國家是「自欺而且膽怯」。我不會用這麼嚴苛的字眼，也不會接受所有印度的失敗來自宿命的常見說法，但是兩句常聽到的話「辦不到」、「算了吧」可以形容這個國家自從獨立以來，對治理系統出現重大差錯時候的反應。

批評改革，口語一點就是所謂的「扯後腿」——人家進步的時候去把他們拉倒——也是印度民主政治的一部分。不管掌權的政黨提出什麼樣的新建議，反對黨一定要破壞。安德拉邦的國大黨也不例外，這是我去拜訪他們最資深的一位領袖羅塞亞（K. Rosaiah）的時候發現的。他位於海德拉巴的大宅還在施工中，而我不能不好奇，在羅塞亞桌上的聖雄甘地銅像對於不時干擾我們談話的大理石切割器會怎麼想。羅塞亞是個和錢德拉巴布・奈伊度一樣硬派的人。魁梧、禿頭、眼窩深到幾乎消失在突出的額頭和灰色眉毛底下，他詆毀錢德拉巴布・奈伊度的話語帶威脅。

奈伊度讓該邦破產、奈伊度沒有開始任何新的灌溉計畫、奈伊度對於腐敗的州電力董事會的改革只是增加而非減少虧損、奈伊度為了一首歌出賣國營事業，至於網際網路，好吧，那是──「作秀」。

他抱怨：「如果通訊有所改善，為什麼我寫信給首長卻沒有回音？我甚至連個收件確認通知都沒有。我寫信給中央政府的部長，他們馬上就會通知我收到。他們叫新政府SMART，那我應該要收到回音吧。」

當我跟這個不爽的政治人物說，我們發電子郵件給首長說要拜訪他的時候，兩天之內就收到回信，他陰沉地回答說：「我想他認為你們比我重要吧？」

羅塞亞將柯林頓造訪和創辦學校的勝利貶為櫥窗展示。「在這些作秀、還有他花在打造印度資訊科技首都的資金之後，我們應該要得到的投資在哪？」他問：「那些在美國資訊科技產業工作的小伙子現在為什麼要回來工作，因為那邊的網路公司崩盤嘛。」

「沒有值得高興的事情嗎？」我問。

「這只是顯示這個資訊科技產業是一大堆天花亂墜的空話。」他回答。之後發現他可能太過份，急忙又向我保證：「我不是反電子化政府，但是沒有的事情不應該到處宣揚。我兒子到奈伊度宣傳裝了新系統的行政辦公室去，結果還是舊的系統。」

應該是稍微向他進攻的時候了，所以我問他，在幾乎全國的邦，包括他自己政黨統治的邦都出現赤字的時候，他怎麼可以抱怨安德拉邦的財政？

「我想維持身體健康。我不想拿我的健康來跟鄰居比較。這沒有答案。」

我問他，在他的黨掌權的時候，為施政效率做了哪些事情，他也沒有答案。

「我們設立了行政改革委員會。」

羅塞亞之子關於電子化政府，或據稱電子化政府服務的經驗，和我們聽到的報告不符，所以我們拜訪了另外一個奈伊度簡稱為TWINS的雙城統合網路服務（Twin City Integrated Network Service）。

海德拉巴曾經是伊斯蘭教統治省尼札姆❼的首都，他拒絕和獨立後的印度合併，結果被武力趕下臺。這個城市和西康德拉巴德（Secunderabad）是雙子城，英國人曾經在此有駐軍。自從尼札姆的統治結束後，蔓生的都會區就把這兩個城市像連體嬰一樣給繫連在一起。

TWINS位於海德拉巴時髦地帶的班札拉山（Banjara Hills）。不像普通骯髒破舊的政府辦公室，房舍還整齊乾淨。那裡並沒有擁擠人群推來推去，爭先恐後要擠到應該是排隊處的最前面。反而是大約二十個人坐在椅子上，等著電子叫號系統喊到他們拿的號碼。辦事員坐在電腦終端機後面。每個人都能提供十八種服務，其中就有繳付電費與其他費用、出生與死亡證明、駕照換發、還有羅塞亞之子需要的殘障證明。不是全部事務性的苦工都沒有了。我們注意到有個辦事員在抄錄一疊拿來繳款的五百盧比鈔票上的浮水印編號，這樣若是收到假鈔才可追查。但是一位曾在英國國家健康中心服務工作的眼科醫生看起來很滿足於他拿到的塑膠駕照。一位裹在頭罩❽裡面的女人和她丈夫以非常快的速度拿到行車執照。幾週前一個在德里賣了二手車給我們的車商建議我們，花錢請代辦到這裡來註冊，不要在那裡去受道路交通局的折磨。那個代辦剛好就是那個部門的員工。讓我訝異的是，TWINS要是在城裡更擠更沒秩序的地方，可能效率不會這麼好。我不能測試我的理論，因為這是「前導計畫」，目前也只有這個辦公室開辦。但我們離開幾週之後又開了九間辦公室，其後的一個月內還會再開八間。

在印度政界，內部的敵人通常比外部的危險。在當地議會選舉中，奈伊度不只是面臨傳統敵人——國大黨的挑戰，還有擔任他副手多年的一位政治人物。錢德拉申卡爾·拉奧（Chandrashenkhar Rao）從一個熱心提倡經濟改革的人，變成辛辣的批評家，組織自己的黨派來反對原先的領袖。為了給自己的叛離找理由，他再度要求，要將一個叫做泰闌葛納（Telengana）的地方分出來成為一個邦。那裡原來就是海德拉巴的尼札姆王國所在地。有些較有眼光的印度王子，提供比這位英國味十足的領袖更好的教育和服務，但是並不包括尼札姆。這個目前是安德拉邦的臨海地區曾經因為基督教傳教士所提供的教育、英國人挖的運河而前途大好，但是內地的封建制度讓泰闌葛納呈現時間錯亂。錢德拉申卡爾・拉奧告訴泰闌葛納的選民說，安德拉邦人，尤其是受過高等教育的，在主導整個邦，但泰闌葛納卻遭到歧視，特別是在水資源方面。的確，克里希納河（Krishna River）和高達維里河（Godavari River）大部分的集水區都在泰闌葛納，可是大部分的水都被安德拉邦人用掉了。在泰闌葛納沒有大型灌溉系統。

錢德拉申卡爾・拉奧三個月前才組織了他的泰闌葛納州委員會，而他正在新家所在地的慶典山（Jubilee Hills）的選戰中奮鬥。該區現在住的都是在班札拉山找不到地方住的有錢人。我們小心翼翼地爬上一個戶外的磚造階梯，上面不但沒有塗上灰泥，也沒有裝扶手防止我們被其他想進入樓上錢德拉申卡爾・拉奧住處的人給擠下去，那些人包括黨工、政治掮客、還有那些專門圍著夠格稱之為政治領袖的一干請願者，特別是在選舉期間。某個受到歡迎的人從裡面把門打開，讓我們進去，不過還是不給其他沒那麼受歡迎的人跟我們一起進去，以致門外更加擁擠。

我們看到一個鋪著大理石地板的房間，我們又不能避免地在那裡等著主人出現。不過沒多久錢德拉申卡爾・拉奧就走進來了。我很快就因為這位高瘦人物和之前見過的另外兩人間的不同而嚇了一跳。比起這個溫和的約伯，另外兩個人就像以掃❾，他閃亮的白色襯衫與鑲著紫色、金色細邊的圍腰布展現一派優雅。他的上衣口袋插著一支金筆，手腕上的金錶似乎鑲著鑽石。他的波浪黑髮旁分，眉間的紅點微妙地讓他看起來很虔誠。他也有魅力，且樂於揮灑之，至少我說他在上次選舉之後沒有被奈伊度選為部長，因此反目去自立門戶，而不是為了原則之故的時候，他也沒有生氣。

「那是你們記者會說的話，」他帶著微笑說：「但是歷史最後會證明你們是錯的。我沒有成為泰闌葛納首長的野心，等我們變成一個邦你就知道了。事實上，我的抗爭之一是反對暴君首長。印度應該要民主，但還是暗中控制在獨裁政治下，部長和首長不能有反對意見。這就是我說他們是暴君的原因。」

錢德拉申卡爾．拉奧同意奈伊度指行政改革非常重要的說法。他說印度政治變成「獵取選票」。國會和各邦議會成員沒有受過訓練，因此會變成追求自我利益的官僚的獵物。議員甚至對預算辯論沒有興趣，大部分的討論都是直接交付表決。

「我們為什麼要一直討論執政黨呢？」他問：「如何讓他們變成可能採取民主統治呢？他們只可能獨裁。他們應該是服務人民的黨派。這個國家只有政治領袖和自肥官僚的暴君。」

「這就是你和錢德拉巴布．奈伊度分道揚鑣的原因？」我問。

他笑了。「好吧，你懂印地語，所以你知道他是個政治領袖，不是自肥官僚，不過他是個暴君。」

「他的確看起來抓著他的黨抓得很緊，不是真正的代表制，不過至少他有再嘗試做點什麼，不像其他的政治領袖。」

「別被那套電子化政府的把戲給騙了。奈伊度說得在天花亂墜。你需要先改革行政。從上而下做改革是不對的，需要的是結構性安排。在安德拉邦沒有結構可言。」

又出現天花亂墜這個字了。我們在海德拉巴每到一處就聽到這個字眼。可是安德拉邦的資訊科技顧問哈努曼．喬德瑞（T. Hanuman Chowdary）博士急著說服我們奈伊度的改革不只這些。帶我們前往秘書處的電梯旁邊的牆上，貼了一張標語，基本上反應了印度政府以勸戒代替行動的施政前提。那張標語說：「本日聖思：一個心靈潔淨的人會看到他人的好處。心靈污濁的人總是看到灰塵。」

我猜這讓所有的新聞記者都變成心靈污穢的人。但是這次我不用看到灰塵，喬德瑞博士自己揭開給我看。他是個年長但生氣勃勃，以自己的幽默感說個不休的人，在他的一生中，從無神論的共產黨員，變成他稱之為亞利安人的人，以他的例子來說，就是支持印度教國家主義教派RSS。他對共產主義的幻想破滅，是因為共產主義沒辦法證明人是善良的。「唯心論才能解釋原因，唯物論不會讓人變好。」他說。

他對於現在印度腐敗的邪惡也沒有幻想。國際透明組織（Transparency International）最近的報告指出，印度是最腐敗的國家之一，這讓他做了相當尖酸刻薄的評論。「我們要感謝國際透明組織，因為他們發現這件事情。我們是寬容的人，所以我們容許腐敗。我們一直處在腐敗中，可是因為我們心胸寬大，我們不會去判決腐敗。到處都有神和貪污。窮人參政而變有錢，所以永恆的貧窮才能保持政治運作。」

「可是我們只要怪罪政治人物嗎？」我問。

「喔，不。印度最出名的一位律師曾說，『需要超乎常人的努力才能讓印度保持貧窮，』而我補充：『那就是由公僕所提供的努力。』」

喬德瑞博士認為他的首長和那些竭力保持印度貧窮的政治人物不同。他讚美奈伊度的「領袖素質」和他的願景、他願意聆聽、還有說服的能力、努力工作的態度、他的保守。他堅持奈伊度現在已經跨越了路上最高的障礙，他已經說服了九成的公務員電子政府會成功的。「現在沒有障礙了。」他說，「只有因為大家守舊和懷疑導致的不參與。」

「所以撇開你對政府公務員的懷疑，你想他們會允許電子政府成功嗎？」

「他們想要阻止我們，」喬德瑞博士說：「我們想要透過私人機構來推行TWINS的時候，他們說『為公眾服務是我們的責任，是我們的特權』——當然這表示『貪污是我們天賦的權利。』」他看著我，確定我有聽懂他的笑話，繼續接著說，「判斷力是勇氣中比較好的部分，所以我們撤退再三思。現在我們讓公務員來操作TWINS，不過軟硬體都是由私人公司提供和管理，現在TWINS還是好好地在運作。」

來自基層的阻力

是一個叫做安德拉邦基層官員協會（Non-Gazetted Officer's Association, NGO）的組織迫使錢德拉巴布·奈伊度放棄找民間企業負責所有TWINS業務的計畫。這個協會強烈反對這個提案，並在選舉前表明反對立場。首長很清楚基層官員在選舉和計票中的重要角色，是可以影響結果的。那就是判斷力成為勇氣中比較好的部份之因。

基層官員協會的辦公室所在的不規則水泥建築物，外觀乏善可陳，沒有花花草草來點綴枯燥乏味的建築物，設計的方式沒有明確目的，就荒廢了一塊在市中心本來可以更有效運用的昂貴土地。政府把整個建築物都給了NGO。NGO的成員對自己組織的工作態度，也沒有比他們在政府崗位上更有幹勁、熱切、有效率。牆上的通知宣布隔天NGO有個重大會議，但是如果你去辦公室看，一定不會這麼覺得。一樓大房間裡的三、四個辦事員幾乎沒有中斷他們的談話，指給我們看一段樓梯。有個男人坐在我想現在稱之為工作站的地方。他坐在辦公桌後面，前傾向一台老式打字機，和另外兩個同事在聊天。當我們問到和我們有約的官員時，他想也不想就回答，「他出去了。」然後也懶得問我們有什麼事情或主席有沒有空，這個我想是在組織裡擔任速記員的人，就叫我們去找主席。

當我們毫無通知地走進主席辦公室的門，透過金框眼鏡，他看起來很焦慮，但是過分有禮貌地問我們是誰，要做什麼。掛在辦公桌後的名牌說他叫做普那錢德拉．拉奧（G. Purnachandra Rao），文學士。他是個溫和、矮小、亂亂的頭髮正逐漸減少的男人，他對電子政府計畫的看法有點雜亂無章。他承認，「我們不是完全反對電腦化，」但是又接著說：「那還是要和人工一起合作。人力不能減少。如果一台電腦可以做五個人的工作，那其他四個人也不可以裁掉。」

我說那就會沒效率、不經濟、毀掉整個電腦化的目的。

他不同意，堅持道：「現在政府雇員的人數是必須的。我們因為工作太多而不能滿足大家的需要。如果政府員工所分配到的工作量變少了，他就有時間為一般民眾服務。他們服務不周是因為障礙太多。」

「可是你說你還是想繼續人工作業，那就變成障礙了啊。」

「人工作業要持續，可是系統要改變。我們工作的規則是英國人定的，我們沒有引進行政改革。系統得更新，缺乏的不是效率而是政治意願。」

「所以你支持電腦化？」我問，覺得困惑，還有點沮喪。

「我說過我們要電腦和人工並進。」他回答。

我知道錢德拉巴布・奈伊度要打贏他的基層員工還有很長的路要走。但是他還是持續下去，壓抑員工的勢力去改革，並嘗試每年減少政府人力百分之四。

目前鬥爭的階段是由塔塔顧問服務公司（Tata Consultancy Service）的一個小組出征。這家公司宣稱是亞洲最大的全球軟體服務供應商。這組人正在進行一個計畫──當然也有略稱──SKIMS（Secretariat Knowledge and Information Management System），亦即秘書知識與資訊管理系統。他們計畫把堪稱安德拉邦政府核心的秘書處裡面那些用褪色紅膠帶綁住的褐色卷宗全部銷毀，把裡面的資料都放上網路。小組長叫做拉維・普拉卡許・南迪瓦達（Ravi Prakash Nandivada），是個看來才剛大學畢業的年輕人，不過已經有了無庸置疑的自信心。他告訴我們：「我們不會設計好計畫以後就走人，我們也參與執行。」

所以他要怎麼處理難纏的NGO，事實上對方是基層官員，有許多人並不樂見花去他們大批功夫筆記的檔案不見。

「我們嘗試先去了解情況的變化，」他說。

「但是我想問題就是政府行政缺乏動力⑩啊。」

拉維並沒有被我的冷笑話所誤導，繼續說：「我們得考慮到人們如何覺得遭到新科技威脅，他們覺得會失去些什麼，例如工作，然後我們得和反抗我們最力的人建立關係。」

這個年輕的小組已經使用了幾種方法來克服阻力。他們選出最了解該小組企圖的「部門冠軍」作為自然的領導，然後因為他們覺得自己是計畫的一部分，就會把計畫當作是自己的。他們先把最無聊的工作自動化來減少抗拒，讓工作對辦事員和基層官員變得有趣之後，才著手較為困難的程序。拉維稱呼這種方式是「慢性下毒」，然後急忙解釋：「意義是正面的。」他們和基層員工在沒有上司的狀況下會談，好讓他們暢所欲言，發現有很多人很開心有人終於為他們的工作帶來樂趣。拉維說大部分的顧問失敗是因為把「用戶」當作笨蛋。塔塔的小組甚至關照到檔案遞送員。不過這裡面都還是有謊話，拉維自己承認：「政府向大家一再保證不會有人丟飯碗，但是他們不得不丟。政府已經有重新調配人力的計畫，只是還沒宣布。」

毫不意外，高級官員的問題，特別是那群菁英印度行政官僚主要在於不想丟臉。他們擔心得自己打字，並失去速記員和辦事員的幫忙。

「這是自尊的問題，」拉維說明：「資深官員不習慣打字。他們習慣身邊有很多幫手——他們習慣有人幫他們開門。」

計畫經理之一的普莉雅・山卡蘭（Priya Shankaran）也有自己的問題。年輕的她並沒有穿著許多女性行政人員愛穿的打扮，而是滾粉紅邊的白色端莊紗麗，頭髮也是以傳統方式披在肩上，她發現很多秘書處的人都不想跟她說話。「如果我身邊有個同組的男人，我問問題，他們會看著男人回答。」她告訴我們。

「年輕人呢？」我問。「畢竟政府裡面是階級分明的，所以年資很重要，而妳在他們眼中可能還很嫩。」

「年齡很難說，」她回答：「我們都很年輕，彼此年齡差很多，不少人的孩子都跟我們一樣大，那有助於營造和睦。另外一方面，很難約到資深的人，因為他們只想跟資深的人會面。」

塔塔小組這邊有個無可爭辯的事實。沒人可以否認改革是必要的。他們發現標準檔案需要經過二十一張紙的程序後才會付諸行動。過程中每個階段都要用人工登記。月薪表就需要花上七到十天去準備。從錢花出去到支出入帳中間會經過兩個月的時間。他們並沒有庫存管理確保保健室有足夠藥品，或是食品店裡有食物。說到發展計畫的管理，第三名小組成員拉克許（Rakesh）說：「沒人可以掌握確實狀況。」

媒體與非政府組織盟友

那些受惠於古老、易於貪污的行政系統的官僚和政治人物不是錢德拉巴布．奈伊度唯一遇到的反對力量。印度的媒體，就和全世界的媒體一樣，專找出錯的地方，而不是幹得好的，打擊創新，因此也造成無事可成，因循苟且的「辦不到」現象。喬德瑞博士為我們安排與海德拉巴的記者在媒體俱樂部吃早餐。坐在羅望子樹下的花園，批評奈伊度電子政府計畫的聲音朝我轟來。記者跟我說：「這只是說說而已，除了上個頭條，根本沒有實際發生」；「即使是城裡的人也沒有受惠，更別提鄉下了」；「現在還有拿著名片的掮客說他們是政府辦事處編制外的顧問。」還有很多諸如此類的話。某個記者倒是沾上了邊，他說：「問題的核心是我們沒有脫離一個陳腐、反人民的系統，所以電子政府也幫不了大忙。」

喬德瑞博士插進話來：「我們需要商業處理機制。」我不確定有多少記者知道這是什麼意思。我只知道這是系統大幅改革的管理顧問用語，因為喬德瑞博士先前和我見面的時候就說過了。

不過奈伊度有個非常有力的媒體盟友。我們得前往位於海德拉巴外四十公里的拉摩吉影城

（Ramoji Film City）和拉摩吉・拉奧（Ramoji Rao）會面。他是印納度（Eenadu）連鎖報系的老闆，該報在安德拉邦的每個區域都有地方版。此外他還擁有自己的電視頻道，以四種不同語言播出。目前他專心在新的業務，也就是這個幾乎包括所有電影導演會想用到的場景的影城。

我們從外門進入影城，那裏每天大概會有約兩千五百名遊客。幸好身為拉摩吉的客人，我們不用付兩百盧比去買門票。一條長得可以拍印度片必備飛車追逐的鏡頭的私家路，突然在一座被小鎮包圍的聚酯纖維工廠前停住。鎮上所有的路燈都掛著印納度主要競爭對手的廣告海報。當我問說這是怎麼一回事的時候，有人告訴我這家工廠的主人和拉摩吉有土地糾紛，所以就掛了這些廣告海報。過了那個小鎮之後就進入影城的範圍。我們看到第一個場景是蒙兀兒式的花園，裡面卻不協調地放著太陽神阿波羅坐著戰車，試圖駕馭野馬的大型雕像。裸胸的維納斯雕像襯托著通往兩間旅館的路，算是維持了古典氣息。這兩間旅館之一，是給明星、製作人、導演、想要讓自己和明星搭上關係的有錢觀光客住的豪華旅館；另外一個比較不豪華，是給小牌演員和工作人員住的。茶園是愛情電影常見的場景，所以花園裡有的灌木被修成茶樹的樣子。山邊還有金色九重葛，還加上仙人掌。英雄常常會置身於監獄中，所以有幾種不同的監獄給他們住。有個火車站內的蒸氣火車頭欠缺說服力，輪胎是橡膠的，還有個機場的建築，加上法庭、學校、神廟、清真寺、村鎮街道，還有上面寫著「狂野西部」入口，配上一匹白色玻璃纖維公馬、黑貓倉庫、飛魚海灘酒館、紀念品商店。狂野西部主要是給觀光客參觀的。附帶一提，那些觀光客總是被告知看不到影片拍攝現場。我們也不允許去干擾影片拍攝。我們注意到有光禿禿的鷹架，有人告訴我們，那是有導演找不到合用場景，想要自己蓋，二十四小時內就能完成。整座城除了旅館和辦公室以外，都是用玻璃纖維和石膏做的。

拉摩吉住在五星級飯店，但我們是在辦公大樓他那間用木頭裝潢的辦公室裡找到他。他坐在辦公桌後，桌上只有一束用玻璃紙包著的花束，看起來好像一直在等我們。灰髮但禿頂、帶著眼鏡，他就像尊彌勒佛，沉穩安詳，帶著一絲優越感微笑著。是的，他同意，他是影星首長NTR的原始支持者。不，印納度不是泰魯古之鄉黨的報紙。當錢德拉巴布．奈伊度調高電費的時候，他們也有「抨擊」過他。

「不然我應該支持誰？國大黨？」拉摩吉輕蔑地說，「我們是支持議題。如果有人幹得好，就該被褒獎。有錯嗎？」

「沒事。」我喝著放在我眼前茶囁嚅著說。然後我問他這是否表示奈伊度做得很好。

拉摩吉覺得他有很多問題，可是考慮之下，他還是做得不錯。他最大的問題是官僚。

「我覺得，」拉摩吉解釋說，「那是國家的障礙。他們考慮的是錢和權。他們是從頭爛到尾。首長來來去去，但是官僚始終不變，沒有人可以動他們。有的人甚至覺得英國統治還比較好。至少他們的目的是有限度的。現在官僚什麼事情都要插一手。沒有他們什麼事都辦不成，但是他們對自己要做的決定毫無所知。」

拉摩吉剛剛從好萊塢出差回來，他前去和華納兄弟影業的總裁碰面。已經有四部美國電影在這個影城拍攝：〈夜幕低垂〉（Nightfall）、〈驚世巨鱷二〉（Crocodile II）、〈流沙〉（Quicksand）、〈禿鷹之影〉（Shadow of the Condor），而且也展現了拉摩吉在他提案中所說的便宜人力的經濟效益。但是當他告訴製片，劇本需要得到邦政府資訊與廣播部的同意，而該部會「想盡辦法找理由反對」的時候，這對他的業務提案毫無幫助。為了確保他們沒有欺騙，該部的人員會監看他們拍的所有場景。辦理簽證也是個問題。

「查爾斯．索哈傑⓫可以在這裡安然無恙，」拉摩吉說：「可是來拍片的演員要經過內政部批准。我真想拆了這整個官僚體系。」索哈傑是個國際罪犯，寧願在印度坐牢也不要在泰國被吊死。

回到錢德拉巴布．奈伊度身上，我問拉摩吉對電子政府的看法。

「應該不錯，」他慢慢地說：「而我的確希望這代表更開放的政府，可是我也不排除那些官僚要插手的可能。」

拉摩吉不允許自己對官僚的感覺干擾他。他既沒有提高音調，也沒有比手劃腳，他的手一直堅定地放在桌子上。當我們起身結束談話的時候，他還是坐在桌子後面，我們走出門外的時候，他還是同樣以就事論事的態度說：「如果我有辦法，我要一個一個開槍打死那些官僚。再見。」

回到海德拉巴，我們得自己前去NGO——這一次是非政府組織（Non-Governmental Organization）了。城市裡的路還是維持著印度式的混亂，再熟悉不過的黑煙籠罩著大家，但我們還是遭到警察不尋常的勸誡。他們在十字路口放了許多標誌要駕駛人遵守交通規則，但是有一個標誌我們從來沒看過。這個標誌要求我們記得「只有牛可以闖紅燈」。

NGO的領導人曾經站在火線上，和拉摩吉是對頭，不過現在卻是跟後者同一陣線。賈亞普拉卡許．納拉揚（Jayaprakash Narayan）博士過去是非常成功的印度行政服務人員，但是現在則跳出來領導一個稱之為「人民力量」（Lok Satta）的非政府組織。其宗旨之一是提倡「和平、民主的印度治理程序轉型，以促使印度及其人民透過良好運作發揮所有潛力」。

賈亞普拉卡許・納拉揚博士是個在印度那種以種姓與次種姓制度制度來劃分每個人地位的階級社會裡，得到機會往上爬的例子。他的父親是個鐵路警衛，而他在鄉村學校受教育，但是他後來成為醫學博士，且通過困難的考試進入印度行政機構服務。他看起來和七〇年代進入公務員體系的時候一樣年輕而且苗條；現在他則非常積極地想說服我，他不是因為升官路途不順遂，才反過來對抗政府的那種官僚。

「我是邦裡最成功的公務員之一，」他跟我說，「我學到許多事情，也過得很快樂。我得到愛和溫情。所以我並不沮喪。我在服務期滿的二十年前就離開，是因為我相信要在組織內做好事須要英雄般的行動，在外面我可以更有作為。」

但是他對以前同事的看法並不好，認為要為系統的失誤負責的是他們，不是政治人物，也同意拉摩吉指政治人物起碼要面對選舉、可能被踢下台，但官僚的工作是一輩子的說法。他堅持政府壓迫他們原本應該要服務的人民；他對警察批評最力：「要是沒有這麼沒人性的警察，印度也不會是現在這樣子。」

我最近讀到某個安德拉邦的非政府組織將錢德拉巴布・奈伊度的願景二〇二〇形容為「破壞的願景」。所以我跟賈亞普拉卡許・納拉揚說，非政府組織和媒體一樣——對政府有根深柢固的敵意。

「我個人不願意像那樣一筆抹銷錢德拉巴布・奈伊度的努力，」他說：「可是我真的覺得權力下放是必須的，而奈伊度是用資訊科技來加強，而非放鬆他對政府的控制。」

有證據顯示資訊科技讓首長掌握太多權力。錢德拉巴布・奈伊度已經開始使用資訊科技來和區域官員進行例行視訊會議，削弱了區域官員的自治與地方議會的自治。在某次視訊會議中，奈伊度宣布他停止招聘自治區的員工，可是這個決定應該是各鄉鎮議會做的。他曾跟我說，他要把權力交還地方議會，但是同時他又延後地方議會選舉，直到高等法院命令他舉行為止。「人民力量」曾經推展過學校家長會的計畫，但是被錢德拉巴布．奈伊度政府打壓。根據賈亞普拉卡許．納拉揚的說法，大家都認為這不是因為他要控制所有的學校，而是因為他不想與基層官員協會同樣是執行選務的三十萬教師為敵。

但是中央集權也是有幫助的。我告訴賈亞普拉卡許．納拉揚，最近推出一種軟體可以留下所有安德拉邦道路紀錄，查看上次維修的時間和目前狀況。有個首長資深顧問告訴我們，這些紀錄顯示在某個地區，四條去年才修好的路現在又出問題了。而這四條路都由同一位助理工程師負責，顯然就是貪污。比起過去由當地政治人物、官員、包商，去共謀決定及執行資金分配和檢驗錢花得妥不妥當的舊系統，這難道不是一個更好的方式嗎？

賈亞普拉卡許．納拉揚同意：「不去譴責資訊科技或錢德拉巴布．奈伊度沒有紀律是很重要的。我們一定要客觀，該誇獎就誇獎。」

我覺得追求進步，而不是去強調對錢德拉巴布．奈伊度的改革評判要寬容是很重要的。「畢竟，」我說：「奈伊度是這個國家裡面對改革一事最為高調的政治人物。如果他被認為失敗，那麼肯定只會給不想看到任何改革的既得利益者攻擊的把柄。」

賈亞普拉卡許．納拉揚的答案並沒有特別空泛。他決定要對我的話表示意見以後，他說：「我們不能誇大改革的影響。例如安德拉邦的投資並沒有像原先說的那麼成功。」

鄉村改革

錢德拉巴布・奈伊度絕對不是不知道對改革的批評，而且需要確保改革在鄉村的效果。畢竟那裏才是大部分選民住的地方。他開始讓村民參與發展計畫的工作，也組織灌溉水用戶的委員會和家長會。數百萬的鄉村婦女參加了他那超級成功的微儲蓄與信用計畫，而且也努力監察資訊科技不只是在海德拉巴那樣的城市裏提供政府服務。

當我們拜訪安德拉邦最窮區域之一的馬布納格（Mahbubnagar）的時候，我們發現那裡儲存了大批資料，電腦操作員載入了從一千五百五十五個村落中，七十三萬五千個家庭蒐集來的調查資料，這些資料會被用來自動發行像種姓證明、糧食卡、土地權狀等等文件。而官僚們堅持所有文件一定要由最高級的官員簽署，去維持原來的系統。馬布納格有個官員將之合理化的說辭是：「除非我有權力簽名，否則辦事員就會濫用系統。我可以告訴你，他們抓到機會就會這麼做。」但是不管簽不簽名，新的系統一定會減少辦事員恐嚇和要求民眾付錢換取服務的機會。

馬布納格區裡有個叫做恆伽普（Gangapur）的村莊，有兩個比較有錢的農人就很認同。謝卡爾（G. Shekhar）有一塊二十七英畝的未灌溉土地，以印度的標準算大了。站在村子中央的十字路口，他跟我們說：「因為電腦的緣故，現在工作文化比以前好。他們以前會不停恐嚇我們。現在這種情況減少了，不是消失，但是有減少。」他那只有十畝地的朋友拿沙・雷迪（K. Narsa Reddy）則沒這麼肯定：「電腦的確有來，可是沒有人使用，他們還不會用。」

十字路口的另一邊，有一群婦女穿著第一眼看起來像是百衲拼布做的衣服。她們正在高聲討論要找到工作有多難。我靠近的時候，可以看到她們的裙子是由鮮豔的彩色花紋布所縫製，上衣繡著鏡片；胸前掛著成串的硬幣，好像獎牌。只有一位蹲在地上、比較老的女人沒有硬幣——表示她是寡婦。她們的手臂都帶著奶油色的手鐲，少數幾個是象牙做的，大部分是塑膠製品。有的戴著用一盧比硬幣做的戒指，但是大家的耳朵上都掛著白色金屬做的裝飾品。她們屬於印度最窮的種姓階級——蘭巴達（Lambada）。那群女人知道錢德拉巴布．奈伊度打算讓村民控制村莊發展，但是說這不表示她們會得到工作，但那才是重點。他們的確有了小片土地和學校，可是當他們去抱怨學校老師不教書的時候，有個官員損她們說：「你們和你們的祖先也沒讀過書，你要你們的小孩讀書做什麼？」她們很熱切參與錢德拉巴布．奈伊度的微信用計畫，可是對於電腦和電子政府一無所知。

有一群無助的男人坐在濕婆神座騎——聖牛南迪（Nandi）的雕像碎片上，他們對於電腦一樣毫無興趣。「電腦是廢話、垃圾。」其中一個年輕的農夫說。

「他們沒有在我們身上下功夫，」另外一個憂傷的農夫同意，「他們去年並沒有阻止這個村裡五個因為乾旱沒有收成而試圖自殺的農夫，他們今年還是沒有收成。如果我們真的有了自己的土地，我們也要開始哭了，所以我們來這裡喝酒。」然後他羞澀地微笑，感激這諷刺的情況，告訴我們他這家賣酒的店是他開的。

顯然除了欠收以外，他還是每天以每瓶三塊半盧比的價格賣出四百瓶棕櫚酒。可是他說照理每天應該平均賣出兩千瓶才對。

知識分子難辭其咎

恆伽普村的自信顯然不可能對於錢德拉巴布・奈伊度的行政改革運動造成阻力。但是這才剛開始，首長自己也承認還有很多要做的。他會不會有足夠時間完成計畫，又如果沒有，他的繼任者會不會接手做下去？塔塔顧問服務公司明顯地是進行中計畫的既得利益者，但是當我們和他們的執行副總裁會面時，我並沒有從該公司公關部對我們的問題所準備答案中釋疑。

維德亞沙格（M. Vidyasagar）博士直到最近還是個做研究的科學家，據他說是「在數學與工程的領域」。他曾經為國防部設立過一個實驗室。身為一個移民北美的聰明數學家之子，維德亞沙格自己獲得威斯康辛大學的博士學位，並在北美幾所大學教過書。四十歲的時候，他決定要帶女兒回鄉。他也想證明印度人不需要外流他處才能變成科學家，在印度也可以做很好的研究、建立很好的學術機構。當他擔任國防部首席科學顧問的教父退休之時，維德亞沙格發現其繼任者毫無想像力，他就辭職，旋即被塔塔顧問服務公司聘雇。一年之內，他就組成了一個已經推出商業化產品的小組。

維德亞沙格不相信資訊科技可以消滅所有施政上造成的問題。

「你必須要從知道資訊科技的限制在哪裡著手，」他警告我：「這不會消滅貪污，我們也不能給人這種印象，因為這會誤導。例如資訊科技不可能阻止蓄意遺失檔案，但是你可以知道是誰在什麼時候刪除的。還有，如果你想要改革並監視系統，這也是個好工具。聽著，舉例來說，奈伊度在監視電力供應狀況，現在安德拉邦的電力供應好了不少。」

「你覺得到目前為止奈伊度有多成功？」我問。

「嗯，我想他讓安德拉邦在資訊科技方面領先其他的邦，可是讓我訝異的是，當他當上首長，他在政界變得很弱，因為每個人都覺得他奪去了NTR的傳承，把他那套體系搞上路。過去印度行政服務的官員很熱心，也找得到奈伊度。可是從一九九九年開始，他取得大幅支持，他可以更有作為，卻因為某種緣故似乎又失去支持。

「這是因為他不斷鼓吹資訊科技造成太多批評嗎？他現在沒興趣推展了嗎？」

「我想我們的體系抗拒改變的原因是既得利益者依舊想上下其手。」

維德亞沙格指出三個反對改革的因素：政治人物、官僚、知識分子。像大部分和我們說過話的人一樣，他怪罪官僚多於政治人物。在國防部工作的時候，他遇上機密情報洩露的案子，然後他的想法是「官僚比政治人物更容易受到影響去洩漏情報」。

維德亞沙格是我遇到第一個將知識分子也列入反對者的人。他貶抑知識分子是「充滿自我憤怒」，「不以身為印度人為傲」，說這些造成大家對印度一切事物期望不高，包括政府。可是他認為事情在改變，他有許多同儕團體以自己的「印度經驗為傲」。他特別反對那些熱烈提倡現世主義的知識分子，指責他們「除了累積對印度教的輕視以外啥都沒做」。

維德亞沙格穿著西方服裝，鬍子和頭髮修剪得很整齊，只有額頭的紅點顯示他是個印度教徒。我發現他不只如此，他深以自己的婆羅門傳統為傲，而且那就是他討厭現世主義的原因。

「說婆羅門思想、婆羅門做法不能與時並進簡直是無稽之談，」他堅持：「我想要散播婆羅門做法，但是我不想讓他們變得拒其他種姓於千里之外。」

我第一次遇到維德亞沙格是在安德拉邦資訊科技顧問哈努曼・喬德瑞博士所舉辦的演講上。喬德瑞博士隸屬RSS，而我以為維德亞沙格也可能是那個教派的成員。不過他告訴我，「我和他們沒有關係，不過你問這個問題我也不意外，因為現世主義者製造了一種氣氛，如果你說你信印度教，就會有人說你一定是RSS。許多RSS的想法很幼稚。為了提倡吠陀，他們嘗試找出古時候的賢人已經知道現在科學家才發現的事情。我才不相信吠陀裡面已經發現量子物理。吠陀有遠比物理更重要的東西。」

「所以印度要怎麼從過去復甦，並克服目前的問題?」我問。

維德亞沙格毫不猶豫地回答：「我不能為印度發言，但我個人願意貢獻出八成的精力給網路教育的不同型態，以及村民的資訊取得。另外兩成則是給政府改革。」

維德亞沙格的家距離爭取設立泰闌葛納邦的新黨派總部只有一百碼。我們出來的時候，得穿過擠在路上的人群和車輛。這對錢德拉巴布・奈伊度的改革是個明顯的威脅——當一個把自己的野心放在原則和投票給自己的選民之前的政治人物。幾乎和我談過的人都承認，為自己服務的官僚也是威脅。只有維德亞沙格提到那些打擊印度過去驕傲的知識分子。對於許多印度人不期盼國家可以改善目前腐敗垂死的施政系統的那種劣等感，知識分子難辭其咎。如果安德拉邦的改革會失敗，那只會加強印度的施政機制永遠惡劣的信念。

【注釋：】

❶邱吉爾（Winston Churchill）：一八七四～一九六五，英國作家、演說家和政治家，曾任英國首

相（一九四〇～四五年）。一九五三年的諾貝爾文學獎得主。

❷泰魯古（Telugu）：拉威語，在印度南部和其他移民團體中使用者眾。是安德拉邦的官方語言。最早的泰魯古語碑銘出現於六世紀，文學作品則始於十一世紀。

❸卡納塔克邦（Karnataka）：舊稱邁索爾，印度西南部的邦，西臨阿拉伯海，首府邦加羅爾。一九五六年根據邦區重劃法案將五個邦講坎納達語人口的區域合併組成邁索爾邦。官方語言為坎納達語。一九七三年改現名。

❹華頓（Wharton）：美國賓州大學商學院。

❺凱洛格（Kellogg）：美國西北大學商學院。

❻馬德拉斯（Madras／Chennai）：印度東南部港市，泰米爾納度邦首府，泰米爾人稱之為Chennai。

❼尼札姆（Nizam）：一七一三～一九五〇年間統治海德拉巴的土邦君主稱號。

❽頭罩（burqa）：指伊斯蘭教婦女使用的罩頭巾。

❾約伯和以掃（Jacob and Esau）：聖經人物，身為長子的以掃把繼承權賣給約伯，後來被引為只貪圖眼前利益的人。

❿動力（dynamics）：可當動力或變化之意。

⓫查爾斯．索哈傑（Charles Sobhraj）：一九七〇年代在亞洲地區攻擊西方自助旅行者的連續殺人兇手。

6

蘇非派信徒與純粹信仰

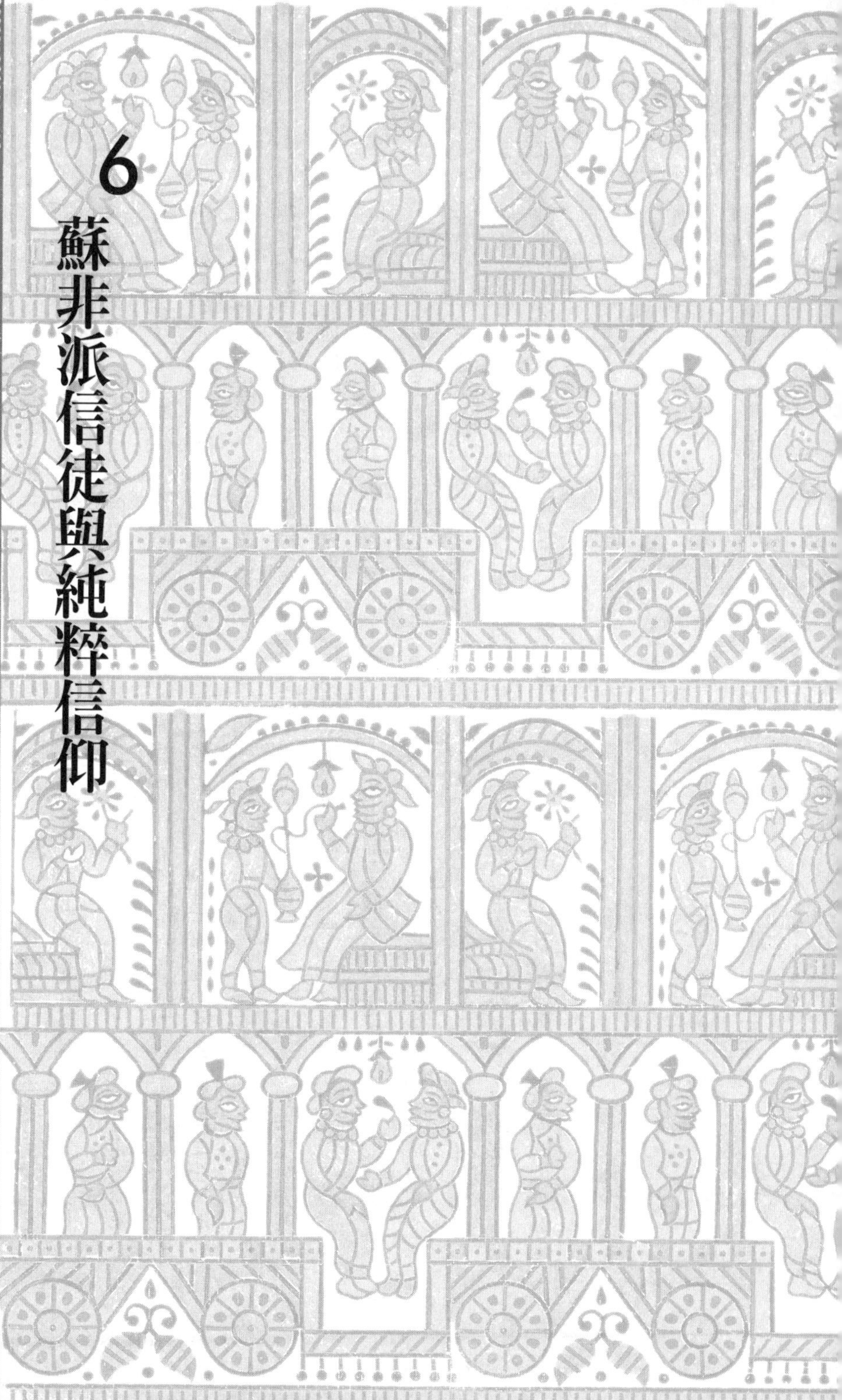

我們的公寓位於德里—阿格拉路（Delhi-Agra Road）旁，稱為尼薩姆汀東（Nizamuddin East）的地區。路的對面有個公車站牌。對普通旅人來說，那和德里其他的公車站牌相比，並沒有特別值得一提的地方。停在路中央的公車、爭先恐後地擠上車的乘客、搶生意的人力和機動黃包車阻礙了交通。有個人在現代化德里的沉悶平庸之中顯得與眾不同。他纏著白色的頭巾，尾端還垂在穿著紅色長外套的背上，站在那裡指揮可能的朝聖者穿過擁擠的尼薩姆汀巴斯提（Nizamuddin basti）的擁擠巷道，前往卡里姆餐廳（Karis' Restaurant）。尼薩姆汀巴斯提是印度最受尊敬的蘇非派❶聖人哈茲拉特．尼薩姆汀．奧利亞❷陵墓周圍的建築群。而位於其中一條最狹窄的巷道中的卡里姆餐廳，是由一個曾經擔任蒙兀兒皇帝御廚，並宣稱開發了蒙兀兒料理的家族負責烹調與經營。隨著該餐廳的人走進巴斯提，你便進入了一個完全不同的世界。在這裡西式襯衫與褲子遠不及白色的寬鬆無領上衣和闊腳褲普遍，所有的男性似乎都戴著伊斯蘭教徒的小帽子。在這裡很少看到女性，就算看到女性也見不到全貌，她們從頭到腳都覆蓋著罩袍。商店的招牌用阿拉伯字體寫著烏爾都語。屠夫砍著大塊水牛肉，炭火烤爐上有烤肉在轉動，活雞則等著被宰殺的命運。這裡絲毫沒有印度知名素菜料理的跡象。貨幣兌換處公開接受巴基斯坦盧比，可是實際上在印度與巴基斯坦這都是禁止的。

塔布利吉

如果觀光客不是在卡里姆餐廳員工的引導之下，他們可能會在巷弄中穿梭，往哈茲拉特．尼薩姆汀的神廟前進。來自海外和印度各個角落的伊斯蘭教徒到這裡來向聖人請益。這些聖人的家族宣稱是哈茲拉特．尼薩姆汀姐妹的後代。朝聖者來到此處向尼薩姆汀的墳墓祈禱，並聆聽愛上神明的信徒們的狂喜之歌卡瓦利祈禱歌（qawwali）。不過觀光客先要通過一棟現代化的七層樓水泥建築，上面還有清真寺的尖塔。位於巴斯提中央巷道的底端，遠離神廟周邊傳統建築的這棟建築，名為馬爾卡茲（Markaz）。馬爾卡茲乃是二十世紀發祥的塔布利吉運動❸的總部及訓練中心，而該運動的傳教士遍布世界各地，傳授道德嚴謹的伊斯蘭教，對多彩多姿的蘇非教派相當厭惡。

蘇非教派在早期讓印度人轉信伊斯蘭教，其儀式、音樂、重心都在於神的愛，和奉獻式的印度教巴克提❹相去不遠。但是在現代印度，受到十八世紀瓦哈比德運動❺影響，信仰偏向阿拉伯沙漠的塔布利吉信徒，在伊斯蘭教徒中的影響力比較廣泛。蘇非神廟的聖人擔心，他們的傳統影響力會輸給塔布利吉。

常被人誤會為「基本教義派」的塔布利吉，很少有關於他們的書面資料。我自己對這個定義一直有所懷疑，認為這對整個伊斯蘭教世界是種誹謗，因為還有許多伊斯蘭教徒根本不應該被人用輕蔑的想法稱為基本教義派。所以我們決定更進一步去觀察這個運動，以及它們和其強烈否定的蘇非教派之間的關係。

要找到關於塔布利吉的資料並不容易。一位在舊德里後街販賣水牛骨做的首飾而致富的塔布利吉商人告訴我們有個在馬爾卡茲的聯絡人尤素夫．沙隆尼（Yusuf Saloni）。可是他警告，吉莉不能與我同行，因為馬爾卡茲不允許婦女進入。馬爾卡茲的第一道門關起來，不過透過門上的欄縫，我可以看到有一條長長的昏暗通道，兩邊似乎都有儲物箱。有一群站在外面的塔布利吉一點幫助也沒有。他們要先知道我是誰，才願意透露消息。解釋我正在撰寫關於他們的運動的文章並沒有造成好印象，當我問怎麼找到尤素夫．沙隆尼時，一個陰森的中年男人咆哮：「他去麥加朝聖了。」我好奇還有沒有其他人可以幫助我，可是他說：「沒有。」然後就轉過身去。

我不肯定尤素夫．沙隆尼回來以後還會見我，所以我們向一位眾所皆知和塔布利吉很親近的伊斯蘭教學者尋求忠告。毛拉❻瓦希度丁．汗（Wahiduddin Khan）平易近人多了。我們打電話給他的時候，他樂意同時接見我們兩個，吉莉並未遇到不受歡迎的問題。瓦希度丁素以他對印度教－伊斯蘭教關係的和平觀點而聞名。對較為激進的印度伊斯蘭教領袖來說，他是個堅定的反對者。在《印度時報》刊載的一篇名為「不是只有牢騷」的文章裏，他促請伊斯蘭教徒同胞們不要再發牢騷，而是去面對現實，好好生活。他警告，那些緬懷過去身為統治者的時光，並停留在「輕視（用想像的或其他方式）伊斯蘭教的心理」的領袖誤導了伊斯蘭教徒。他呼籲伊斯蘭教徒要成為「具創造力的少數民族」。

瓦希度丁反對那些爭奪阿逾陀清真寺的伊斯蘭教徒領袖，而在情緒化主導的日子裡，這麼做需要勇氣。他要伊斯蘭教徒仰賴法庭來拯救清真寺，並曾說：「示威遊行造成的熱量多於光亮。」等到印度教的羅摩神和悉多神的神像在被摧毀的清真寺原址豎立之後，瓦希度丁承認要重建十分困難。他要求伊斯蘭教徒看在憐憫印度教徒的份上忘了這件事情，並四處旅行去宣揚他的兩點配套的解決方案：伊斯蘭教徒應該忘記阿逾陀，而印度教徒也應該饒過其他他們宣稱是毀了神廟而建成的清真寺。

瓦希度丁的伊斯蘭教中心總部和他的家位於尼薩姆汀西的住宅區，從巴斯提沿著路走下去便是。在進入他家之前，有兩個警衛會檢查你的證件，因為有很多伊斯蘭教徒並不贊同他的和平政治。他在二樓藏書豐富的書房接見我們。瓦希度丁於一九二五年出生於北方邦東部的村莊，父親在他五歲時過世。「我像先知一樣是個孤兒；」他跟我們說：「做個孤兒是最好的訓練。在訓練自尊、自信、犧牲、努力工作等方面都占了絕佳地位。英文有句話說，是困境而非能力造就人。」

瓦希度丁最後進入附近阿薩姆加爾（Azamgarh）鎮的伊斯蘭教理論學院，但是他早年在村裡受的教育一直深植他心中。「其他的伊斯蘭教領袖，」他說：「都出生在城裡，所以想法裡有了政治上的角度，因為他們活在有政治活動的城裡。在村裡，我和自然共度時光，所以我才能保存我的本性。神拯救我免於這些政治活動。」他認為，像阿富汗的塔利班（Taliban）、巴基斯坦的賈馬特．伊斯蘭米（Jamaat Islami）、埃及的穆斯林兄弟會❼等參與政治的伊斯蘭教組織乃是「偏離了伊斯蘭教」。

瓦希度丁解釋，雖然塔布利吉有傳教狂熱，看起來很像基本教義分子，可是他們對政治毫不關心。他們遵守他那個學派的神學理論，不同之處只是在策略或目標上。瓦希度丁將其學術目標放在「受過教育的人」身上。他頭上鬆鬆地纏著白色頭巾，加上長長的白髮、修剪到嘴唇上方的雜亂鬍鬚、厚重的黑框眼鏡，看起來就像個伊斯蘭教學者。他也堅定相信學問的價值。「我可以用道理說服受過教育的人當個好伊斯蘭教徒，」他堅持道：「塔布利吉透過清真寺接觸到一般的伊斯蘭教徒。」至於瓦希度丁和塔布利吉在他們對先知的規定與伊斯蘭律法的要求上，和政治性的伊斯蘭教要怎麼建立關係？瓦希度丁堅稱有兩種伊斯蘭教組織，一種組織相信他所稱的「外在改變」，要進行政治性改變；另一種則相信要改變伊斯蘭教徒自身。「他們相信如果你改變系統，一切就會變好，」他解釋：「我們則相信一切存乎於心。如果心變了，整體就會變好。因此系統的改變仰賴的是內心的改變。我們是唯一這麼想的兩個組織。」

毛拉說得很慢，時不時停下來以確定我們有跟上他的話。他很希望能說服我們他的神學理論是純然正統的，他教授《古蘭經》和遜奈❽，也就是先知穆罕默德在世時所奉行的傳統。吉莉注意到在毛拉的阿拉伯文藏書中有一本聖經，這引發了關於伊斯蘭教對於其他宗教所持態度的討論。根據瓦希度丁的說法，和一般人所想的相反，《古蘭經》或遜奈之中並沒有說你不需尊敬其他宗教。他告訴我們一個關於先知穆罕默德看到一個喪禮隊伍通過麥地那街上的故事，他肅立在那裡以示對亡者的尊敬，有個隨從問他：「喔，先知，那是個猶太教徒的喪禮，不是伊斯蘭教徒的，可是你卻立正表示敬意。」先知說：「難道他不是人嗎？」上次毛拉去拜訪教宗的時候奉上一本書，裡面的一個章節是他寫的。該章節指出，耶穌和瑪利亞在《古蘭經》裡被提及的次數是先知的十倍之多。

瓦希度丁確實承認在偶像崇拜方面有困難，因為在《古蘭經》中，真主說祂可以原諒一切，只除了一個人崇拜祂以外的任何事物這件事。可是毛拉還是堅持宗教自由是基本人權之一，而且對話也不是伊斯蘭教徒的義務。他認為他的義務是「以正確的方式介紹並呈現伊斯蘭教，讓世上的人不再認為這是一種暴力和憎恨的宗教——那是我們不應該給人的印象。」

塔布利吉派的普遍形象是個軍事化傳教組織，不過瓦希度丁堅持，「他們不相信宣講福音。」他所撰寫關於塔布利吉的一本書中，引述了該運動發起人之子和繼承人，毛拉穆罕默德．尤素夫（Mohammed Yousuf）的話稱：「除非一個人有堅定的信念，並以此打造自己的生活方式，否則他就不會在道德上成為一個好的伊斯蘭教徒，而沒有成為好伊斯蘭教徒的人，也就沒有準備好在其他人之間傳佈訊息。」

根據瓦希度丁的看法，這段話彰顯了發起人的主要目的是在改革伊斯蘭教徒自身，不是要異教徒改信。

不過歷史上還是記載了塔布利吉派曾導致大規模改信。在一九八一年二月十九日，有幾百個達利特在南部的泰米爾納度邦❾的梅納克希普蘭（Meenakshipuram）公開改信伊斯蘭教。這導致另一次印度教活動爆發。有的簡直像「都是我不好」❿綜藝秀。有印度教的祭司匍匐在達利特前面、前印度教的貴族家庭成員由達利特祭司塗抹油膏、某個邦有高級種姓階層的印度教徒在五千個不同的寺廟和達利特共享盛宴。可是其他的活動則有長遠的後續效應。特別是某次大型印度教徒集會演變成一個運動，讓印度教徒意識到伊斯蘭世界靠石油賺來的錢及「伊斯蘭基本教義派的邪惡設計」之類恐懼。這個發展成摧毀阿逾陀清真寺的要求死灰復燃，還有接踵而至的暴動。

塔布利吉派一直否認要為梅納克希普蘭的改信事件負責，不過他們也不太意外自己的神秘兮兮引發懷疑，特別那個時候像伊斯蘭基本教義、軍事伊斯蘭教等名詞俯拾即是，許多人相信這些名詞適用於所有伊斯蘭教組織。

塔布利吉運動的開始看來前途無「亮」。發起人伊利亞斯（Ilyas）毛拉發現，德里外不遠處有一群叫做梅瓦蒂斯（Mewatis）的伊斯蘭教徒，那裡的人竟然還保存著印度教名、慶祝印度教節慶、甚至膜拜印度教神祇的時候，嚇了一大跳。為了改正這種行為，並教導他所認為的真正的伊斯蘭教，他決定在當地設立學校。但是有一天有個剛剛才在其中一間新的伊斯蘭教學校完成學業的年輕人，被介紹給伊利亞斯。伊利亞斯很震驚地發現，年輕人並沒有蓄鬍或擁有任何顯示他是伊斯蘭教徒的記號。這導致策略上的改變。伊利亞斯決定，梅瓦蒂斯的年輕人一定要離開一個看來無藥可救的環境，並前往他的根據地——尼薩姆汀巴斯提的清真寺。那些年輕人在此學習伊斯蘭教，由虔誠的伊斯蘭教徒指導和給予忠告，且整天都保持忙碌。這麼做證明是比較有效的方法，也是這個全伊斯蘭世界傳佈的運動之始。

伊利亞斯自己並不是個高明的傳道師，因為他講話口吃，風格又很複雜；他自己也不是個令人印象深刻的人，身體太過虛弱的他，被認為衰弱到不宜在家族的書店工作，而且還瘦到被梅瓦蒂斯人形容為骷髏。但是他可以激勵年輕人從尼薩姆汀的清真寺成群結隊地外出教導伊斯蘭教，而宣教者唯一得到的獎賞只是他的祝福：「我將你們委託給真主，並為你們祈禱。願真主接受我們在邁向祂的路途上謙卑的侍奉。」

一個和伊利亞斯同時代的人寫道：「梅瓦特（Mewat）的塔布利吉派信徒靠著雙腳旅行、肩上披著毯子、腋下夾著經版（Sparaas）、斗篷的角落綁著乾穀或麵包，他們嘴裡唸著齊克爾⓫，眼裡顯示著晚上祈禱的跡象和前額拜倒的記號，看到這些的任何人都會想起，那些在傳授《古蘭經》和先知法典（Shariat）的路途上殉難的苦行僧慕納的隨從。」這些被殺害的人，乃是穆罕默德在世時，遭到敵方部落屠殺的傳教團。該部落的人假稱要聽聽伊斯蘭教的傳道，把穆罕默德的隨從誘騙到他們的地盤。對基督教徒來說，塔布利吉的傳教士可能會讓他們回想起耶穌派出使徒的故事。

根據瓦希度丁所寫關於該運動的書，伊斯蘭教徒前往塔布利吉派接受密集訓練，然後成群結隊地出發。他們前往清真寺，在祈禱後邀請前來祈禱的人加入他們一起討論。有時候信眾中較年長的人會反對，塔布利吉派就會撤退。他們從來不強迫別人順從自己，而這種理性的態度通常會改變信眾原先懷疑他們的心態。一旦塔布利吉派被接受了，他們就會邀請信眾坐在他們周圍，然後要求信眾背誦他們每天固定要祈禱五次時所說的禱詞。塔布利吉派會糾正阿拉伯語的錯誤，並指出即使是發音上的錯誤也會改變整個句子的意義。通常固定祈禱的伊斯蘭教徒並不知道自己應該要說的完整禱詞，而塔布利吉派就會幫他們補上不知道的部分。他們會告訴信眾在開始祈禱前洗臉有正確的儀式作法，並示範如何站立、手要擺哪裡。他們也教導怎麼背誦《古蘭經》，不過據瓦希度丁表示，他們不會說明經文的意義——那是像他這種學者的工作。他們努力彰顯伊斯蘭教中最簡單的教義：真主安拉是唯一的神，穆罕默德是祂的先知。在塔布利吉的傳道中，並沒有很多神學理論。他們的重點放在每天固定祈禱、奉行儀式、空出時間來傳道等等作為的好處。

毛拉伊利亞斯起家的尼薩姆汀，現在已經成為一個強大的國際性宗教運動中心。在馬爾卡茲這個禁區，沒有現代生活的容身之處。根據瓦希度丁的說法，裡面沒有電視、收音機、報紙。一個觸角遠及全球各大陸偏僻鄉村的國際性組織，竟然沒有享受過電話、傳真、電子郵件的好處。小小的明信片成為有用的通訊工具。口耳相傳則是他們傳遞神旨的方法。伊利亞斯的兒子穆罕默德．尤素夫曾經寫道：「為了要讓這項工作真正屬於大眾，廣告媒體、報紙、廣告、海報等等應該要盡量避免，因為我們的工作並不是傳統的。真正工作的方式是分別去跟人演說、藉由接觸人群的方式佈道，並將人們組織起來一起工作。」

這看來解釋了為什麼塔布利吉派對於跟我見面一事興趣缺缺。不過我還是問瓦希度丁，是否能夠以傳統印度方式，利用他的「良好關係」讓我跟該教派的人見個面。他同意了，可是幾天以後打電話給我承認失敗。「這些人不是活在這個世紀，」他說：「他們不知道媒體是什麼。」

但是吉莉後來到距離該運動總部將近一千公里外的一個小鎮參加婚禮的時候，遇到一位活躍的塔布利吉傳道師，得到相當不同的解釋。「你看，」傳道師對她說：「我們所做的一切都是為了先知，如果我們想在公眾前曝光，如果有關於我們的內容出版，這表示我們的動機就不是百分之百的純正了。野心、自我榮耀、自我等等東西會跑進來。」

神廟朝聖

塔布利吉派在伊斯蘭教徒中不是唯一拒絕和媒體對話的。曾在英國住過很多年的巴基斯坦學者阿克巴．阿敏（Akbar Ahmed）開始固定出現在英國電視和廣播電台的時候，就遭到伊斯蘭教徒的質疑。有人問他，「為什麼你要跟敵人說話？」有的人甚至暗示他可能有「出賣的行為」。伊斯蘭教的懷疑心理並非完全不公正。如果一個宗教掩飾了真主，那麼媒體也會幫宗教戴上假面。將世界分成支持自由主義的現代人和支持恐怖主義的伊斯蘭基本教義派是很簡單的事情。可是沒有去解釋自身信仰和活動的和平伊斯蘭教運動會遭到誤解，他們會被視為支持暴力革命。這會模糊他們所散發的光芒。

在印度，塔布利吉派的離世寡居讓他們遠離伊斯蘭教政治。他們不從事伊斯蘭教徒的活動，可是他們呼籲溫和行事的聲音也常常被周遭的噪音所掩蓋；而看來不尊重任何宗教的現世主義支持者，與認為單一信仰是相當危險的國家主義支持者之間猛烈的辯論也淹沒了該教派。他們並沒有在這兩種都不盡人意的選擇中找出一條中間道路。伊斯蘭教歷史學家穆西魯爾．哈珊（Mushirul Hasan）曾經告訴塔布利吉派的人，孤立不需要也不應該是身為印度少數族群的答案。他寫道：

「印度的伊斯蘭教已經在沒有妥協其核心教義的情況下存留下來，這不是孤立於其他文化、智識、宗教等潮流所辦到的，而是與之密切互動。塔布利吉運動的精神指引，或許是無言地在顛覆一股進行中的強大歷史進程。」可是我們要是以一般定義來說，顯然塔布利吉派不能被歸類為伊斯蘭基本教義派，因為基本教義派的定義包括實行伊斯蘭教教規的野心。塔布利吉派做得更多的，是除了其他伊斯蘭教徒之外，也和平地和那些強烈反對的人住在一起，而比起那些來自宗教家庭的人，他們的爭吵不會更尖銳，也不會更有暴力傾向。

不管其他還有怎樣反對哈茲拉特．尼薩姆汀．奧利亞神廟，說他們的言論並不會比從塔布利吉的馬爾卡茲裡丟出來的石頭距離更遠，但沒有人可以指控他們的離群索居。有的人會說他們有點太急切於利用尼薩姆汀的盛名推動工作，在他辭世已超過六百年後的今天。

在朝聖者抵達通往神廟的通道之前，他們必須衝過一群代表餐廳的年輕人。他們所代表的餐廳會餵飽那些三餐不濟的人。其中一間餐廳叫做「窮人庇護所」，這也是另一位偉大的蘇非派聖人席克．莫伊努汀．契希提（Sheikh Moinuddin Chishti）的稱號。推銷員糾纏著朝聖者和觀光客，要他們買餐券。付個五盧比，某餐廳前面蹲踞的人群就會得到幾個烤餅和一些肉汁。

不管這些拜訪神廟的人心靈有沒有感動、錢包有沒有變輕，他們還是會鑽進窄巷，兩邊是售賣參拜聖人陵墓所需裝飾品的攤販：用在聖人墳上的華麗俗氣的綠色、黃色、紫色、紅色布疋、香噴噴的暗紅色玫瑰、香、念珠，還有在受到聖人祝福時當做神聖食物的小袋白色糖果。他們也賣紀念品、卡帶、書。這裡像極了基督教聖城耶路撒冷苦傷道（Via Dolorosa）的那些狹窄商家組成的城市市場風貌。

這間神廟的主要業務是解決疑難。朝聖者通過小巷之後，就會來到一個小辦公室，大小不會比牆上挖出來的一個方形洞窟大上多少，可是裡面鋪設著昂貴的白色大理石。這裡是個「心靈手術房」，宣稱可以「藉由魔法、咒語等等解決和事業、健康、婚姻等相關問題」。但是大部分的朝聖者寧願把問題交給尼薩姆汀解決，所以他們在巷道中急急前進，直到穿越一道拱門，由陰暗進入到明亮陽光下鋪著白色大理石的花園。雖然這個花園沒有屋頂遮蔽，但四周都是建築物。其中一棟是蒙兀兒時代前德里的蘇丹所建之紅石清真寺的祈禱者大廳。這棟建築物簡單中帶著氣派，壓過了周圍的陵墓。朝聖者第一個遇到的是詩人阿米爾·庫斯勞（Amir Khusrau）陵，他是尼薩姆汀最出名的使徒。再前進一點，有大理石隔板圍繞著賈哈納拉（Jahanara）陵，她是沙賈汗王⑫的大女兒。而沙賈汗王更為賈哈納拉的母親建了全世界最出名的陵墓——泰姬瑪哈陵，可是這個女兒長眠之處只刻著「除了青草，無須在我的墓上覆蓋什麼，因為青草最適合覆蓋一個低下者的墓」。接著是裝飾最華麗的一座方形陵墓，覆蓋於其上的圓頂裝飾著黑色大理石的直條紋，躺在下面的就是尼薩姆汀。

進入神廟之後，朝聖者會受到一排穿著老式伊斯蘭紳士服裝的男人們歡迎，他們甚至可能看到今日罕見的黑流蘇紫紅色土耳其帽。穿戴它們的是尼薩姆汀神廟的精神導師⑬。

根據正統的蘇非教派傳統，精神導師的地位只給予靈性上的大師，但是在尼薩姆汀，這變成世襲的頭銜，由父親傳給兒子。在尼薩姆汀有幾百個精神導師，而其中大部分的精神導師已經不是靈性的顧問，而是協助者，擔任懇求者和聖人之間的橋梁。在尼薩姆汀神廟中的崇拜儀式，是由精神導師帶領朝聖者進行。他們會要求財政上的承諾，要寫在石板上——捐給學校的總額、購買貧窮者食物的總額、供養神廟本身的總額。精神導師也宣稱有拂除惡魔和預知未來的能力。他們會寫護身符——或許是神的九十九個名字之一，或許是《古蘭經》文中的一段。這些護身符要戴在脖子、上臂或手腕上以求保護。

雖然我們常常去神廟，我從來沒有進去過聖人陵墓。一個不是伊斯蘭教徒的人這樣做好像有點不對。這很蠢的原因是各種宗教的印度人都在這裡祈禱。或許我只是在為自己從來沒去過的恐懼、害怕做錯事的恐懼找藉口。我們特意選擇早上，通常是神廟最安靜的時候。由於沒有女人獲准進入庇護所和墓室，所以吉莉坐在外面冰冷的大理石路面上。我從口袋摸出手帕來蓋住我的頭，隨著我選來當嚮導的精神導師，走過墓室周圍陽台上其中一道拱門。拱門裝飾著細膩的藍色、栗色、綠色的花朵圖案，還有水晶吊燈。蒙著頭的女性嘴唇默念著禱詞，坐在陽台的地板上。一扇將她們和墓室分隔的雕花大理石屏風，上面披蓋著人們前來向聖人求恩賜時所綁上的紅線和緞帶。我低頭穿過一道低矮的門梁，進入陰暗的墓室。人們是看不到墳墓本身的，因為上面蓋著一層又一層顏色鮮豔的布疋和玫瑰花瓣。信徒還要在上面覆蓋更多布疋、灑上玫瑰花瓣。一個拜倒的信徒把頭伸進這些被稱為恰達（chaddar）的覆蓋物中，我很好奇他是否在親吻墳墓。在墳墓之上是個木製的龕檐，鑲嵌著珠母。要依照儀式所要求地繞行墳墓，又不打擾到盤腿坐在地上、雙掌合十的禱告信徒們相當困難。焚香的味道帶我回到幼年時在加爾各答的安立甘公教派牛津運動[14]教堂中的基督教崇拜，不過外面庭院孤寂的卡瓦利歌者的聲音和他的小風琴與基督教一點關係也沒有。

因為某些可憫的精神導師，而去嘲笑前來尼薩姆汀陵墓的人的虔敬舉止，還有譴責崇拜聖人的行為是很容易的。但是這個陵墓讓我想起在威爾斯的大教堂中，以敬畏的語氣提到「那些被祈禱者浸透的牆」的基督教主教，不是所有在這裡的精神導師都是為了錢，且蘇非教派是直到今天仍舊枝繁葉茂的神秘學派之一。

蘇非派的精神導師

我們想要更了解尼薩姆汀，所以吉莉轉向伊爾米大人（Sahib Ilmi）尋求忠告。大人的名字實際上就是「有知識的」之意，也是我們的友人中最有智慧的一位，是波斯文和阿拉伯文學者兼詩人。雖然他自己支持塔布利吉派的觀點，不過他馬上推薦我們去找學者⓯哈珊・桑尼・尼薩米（Khwaja Hasan Sani Nizami）。尼薩米是個精神導師，而且編了一本他描述為「文學和半宗教性」的雜誌。

哈珊・桑尼・尼薩米的父親也擁有向來被尊敬的學者頭銜。雖然哈珊・桑尼・尼薩米是家裡的第四個兒子，可是他的父親甚至在他出生之前就知道他可以勝任精神導師的頭銜，所以他會繼承帶領門徒的權利，引領他們進入蘇非派。這就是他以父親之名命名的原因。哈珊・桑尼・尼薩米事實上是哈珊・尼薩米二世的意思。哈珊一世在英國統治的時代是個大人物。英王愛德華八世（Edward VIII）還是王儲威爾斯王子的時代，曾經到印度做過一次多災多難的訪問，當時哈珊一世被邀請觀見王儲。他發現焦躁不安的王儲抱怨來到印度實際上什麼都沒看到，因為他的行動在禮儀和保全的考慮下遭到限制。王儲很高興終於有機會和一個「真正的印度人」談話，所以他和哈珊一世談了很久，把原先仔細計畫的行程都搞亂了。當愛德華遇到婚姻困難⓰時，哈珊一世寫了一封信給他，說印度的人民向來有向皇帝效忠的傳統，而且想到皇帝不准自己選擇新娘的時候最為沮喪。哈珊一世和英國皇室間的友誼，並沒有妨害他和致力於反對英國統治的解放運動領袖尼赫魯⓱之間的關係。即使後來尼赫魯當上總理，也總是抽空去找哈珊一世。

哈珊一世是個天賦異稟的烏爾都語作家，發明了一種完全自創的非正式口語散文體，得到大批的追隨者。除此之外，他也有史無前例的創舉。有的精神導師因為接受女性當門徒而招致醜聞。為了滿足女性尋求靈性忠告的需要、為她們的問題找出解決之道，同時避免八卦流言，他授權自己的妻子擔任精神導師。她是個作風實際的女性，找出一個結合了自己靈性天賦和可靠的常識的方法。許多來求助的婦女是沒有母乳哺育嬰兒的母親。她察覺到這通常是飲食方面的問題，就會在盤子上的番紅花寫護身符，然後告訴母親們每天用半品脫的牛奶洗這個盤子四次，然後把牛奶喝掉。

哈珊·桑尼一直沒結婚，相信如果結了婚就不能盡到自己的責任。他在家族的房子花園外面，一個家具稀少的小房間中接見訪客。這個房間在神廟後面。基於傳統和善意，他會斟茶給所有的訪客，不過自己卻嚴守一天三杯的規定——日出前一杯、早餐後一杯、晚上一杯。他穿著傳統伊斯蘭教徒的寬鬆白色棉衫，戴著帽子。我們見面的時候他戴的是鮮黃色的尖頂帽。

進入房間前，我彎腰脫掉鞋子，但是他笑著說：「不用這麼做。我知道這不是英國人的習俗，因為我小的時候，父親為我們兄弟請了一個英印混血的保母。」在這樣一個傳統的伊斯蘭教徒家庭裡面，聽起來著實令人意外，然後哈珊·桑尼解釋道：「他想要我們學習禮節和一些英文。」不過他父親發現，兒子的英文能力改善是以烏爾都語退步為代價，所以這個實驗就結束了。我們以烏爾都語進行對話，吉莉用起這種語言遠比我流利。

蘇非派的傳統藉由精神導師和門徒間的傳承延續了數個世紀。咸信他們傳揚的神秘智慧首先是由先知穆罕默德傳給他的女婿阿里（Ali）。其秘密在於解釋《古蘭經》經文的內涵蘊義，是一層比正統教士所傳授的內容更深的意義。學者相信蘇非派也利用了一個更早的資源，就是比穆罕默德早了數千年，古埃及金字塔時代的鍊金術。一個叫做杜爾南・阿爾米斯提（Dhul-Nun al-Misti）的埃及人在西元第九世紀將蘇非主義的各種思想融合成一個型態。蘇非主義的經典哲學於十三世紀由西班牙（摩爾）人伊布恩・阿爾阿拉比（Ibn al-Arabi）寫就，而當時蘇非派詩人的成就，許多人認為以居住於土耳其的賈拉魯丁・魯米⓲的詩句達到最高峰。

根據現代蘇非主義偉大學者之一安瑪麗・許美爾⓳的說法，蘇非主義的實踐是以死亡的冥想為根據。為了描繪此說，她引述魯米將死之前寫去安慰朋友的語句：

> 如果死亡是個人——就讓他靠近我
>
> 我可以緊緊擁他入懷！
>
> 我會從他那裡得到靈魂，純淨、無色；
>
> 他會從我這裡拿到彩色的僧袍，此外無它！

蘇非主義的秘教儀式目的乃是非常接近真主，在那裡沒有恐懼的空間，就將自己奉獻給真主。由於與真主的親暱意義如此重大，有時候這些神秘主義者似乎在說他們變成了真主。對正統伊斯蘭教徒來說這當然是一種褻瀆。他們堅持即使是先知和真主之間的差異也是絕對的。若是給人這種差異乃是可以跨越的模糊印象，就消滅了真主的獨特榮耀。在第十世紀，神秘主義者阿爾‧哈拉杰（Al Hallaj）的確認為自己和真主是如此接近，所以他就是真主。他因為褻瀆罪遭到巴格達的哈里發政府處決。在處刑之時，他感謝真主「揭示祢閃耀鼓勵的榮耀」。然後他接著為敵人禱告：「祢讓我合法地看見祢內在意識的神秘，又讓其他人不能合法地這麼做。對於祢其他要集合起來殺我的僕人，他們對宗教狂熱、渴求祢恩典，請寬恕憐憫他們，如果祢已經揭示祢的秘中之秘，我不需為此傷痛。」

某個研究尼薩姆汀神廟蘇非派的現代耶穌會學者找到一個門徒，該門徒的精神導師認為，尋找真主的人就像一頭鹿，畢生都在尋找麝香之源，只有死亡的時候才會發現源頭就在自己體內。這位門徒繼續說：「同樣道理，安拉也在你的裡面，在我的裡面，但是我們不知道。精神導師會教導我們這個道理。」

因此蘇非派和其他宗教裡的神秘傳統相當雷同的是，和真主的直接溝通，或者像許多人說的天人合一。但是蘇非派不同的地方在於精神導師和門徒的傳統。要透過精神導師來接近真主，要完成對精神導師的服從有如對真主的服從——其程度之高變成另一個觸怒正統伊斯蘭教徒的理由。門徒可能會把他的精神導師當做真主。魯米完全受到一位名為沙姆斯（Shams）的流浪神秘主義者的影響。他相信沙姆斯施予了啟發他詩作的神恩。他甚至以沙姆斯為筆名，有一次還招認：

> 不管是沒有信仰的人還是伊斯蘭教徒，聽著：
> 您（沙姆斯）若非神的光或者就是神，Khuda（拍擊聲）！

我們在和哈珊．桑尼談話的時候，有個人走進來，帶著一個大約十歲，緊張而病奄奄的男孩；這個男孩才被診斷出得了黃疸病。哈珊．桑尼把手放在男孩的頭上，重複著阿拉伯文的祈禱詞，然後對男孩吹氣。之後，他給了一些實際的建議，例如特定的飲食，還有一個施行伊斯蘭－希臘療法（Muslim Yunani）的醫生。

當男孩離開，我問哈珊關於精神導師可以展現奇蹟的看法。他說：「我嘗試告訴大家我不能展現奇蹟，可是他們認為我可以。有的人跟我說力量在你的精神導師和他之前的精神導師之中，那也會進入你，因為你在不知不覺中成了他們的代表。」他告訴我們關於兩個被歸功於他的奇蹟，可是要求我們不要把那些事和他連上關係，因為他不想被人認為自稱是奇蹟工作者。

「所以那個男孩的父親是你的門徒之一嗎？」吉莉問道。

「是的，」哈珊回答：「我有幾千個門徒。我從來沒算過，家父也沒有。」

還有許多人想成為哈珊．桑尼的門徒，多到他根本不能一直全盤兼顧他們的需求。有時當他去旅行，群眾多到他沒辦法抓著每一個門徒的手進行起始儀式，所以他要求他們牽著彼此的衣角聯成一條線，然後他在前面牽著請求賜福者的手，讓靈力像電力一樣傳遞下去。他承認許多門徒他再也不會見到。所以他要怎麼和那些幾乎把他當成神的門徒建立關係呢？

以哈珊．桑尼的情況來說，他的生活中心是他的精神導師，也就是他的父親。他建了一座白色的神廟來擺放他的墳墓，該建築採用傳統印度伊斯蘭教風格，有個白色的洋蔥型圓頂，旁邊是我們參加哈珊一世年度紀念大會的大廳。邀請卡上形容他是「蘇非聖人和文學家」，而大部分的演說都集中在他的文學成就上。聽了演講，就會越來越清楚歷史並沒有給他公允的評價，因為阿里加爾

（Aligarh）伊斯蘭教大學出身的流行派作家光芒壓過了他。哈珊・尼薩米不只是個傑出的作家，也是個多產作家。我們聽說他有時候會同時進行三個抄本，集中在從來沒有引起過文學興趣的主題上——「燈油」、「火柴」、「貓頭鷹」等等。哈珊二世宣布我要主持這個會議，害我心驚膽顫，所以我盤腿坐在地上，面前是一張長矮桌，將貴賓和其他聽眾分隔開來。吉莉獲得成為坐在貴賓席的唯一女性之榮譽。所有其他的女性都坐在大廳的後面。幸好我的角色完全是禮貌性的。我只需要出席，哈珊二世自己會主持程序，一一介紹一長串的演說者。

一開始當某人說到特別的重點，只會有間歇同意的低語聲，但是在哈珊・桑尼宣布鼓掌並無不妥之後，所有的演講者不管好壞或是普通，都得到一輪掌聲。獲得最熱烈掌聲的，是來自另外一個在人數上可以和尼薩姆汀神廟匹敵的神廟的精神導師。那座神廟位於拉賈斯坦邦的阿杰梅爾（Ajmer），埋著將蘇非主義引進印度的最早一批聖人之一——席克・莫伊努汀・契希堤。這個精神導師說的不是哈珊一世的文學成就，而是他的生活和靈性訊息，他說：「學者哈珊・尼薩米是個偉大的蘇非派信徒，因為他了解，並告訴大家你一定要同時出世和入世。你一定要超越世俗，卻又不忘努力工作。那就是他所作所為。他所有的作品，如果你正確閱讀的話，就一再提到這件事，對於理解的人而言具有引導的作用。」

有很多人指出蘇非主義這點和其他呼籲脫離世俗的神秘主義形式不同。蘇非派信徒不可以躲到修道院或是隱秘的洞穴裡。蘇非派大師伊德里耶斯・沙（Idries Shah）所著之《蘇非派信徒》（*The Sufis*）一書中，羅伯特・葛雷夫（Robert Graves）寫的導言稱：「基督教的神秘主義認為天人合一是一種狂喜的境界，因此也是宗教性的成就，而蘇非派信徒承認只有在狂善體驗後依舊回到塵世，並以與其經驗一致的方式過活，才有價值……蘇非派信徒總是堅持其經驗的可行性。缺乏來自大眾傳說和寓言的可靠人類行為的實用景象，形而上學對他們來說沒有用。」在紀念會上，我們聽到一個說明這觀點的故事。

有個人決定離開俗世，成為一個流浪的蘇非派托缽僧。他放棄了自己的妻兒。許多年之後，他回到自己家乞求食物。雖然他的外表改變，鬍子亂七八糟，他的妻子還是認出他來。她給他一些小麥麵粉。但是當這個乞丐從袋子裡拿出一些鍋盆來烹調食物的時候，她費盡全身力氣，用雙手打他的頭，尖叫著說：「所以你只是離開我而已！你說你要離開俗世，可是你還帶著這些東西！」這個故事的教訓是錯誤地離居之偽善。蘇非派信徒並不需要放棄一切去跟隨精神導師。

尼薩姆汀自己就是個重要的大眾名人。在他生平九十年間，經歷過七個蘇丹，其中有幾個認為他的獨立和人氣是對政府權威的挑戰。但是兩方有所衝突的時候，倒楣的是蘇丹。根據在尼薩姆汀販售的簡短傳記，有一個叫古圖布汀·基爾吉（Qutubuddin Khilji）的統治者忌妒尼薩姆汀所吸引的大批人潮，命令他離開該城。基爾吉馬上就得了嚴重、顯然無藥可救的腸絞痛，他的母親只好馬上去找尼薩姆汀，懇求寬恕。聖人告訴她，要她跟兒子拿封信表示將王國交給他，還有一瓶基爾吉的尿。等她帶回這些東西的時候，尼薩姆汀把退位文件浸到尿裡面說：「這就是聖人對地上王國的看法。」一個比較知名的例子是關於擺明對尼薩姆汀有敵意的賈蘇丁·圖格拉克（Ghiasuddin Tughlaq）。這個蘇丹也要尼薩姆汀離開該城，並寄給他一封信，警告他在蘇丹和軍隊從孟加拉回來之前要離開。尼薩姆汀讀了信之後表示「德里遠得很」。德里的確很遠，事實上，這個蘇丹永遠沒有抵達德里。他在城外的閻牟那河畔被兒子暗殺，就埋在他那嶄新的首都，圖格拉卡巴

（Tughlaqabad）中他為自己建的陵墓裡。那裡的外圍碉堡依然聳立，悽涼地提醒人們過去帝王的作為，而聖人的言行仍舊流傳。

哈珊・桑尼向我們解釋，蘇非派信徒相信哈茲拉特・尼薩姆汀仍舊在世，那也就是為什麼他還可以仲裁來向他求助的人。

演說，或是被他們稱之為報告，進行了超過三個小時，中間只有短短一次休息給祈禱者，所以當哈珊・桑尼宣布會議超過時間，要求餘下的講者長話短說的時候，我鬆了一口氣。有個人用雙倍的速度念出講稿來克服這個問題，還有一個保證只說十分鐘，然後就忘了這個承諾。最後哈珊・桑尼必須要扯著最後一個講者的上衣袖子讓他離開麥克風。但是接著還有貴賓。他們包括財政委員會的委員、大學副校長、教授、榮譽教授，顯示德里的菁英分子對哈珊・桑尼及其父親的尊敬。當我以為都結束的時候，哈珊・桑尼堅持我去講幾句話。我使用烏爾都語的限制保證我的演說很簡短。內容只是委婉地責怪哈珊・桑尼沒有信守讓我只到紀念會來當個普通聽眾的承諾。接著他急著結束研討會，並帶賓客們去晚餐，所以他差點忘了一個貴賓，就是德里伊斯蘭教大學的副校長，賈米亞・米利亞（Jamia Millia）。他宣布了一件重要的事情，就是哈珊・桑尼同意將其父手稿捐給大學圖書館，這樣哈珊一世的言行現在就可以永遠流傳，解決了隨著熟悉他的世代漸漸消失的危機。

當我們這些貴賓在享用加入大量香料烹調的印度雞飯[20]、羊肉咖哩、茄子的時候，在哈珊・桑尼住家的庭院裡，他又回到小房間去祈禱。羅伯特・葛雷夫說，蘇非派信徒是一個「不受教條約束，不管這約束有多薄弱」的教派。他認為蘇非派信徒不能被視為一個伊斯蘭教教派，因為他們可以存在於所有宗教裡面。根據伊德里耶斯・沙的說法，「蘇非主義不是一種宗教，它就是宗教。」

他認為蘇非主義是所有宗教的精髓。可是哈珊．桑尼堅持，蘇非派一定要奉行伊斯蘭教，信徒一定要是個好伊斯蘭教徒，一個每天會面對麥加祈禱五次的信徒。他認為蘇非主義不能跟伊斯蘭教分離，而且是「真正的伊斯蘭教」。

這個說法在尼薩姆汀特別重要，因為塔布利吉的神學理論認為許多蘇非派的做法不是伊斯蘭教，所以在他們的馬爾卡茲裡面的塔布利吉信徒被告知不可以前往咫尺之內的尼薩姆汀神廟。他們斜眼看著神廟裡的儀式，認為像灑花瓣、焚香、綁上彩帶這些動作乃是遭到印度教的污染。塔布利吉認為拜倒在墳墓前面根本是偶像崇拜，認為尼薩姆汀還活著的信念是異端邪說。精神導師乃是江湖術士，因為穆斯林和真主之間沒有媒介。在瓦希度丁所告訴我們的更高層次神學理論中，蘇非派的哲學家伊布恩．阿拉比相信印度教的一元論（Advaita），這種理論認為所有的真實都是一體的，包括神在內。但是伊斯蘭教則認為真主和祂創造出來的東西是分開的。瓦希度丁跟我們說，「早期的蘇非派信徒很好。然後蘇非派從伊朗傳入，它在這裡對伊斯蘭教徒來說是異物，而不是伊斯蘭教的一部分。」

蘇非派音樂

或許最讓塔布利吉教派反感的是尼薩姆汀神廟的音樂，還有他們能創造神秘狂喜的信念。在《古蘭經》中並沒有經文禁止聽音樂，關於穆罕默德的故事——聖訓——也沒有禁令出現。事實上有兩個故事顯示，先知並不是完全反對音樂的。一個故事是說先知在節慶的時候回家去找他的年輕妻子艾伊莎（Aisha），而她有些朋友在唱歌。他的隨從責備她們，但是先知說：「讓她們去吧，那就是她們的『節慶』。」這個故事是瓦希度丁告訴我們的，但是同時他也說，伊斯蘭教禁止所有對崇拜的輔助，不管是聲音還是影像——沒有音樂、沒有圖片。他解釋說：「這是聖訓之一——『崇拜真主就像你見到祂』。所以全部的注意力要放在見到祂上面，不是見到或聽到其他人。如果你不能想像，那就當作真主在看著你一樣崇拜祂。」由於正統的禮拜和儀式都存於教誨的內心，塔布利吉憎恨音樂。

不管神學理論對這個問題的看法是對是錯，蘇非主義和音樂的關聯是自古就有的，而且在尼薩姆汀，音樂也由位於聖人近旁的墳墓給神聖化了——那是聖人最出名的門徒，詩人兼音樂家阿米爾·庫斯勞。

庫斯勞在現代會被稱為融合式（fusion）音樂家，他將印度的傳統和他所帶進來的土耳其、波斯傳統結合。他是卡瓦利之父。卡瓦利是一種付諸音樂的神聖詩句，內容是關於愛真主。這會令人想起有個埋在距離尼薩姆汀不遠處的聖人，因為聽了這種音樂引發狂喜而亡。這種蘇非音樂形式對現代俗世音樂形成了深遠的影響。許多大賣座的孟買電影都大量使用卡瓦利，不過歌詞在講人，並非神的愛。巴基斯坦的卡瓦利歌手，已故的努斯拉特·法塔·阿里·汗[21]在其短短一生中，於世界樂壇上變得幾乎和印度音樂家拉維·香卡[22]一樣出名，他類繁地和美國電影配樂及印度流行音樂錄影帶、電影共同合作。

在尼薩姆汀中，我們認識最久的其中一個人是法理德·尼薩米（Farid Nizami），他的家庭可以追溯到阿米爾·庫斯勞時代的卡瓦利歌手。我們常常聽他於週四晚上和聖人節慶時，在尼薩姆汀的墳前唱著卡瓦利。這個家族住在以前是神廟廚房的地方。我們彎腰進入這個天花板低矮拱起的無窗地窖，受到他父親的歡迎。雖然他再也不唱歌了，可是他還是統領著這個有十七口人家庭在神廟的生計。「派對」一直到早上七點才結束，有兩個年輕成員，還在青少年期的男孩，躺在地板上伸伸懶腰，很快就睡著了。一家之主盤腿坐在一個矮榻上。他氣喘吁吁，像被刺穿的悶雷，但是除此之外，如果法理德說他父親已經一百歲的話所言不虛，那麼他看來還是很機靈。在印度，年齡的計算不是精確的科學。法理德堅持他的祖父活到一百二十三歲，且直到最後眼睛和牙齒都狀態良好。我可以看得出來法理德那有如獅子般的頭和深刻的特徵是從哪裡來的。他也就像隻獅子一樣，又密又長的頭髮垂到肩膀以下。

法理德是個值得尊敬的兒子，可是家裡會為了如何流傳傳統卡瓦利而有歧見。他的父親向我們抱怨：「現在我家的人在飲宴上表演。我還年輕的時候，我們才不這麼做。我們只在神廟、錫克教廟宇、教堂表演。」

「我父親常常跟我這樣說，」法理德承認：「但是我能怎麼辦？我們有壓力啊。感謝真主，我也知道卡瓦利的傳統形式，但是如果你遇到一百個聽眾，只有兩個想聽舊形式的歌曲，你怎麼辦？卡瓦利已經變得很輕鬆、很受歡迎。」

法理德和他的團體在尼薩姆汀的墓前還是表演傳統卡瓦利。他們也會唱被稱為拜讚（Bhajan）的印度教讚美詩，配合了哈茲拉特．尼薩姆汀．奧利亞和阿米爾．庫斯勞樹立的傳統。眾所皆知尼薩姆汀被讚美印度教神祇的拜讚所感動，而庫斯勞形容自己是個印度的土耳其人。法理德解釋說，「拜讚和其他宗教的音樂都和真主相關，讓你記得祂。」

幾天之後，法理德邀請我到一個來自於加州的錫克教聚會，他們在那裡的宴會上表演。法理德是主唱歌手，他和他的兄弟唱合聲。有兩個比較年輕的家人則以手鼓（dholak）和塔布拉鼓（tabla）來提供特殊的卡瓦利節拍，而打擊樂的部分，還有鈴鼓和法理德所發明的一種特殊樂器，那是兩片碟型玻璃，小心拿著，然後摩擦敲擊，好像小馬在鵝卵石路上奔跑一樣。

這是比較輕鬆的卡瓦利，設計來娛樂、討好用的。法理德向錫克教的教師打手勢，莊嚴地靠上小型沙發，穿戴上金色的頭巾和披風，他唱道：

「整個世界都來到你的法庭前。
寬容的河流經過那裏。」

這個對句一再重複，伴隨著團體裡其他人的熱情。教師的臉上浮起一個滿意的笑容。在他腳邊的年輕錫克教徒幫他按摩得更起勁了。一張五百盧比的鈔票隨著法理德的合聲飄動著。那些知道歌詞的人「哇、哇」合聲。白種美國錫克教徒讓我想起某個批評家在提到去聽努斯拉特・法塔・阿里・汗演唱會的西方人時，刻薄地說：「可能他唱的是電話簿的內頁。」但他是超級巨星，而這裡雖然範圍較小，法理德還是讓聽不懂他在唱什麼的美國人如癡如醉。

雖然塔布利吉和瓦希度丁毛拉不贊同音樂，早從阿米爾・庫斯勞的音樂還是對教義解釋較寬鬆的伊斯蘭教徒和印度教徒之間的共同羈絆時開始。著名的印度歷史學家穆罕默德・慕杰伯（Mohammad Mujeeb）曾寫道：「在十四世紀末，印地語歌曲的奉獻特徵，還有語言對蘇非教徒產生的吸引力，較諸其他影響，讓印度教徒和伊斯蘭教徒更為接近。」就是音樂和蘇非主義與巴克提，亦即印度教傳說崇拜儀式的密切關係，讓伊斯蘭教傳播到鄉間。蘇非派的精神導師帶著他們多采多姿的儀式、具有啟發性的音樂、環繞在一個老師旁的舒適感，還有與真主神秘合體的目標。巴克提的師尊是導師，他們的信仰啟發了音樂和詩歌，受到敬愛的神祇通常是全能上帝多采多姿的展現，而他們的崇拜是通往天人合一的道路。兩種傳統發展得如此接近，所以現在要區隔它們並不是一直都可行的。

例如，學者仍在爭論十五世紀擁有伊斯蘭教名的詩人卡比爾（Kabir）到底信什麼教。有的人說他是毘濕奴的信徒，有人說他是蘇非派信徒，還有人說他崇拜印度教概念裡的無形神。有的關於他出生的故事說，他生於一個伊斯蘭教紡織工的家庭，有的人則說他是被伊斯蘭教徒收養的婆羅門，還有的說法稱他是達利特——到今日還被認為不可觸碰的一群人。學者也爭辯，一些在印度教中根深柢固的神秘傳統思想實際上在蘇非主義的教授中開枝散葉。

在鄉間有兩個傳統維繫了印度教和伊斯蘭教的和諧。十八世紀某個主要的蘇非神秘主義者總是會去參與印度教慶祝排燈節的慶典，觀賞描述黑天一生的表演，甚至看過羅摩神和他兄弟拉克希曼示現。今天，雖然政治人物幹了破壞和諧的事情，來到尼薩姆汀神廟的拜訪者還是會在伊斯蘭教徒的帽子間看到錫克教徒的頭巾，還有畫著紅色分髮線的印度教徒之妻，正在墓牆上綁絲線，相信這樣做可以得子。

哈珊．桑尼說尼薩姆汀神廟正在流失信徒給塔布利吉，因為伊斯蘭教徒覺得後者「懂得宗教」。塔布利吉教派當然有比較簡單的神旨，還有推展神旨的傳教士狂熱。他們外出宣道，可是精神導師卻等著信徒來找他們。塔布利吉教派和瓦哈比德運動相呼應，所以吸引了這些受過一點教育，但看不到晉身菁英機會的年輕人，他們藉由強調宗教認同來追求自尊。他們在尋找一個伊斯蘭教，可以對抗可能威脅到這種認同之事物——西方的物質主義、無神論、道德混亂、文化殖民主義等。這是對西方的刻板印象，但是西方對伊斯蘭教也有刻板印象。重要的是人們看到的事態不是真相，這又讓神廟多了一重困難。我們現在住在許多人看來是理性的世界，一個可能去了解和控制的世界，一個科學勝過超自然的世界，在這裡魔法和奇蹟都不可能，因為那違反科學所展現的秩序。韋伯（Weber）描述這個過程是「解除世界的魔咒」。所以對一個處理施咒、魔法、奇蹟的神廟來說，未來是什麼？

有一部分的答案就在施咒的重視。後現代主義除了是對過分絕決的理性主義的反叛之外，還是什麼？科學基本教義分子一直宣稱他們解決了上帝的問題，但是現在他們在智識上比起宗教的基本教義更值得敬重嗎？這又再度開放了一個空間，給上天的干預之可能性留了餘地。許多人當然一直都承認，而且還是承認，他們的生命裡有一片空虛，只有靈性才能夠填滿。魔法和奇蹟不過是允許魔法存在的世界裡，最為粗糙的表現方式。尼薩姆汀和其他次大陸上的蘇非神廟代表的是一個深奧的宗教傳統，埋骨其中的聖人們是心靈大師。常常看到的是，他們所教導的靈性被對他們的奉獻所取代。可是，就像其他宗教一樣，蘇非的光芒最後並沒有被撲滅，每個世代還是聖人輩出。

在二十世紀早期，在拉維．香卡席捲西方世界之前，音樂家依那亞特．汗（Inayat Khan）就在印度之外揚名立萬了。德布西㉓對其音樂印象之深，竟開始對拉格㉔發生興趣。俄羅斯作曲家斯克里亞賓㉕開始相信東方音樂對西方傳統造成許多影響。但是依那亞特．汗放棄將他的音樂帶到西方，卻以宗教取而代之。他說：「要侍奉真主，一個人必須犧牲最愛的東西，而我犧牲我的音樂，因對我來說最愛的東西……現在如果我要做任何事情，那會是撥動靈魂而非樂器，調和人群而非音符。」他使用了詩人魯米常常使用的隱喻法來描述自己：「我已經成為神的音樂家演奏的笛子，當他選擇，他會發出自己的樂音。」依那亞特．汗繼續創建世界蘇非運動（World Sufi Movement），該運動在西方產生相當深遠的影響。身為蘇非派信徒，他所傳授的是把信仰帶到現世生活的需要，而不是從中抽離，他說：「我可以想像，沒有比這個更崇高的任務：向西方教授哲學並學習其科學，向歐洲傳播生命的純淨，並取得他們更崇高的政治理想；向美洲諄諄教誨靈性，並取得他們企業家的經營智慧。」不過最後，依那亞特．汗安息在尼薩姆汀，對他來說，蘇非主義在他的祖國印度之中，全都是從那裡開始的。今天，在尼薩姆汀的神廟後方，你可以看到一座現代化的陵墓，是為了這位二十世紀的聖人所建，如果你在週五晚間造訪，你或許會看到某些法理德家族的成員在表演。

【注釋：】

❶蘇非派（Sufi）：伊斯蘭教教派之一，形成於八世紀的波斯，主張透過隱居、禁慾、沉思等方式達到人神合一的境界。

❷哈茲拉特．尼薩姆汀．奧利亞（Hazrat Nizammudin Auliya）：生於一二三八年，追隨者遍及各階層，中心思想是愛、寬容、服務人群。

❸ 塔布利吉運動（Tablighi）：該運動主張伊斯蘭教徒應以先知穆罕默德在第七世紀奉行的方式生活。

❹ 巴克提（bhakti）：以愛心侍奉上主之意。

❺ 瓦哈比德運動（Wahabite）：十八世紀的沙烏地阿拉伯知名宗教極端主義領袖穆罕默德・伊布恩・阿布杜・瓦哈伯（Mohammad Ibn Abdul Wahab）呼籲復興伊斯蘭教精神、道德潔淨、揚棄第七世紀以來所有伊斯蘭教改革的運動。

❻ 毛拉（maulana）：用於伊斯蘭宗教領袖、學者名字前的尊稱。

❼ 這三個團體都是激進的伊斯蘭基本教義組織。

❽ 遜奈（Sunna）：伊斯蘭教名詞。指傳統的社會習俗和法律，尤指穆斯林社團的社會習俗和法律。在伊斯蘭教內占多數的遜尼派（Sunnite）全名為遜奈和大眾派。由於教義、法律和政治方面的各派人物紛紛偽造聖訓，穆斯林學者乃開創聖訓學，驗證聖訓傳述世系的可靠性。

❾ 泰米爾納度邦（Tamil Nadu）：舊稱馬德拉斯邦。印度南部一邦，東、南臨孟加拉灣，南鄰斯里蘭卡，首府馬德拉斯。十至十三世紀時為注輦（Chola）王國領土。一六一一年英國在此營建貿易殖民地，到一八〇一年大部地區受英國管轄。一九五六年與一九六〇年重新劃定邁索爾邦邊界，一九六八年改名泰米爾納度邦。最南端為柯墨林角。

❿ mea culpa：拉丁文，意即英文的my fault。

⓫ 齊克爾（Zikr）：又拼為dhikr，伊斯蘭教蘇非派的祈禱，其主旨是頌揚真主，並求得靈性完美。齊克爾是蘇非派用以努力實現人主合一的途徑。

⓬ 沙賈汗王（Shah Jahan）：一五九二～一六六六，印度蒙兀兒帝國皇帝（一六二八～五八年），與建泰姬瑪哈陵和德里新城。

⓭精神導師（pir）：蘇非派用語，相當於印度教的guru（上師）。

⓮安立甘公教派牛津運動（Anglo-Catholic Oxford Mission）：Oxford Movement為一八三三年發起的英格蘭聖公會內部運動，旨在重振固有的教義與禮儀，並引導出安立甘公教派。

⓯學者（khwaja）：Khwaja為波斯文，意思是「顯貴」或「富有者」，也是伊斯蘭教對聖裔和學者的一種尊稱。

⓰英王愛德華八世和離過婚的美籍婦人辛普森夫人相戀，面臨江山或美人的抉擇。

⓱尼赫魯（Jawaharlal Nehru）：一八八九～一九六四，印度獨立後的第一任總理。一九一六年在印度國大黨年會上他第一次遇到甘地，甘地堅持反英鬥爭的行動很令他感動。一九一九年後他和國大黨的關係日益密切。一九二一年國大黨的領導人和工作人員在幾個省內被宣布為非法，尼赫魯第一次被捕入獄。此後的二十四年中，他曾八次被監禁，前後在獄中共九年。

⓲賈拉魯丁．魯米（Jalaluddin Rumi）：一二〇七～一二七三，最偉大的波斯伊斯蘭教蘇非派詩人。其父是一位著名的伊斯蘭教教義學家。約一二一八年時，因蒙古人日漸逼近，其父帶著全家去麥加朝聖，後浪跡中東，定居安納托利亞（今土耳其境內）。其主要著作兩行詩體的《瑪斯納維》（*Masnavi-ye Manavi*，《訓言詩》），約二萬六千個對句，這首長詩反映了十三世紀伊斯蘭教泛神論神秘主義者的各個層面，被稱為「波斯文古蘭經」。此外，他的許多詩集結為《沙姆斯詩集》（*Divan-e Shams*）；還有一本隨談錄，題為《其中者自在其中》（*Fihimafihi*），是朋友將其言論輯錄而成。

⓳安瑪麗．許美爾（Anne-Marie Schimmel）：一九二二年出生於德國，畢生奉獻給伊斯蘭文化研究。

⓴印度雞飯（chicken biryani）：Biryani是一種用米飯、馬鈴薯、番紅花、乳酪、肉或蔬菜作成的

印度菜飯。

㉑ 努斯拉特・法塔・阿里・汗（Nusrat Fateh Ali Khan）：一九四八～一九九七，被稱為伊斯蘭教歌壇中的帕華洛蒂。

㉒ 拉維・香卡（Ravi Shankar）：印度西塔琴（Sitar）大師，披頭四中的喬治・哈里遜曾拜其為師。

㉓ 德布西（Debussy）：Claude-Achille Debussy，一八六二～一九一八，法國印象派音樂大師，代表作為〈牧神的午後〉。

㉔ 拉格（raga）：印度音樂的音階。

㉕ 斯克里亞賓（A. Skriabin）：一八七二～一九一五，俄羅斯作曲家、鋼琴家，現代樂派的先鋒，其音樂以新穎的創作形式著稱。

7 農人的報償

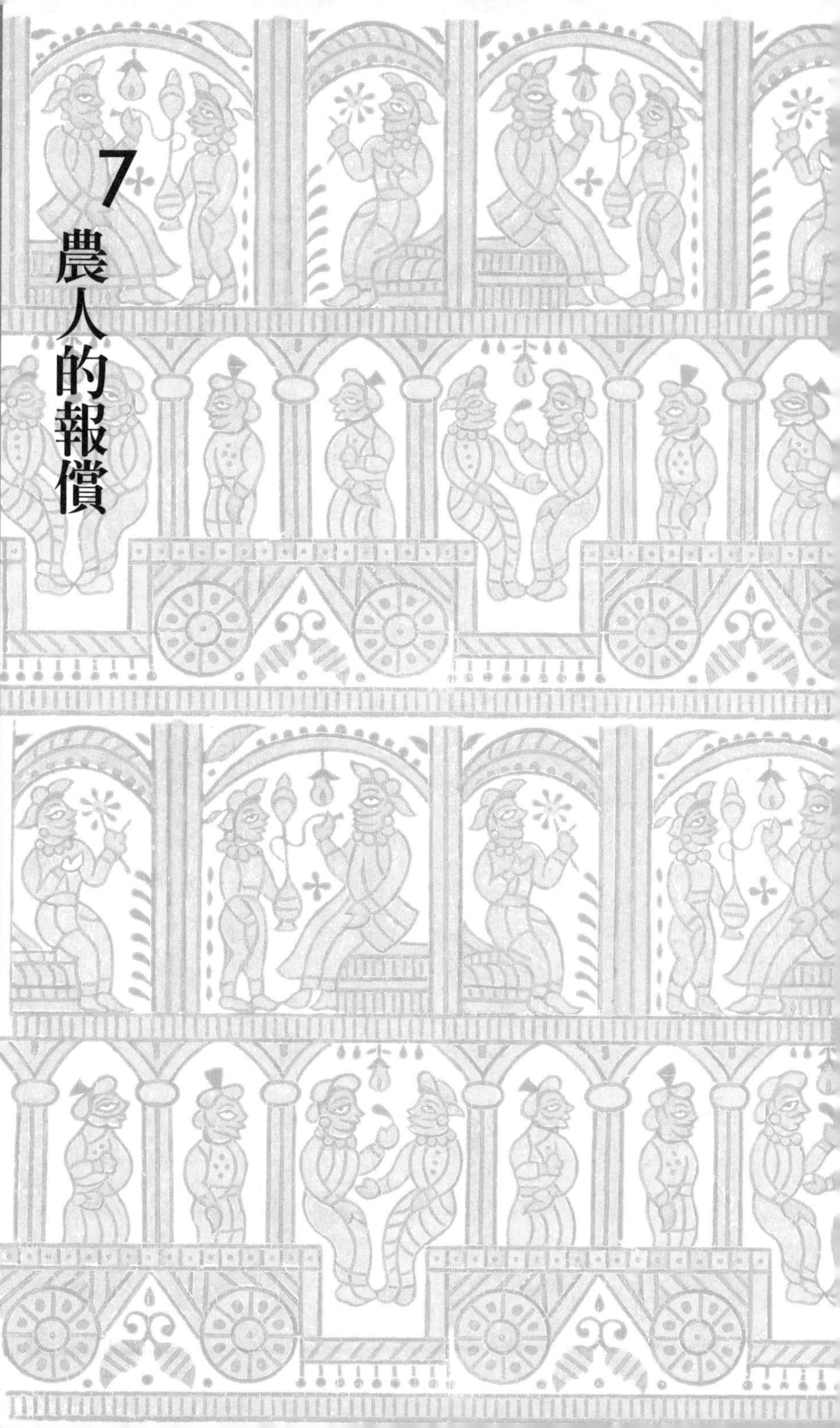

二〇〇一年二月四日晚上，在印度南部卡納塔克邦賈福爾（Javur）村，有個叫做寧格帕．巴沙帕．悉雷加納瓦爾的三十五歲農夫，告訴他的妻子他要去找村中的一個長者討論家裡的財務困難問題。他的妻子坐在他們所住的小木屋泥地上，什麼話也沒有說，只是一直給孩子餵母奶。尚未剝除外皮的金黃色玉米還堆疊在一個角落，一直提醒這對夫妻他們面臨的危機。

寧格帕來自村裡較為富有的家庭之一。他的父親有三十二畝地，可是在父親死後，家人四分五裂，三個兒子把土地給分了。寧格帕搬出了家裡的房子，過去七年都住在這個小木屋裡面。木造的支柱支撐著略微傾斜的瓦造屋頂，牆壁是波浪鐵皮做的，不足的部分寧格帕就用玉米的草莖來補。在兄弟分家的時候，他繼承了一部分的家庭債務，而穀物價格低落或收成不好，更將他進一步推入債主的手中。現在他簡直走投無路，因為他甚至賣不掉他的玉米。市場上一點需求都沒有，他也不相信政府會向他這麼小的農夫買東西。

村中長老的店鋪就在寧格帕分家之前所住的房子對面，是棟相當堅固的房子，用磚頭蓋成，外面還塗了厚厚的泥土來隔熱。雖然已經晚上九點了，這位長老馬哈巴勒希瓦爾．馬拉帕．德賽（Mahabaleshwar Mallappa Desai）的生意還是相當不錯，所以寧格帕在村裡的巷道上閒晃。十點回來的時候，他發現店裡還有客人，所以又繼續晃到店裡的人都走了，他才能坐下來和馬哈巴勒希瓦爾傾吐心聲。

「我們都在負債，到處都是農夫，」馬哈巴勒希瓦爾安慰他，「我欠的債比你還多呢。」

「但是我的債務只增無減，」寧格帕啜泣道：「現在連給我家人找個棲身之地我都不知道有什麼希望。我覺得好丟臉，像我這樣的生活，我在哪裡都不敢把臉露出來。我來自一個受敬重的家庭，可是我的妻兒委屈地住在一間小爛屋子裡。」

馬哈巴勒希瓦爾嘗試讓他平靜下來：「這是耐性的問題。這些事情都是循環的。我年紀比你大，我以前全都看過——兩三年很糟，然後一兩年不錯，但是我們永遠擺脫不了債務，放款的人也不想我們擺脫。我們活下來了，他們也是。」他往前傾，拍拍寧格帕的臉說：「沒事的，你要當個大男人呀。哭也幫不了你。」

可是這沒有安慰到寧格帕。他抽噎著說：「我活著沒意思呀。如果我自殺，我家人還會活得比較好，至少政府得賠償，家裡就會有點錢。」

馬哈巴勒希瓦爾沒有把他的威脅當一回事，認為現在沒有任何方法可以幫助寧格帕脫離目前的情緒，當寧格帕站起來往外面的黑暗中走去時，也沒有試著留下他。過了沒多久，他聽到有個年輕人在村裡奔跑大喊：「快來呀！有人想跳池塘自殺！」

整個村裡的人都趕到池塘邊，但是在黑暗中沒有人看得到寧格帕。有的人留守在池塘邊，其他人在附近的田野裡尋找，但是直到破曉之後，才有個男孩找到寧格帕上吊在一棵樹上自殺。吊死他的是一條棉布頭巾。

卡納塔克邦的農夫運動

寧格帕的自殺只是我們所聽到關於卡納塔克的幾個故事之一。而卡納塔克是印度最富饒、施政較好的幾個邦之一。例如在蘇塔加提（Sutagatti），一個距離該邦第二大城胡布理（Hubli）不遠的地方，有個年輕但負債沉重的農夫叫做伊拉亞・巴撒亞・穆卡西瓦亞納瓦爾（Iraya Basaya Mukhashivayyanavar），他也自殺了。我們被帶到他伯父的房子去。

我們發現有個他們家的女人坐在房子門廊下的平台，正在用篩搖動著麥粒。他們腳下灑了一堆羅望子的莢曬乾。羅望子莢裡面的黏漿是南印度烹飪的主要材料之一，且據說有醫療功效。我拿起一個莢吸吮裡面的黏漿。牆上畫著兩個人型，令我想起羅瑞❶，他們在赭黃色的背景前拿著濕婆的林伽❷。神像兩側有毒蛇，這是生殖和古老崇拜的象徵。有個藝術歷史學家曾經描述這種民俗畫乃是永恆的。這個圖是其中一名正在篩麥的女人畫的，她和我們的翻譯員之間的冗長討論，還是沒有搞清楚她是為了哪個慶典畫了這幅圖。

我們抵達的消息很快就到了家長巴撒亞（Bassaya）的耳中，穿著寬鬆上衣、纏著腰布的他很快地從巷弄中跑回來。他的前額畫著三條白線，表示他崇拜濕婆神，頭髮沒有梳，下巴上灰色的鬍子可能是沒有刮乾淨也可能是故意，而他上唇那海象般的鬍子一點也不細緻。他或許會被認為是個刻意不修邊幅的聖人，但他是個工作中的農夫。

巴撒亞帶我們穿過馬路，到他姪子，也就是自殺身亡的伊拉亞家，把我們介紹給他的家人。他的弟弟悶悶不樂地靠著幾袋穀粒，什麼話也沒說。他的媽媽和姐妹也不能溝通，所以只剩下伯父可以告訴我們事情的經過。

這又是另外一個關於分家的故事。三十二歲，身為家中較年幼兒子的伊拉亞只分到兩畝地。他種過馬鈴薯、棉花、玉米，但是在大雨中，有條小河氾濫淹沒了他的田，他的作物都毀了。他又嘗試種高粱，可是他又遇到豪雨，最後只收成到兩袋。「而且還有雜草問題，」伯父說：「還有一口井。他們運氣真差，因為其他農夫也去鑿井，所以地下水變少，他的井也乾了。」

「他有警告過說他想自殺嗎？」我問。

「沒有。他正在討論他自己和弟弟計畫中的婚禮，所以看起來他有打算要過普通的生活，接著有一天我們發現他在田邊自己蓋的棚子上吊自殺。」

在死掉的伊拉亞的身上找到一張負債的列表，包括村裡會計員的錢。那個會計員之前正在要求註冊伊拉亞所分到的土地移轉。

「會計員已經被停職，」巴撒亞說：「但是這現在有什麼用？這不會把我們的孩子帶回來。賠償金已經發放，但是也不會帶他回來。」

州政府給了十萬盧比，地方政府給了一萬，而正想奪回職位、唯一卡納塔克邦出身的前首相德維．果達（Deve Gowda）也給了一萬。

我們起身要離開的時候，我要我們的翻譯員告訴他們這個故事讓我們有多難過，並致上我們最深的同情。伊拉亞的家人只是雙手合十，甚至沒有說再見❸。他們也沒有打算要留下我們，用傳統招待客人的方式接待。但是巴撒亞堅持我們應該要回到他家，我們在那裡享用了香辣碎黃飯波哈（poha）和甜茶。

我們的翻譯員荷門特．庫瑪爾．潘洽爾（Hemant Kumar Panchal）不管到哪裡都圍著綠色印度棉披巾，這是八〇年代震撼卡納塔克的農民運動的象徵，可是他並非生來就是農夫。他是許多還準備為「良好生活」這個前景獻身的人之一，他們認為那是為了這個國家的使命。我在許多不同地方發現他們的身影，為了各種使命在奮鬥。我第一次遇到荷門特，是他到德里來討論再度發動農民運動，不過這次是在全印度。

荷門特的父親潘洽爾博士是個在作物生理學（crop physiology）方面聲譽卓著的教授，大部分的時間都花在離我們所去之地不遠的達爾瓦爾（Dharwar）的農業大學進行教學與研究。荷門特接受非常嚴格的教育。「我的母親是個紀律非常嚴明的人，」我們從蘇塔加提開車出發的路上他告訴我：「也是在家裡發號施令的人。我們有僕人，可是她要我自己洗衣服、清理自己的用品。」

這種嚴格相當見效，荷門特通過競爭極為激烈的考試，進入位於馬德拉斯的名校印度理工學院（Indian Institute of Technology）。一個在該校短期任教的德國教授曾經告訴我，他希望他老家的學生有印度理工學院的學生一半優秀就好了。

在印度，工科被認為是前途最好的職業，可是荷門特沒有被高薪和海外就業的機會所引誘。為了要服務農民，他放棄了大學。

他跟我說，他家人並不太能接受這件事情。「家裡又吵又鬧的。那時候很難跟我父母取得共識，不過現在我已經撐過來了。」

這種作善事的衝動從何而來？還在學校的時候，荷門特遇見和左派地下組織有關聯的年輕人。他們也想要荷門特加入，然後他承認「有點」受到極端主義者的吸引。但是他的結論是大部分屬於馬克思主義者的地下運動，「缺乏社會的根源和整體力量」。他覺得他們不屬於鄉村，而且鼓吹的是不適合印度的外來意識形態。他微笑著說：「我所有的朋友都笑我。他們說革命不是人民發動，而是激進主義分子搞的。但我還是搞不清楚他們除了反政府之外還想要什麼，而且我不知怎樣，就是覺得如果我想做些什麼事情，我就要靠近人民。」

閱讀是一件事，付諸實行又是另外一回事。當年僅十八歲的荷門特在北卡納塔克的偏遠地帶真的買了十畝地，到那裡去「成為村裡的一部分」的時候，他所有的朋友都認為村裡的生活對他來說太艱苦了，認為他兩個月就會回到邦加羅爾，可是他還是在那裡自己耕作。

等到他被那個村子接受，覺得成為自己家了以後，他加入了農民運動，很快就被視為領袖。他現在帶我們去那個村落，摩拉勃（Morab），他說那裡的農民特別活躍。他已經召開一個會議，所以我們可以親眼看到他們所面臨的問題。

摩拉勃顯然是個有影響力的村莊，雖然人口只有一萬人，但是在大廣場上有維杰亞銀行（Vijaya Bank）的分行，該行的布告板上宣稱該行是由印度政府全資擁有的。銀行對面是村務委員會的大樓，是一棟龐大的水泥方型建築。裡面大概有四十位農民等著跟我們見面，其中至少有兩個伊斯蘭教徒。我們坐在會議桌上給最重要的人坐的位子。在我的右邊是村務委員會的秘書，是政府官員，也是唯一沒有穿上傳統服裝的村中菁英。在他旁邊是村務委員會選出來的主席。我左手邊是區委會的成員，一個擁有五十畝地的農夫。牆上有板子寫著村務委員會成員的名字，其中有些人，包括村務委員會的副主席是婦女。當我問道為什麼沒有女性來開會的時候，得到的答案是她們在家裡忙，表示或許她們只是為了來湊足法律所規定的人數，真正的權力還是掌握在男人手中。有塊黑板上列出在村務委員會的指導下，正在進行的工作詳情——替二十二個達利特家庭鋪上堅固的地板代替泥地、排掉通過神廟的道路積水、學校的改善、獸醫院等等。

荷門特起立開始會議。他摸著自己稀少的鬍子，調整綠色披巾，他想了一下才開始解釋我們的任務。雖然體型不大，他還是要求農民們注意他。他誇大了我的重要性和影響力，害我很不好意思。「沒有政治家注意我們的問題，」他跟農民說：「官僚完全反對我們，所以得到媒體的幫助是很重要的。我們要告訴他們我們的問題。」

他開始農民會議的時候並沒有令人尷尬的沉默，他邀請農民訴說他們的問題。整張桌子周圍都發出聲音，告訴我們價格比生產成本還低、市場崩盤、政府什麼也沒做。大廳遠端有個農夫站起來吼叫：「我們在十月的時候玉米大豐收，可是六個月後我們還是沒找到賣得出去的市場。」

當我問到關於政府決定介入市場大批收購，希望能提高玉米價格一事，抗議之聲此起彼落。

「他們連收成的十分之一都沒有買下來。」

「你說的應該是二十分之一吧。」

「政府的採購一點也不科學，他們沒有成功提高市場價格。」

「以政府給的價格我們根本賺不到錢，現在的市場根本就是讓我們賠錢。」

「村裡的大農家會看到他們的收成被政府買走，可是如果你只有四千磅的收成，你還有什麼希望？」

荷門特試圖維持一點秩序，接著會議轉向暗中攻擊和我一起坐在上位的富農漢奇納爾（Hanchinal）先生。有人抱怨大農戶可以壟斷市場，並讓政府向他們優先採購。

「他們才不是真正的農人，」有個年輕人說，他皺巴巴的無領上衣和漢奇納爾的光鮮亮麗成了對比：「他們是農人兼商人。」

「你的意思是商人兼農人吧，」坐他旁邊的人插嘴說，用嚴厲的目光看著漢奇納爾，後者不耐煩地笑一下。他知道自己變成目標，可是沒有說什麼。

一個五官銳利，目光狡猾的年長男人一直急著想要說話，又再度舉起了手，而荷門特邀請他發言。他發表了一篇長篇大論的演說，內容翻來覆去就只是在說科學的定價。知道他是個律師兼農人，我一點也不覺得奇怪。最後他透露，科學的定價表示農民應該得到生產成本加上百分之二十五的收購價。

漢奇納爾先生第一次插嘴。「雖然我們需要保證價格，但是我們永遠都不會得到的。我們可以要求的是更大的市場，那就表示出口。政府一直到收成都給了商人之後才宣布進出口政策。出口應該沒有限制，可是當然進口應該有限制。我聽說世界銀行一直大力批評政府對出口的限制，而且他們宣布出口政策的施行辦法法實在太晚了。」

沒人告訴他世界銀行絕對不會贊成對進口設限，而辯論又回到政府的採購政策上。那個律師又加入戰局，抱怨他的玉米已經在採購中心囤積二十天。他每天都去那裡，為了照顧他的穀物，他得雇人全天候看守。

「他們遲遲不來收貨是因為他們在等著賄賂。」他說。

另外一個農人補充：「對，而且如果你賄賂他們，你也會早點拿到支票。」

接著荷門特提出信貸問題。幾乎沒有印度農民有足夠的現金來採購種子、肥料、其他所需物品。每到種植季節，他們得借貸。當甘地夫人在三十多年前將銀行國有化的時候，她提出的理由之一就是要給鄉村地方信貸，這樣農民就不會落入高利貸的深淵。維杰亞銀行在當地的分行應該就是要做這件事情。可是農民聯合起來譴責銀行體系。所有的人都抱怨申請貸款的程序累贅麻煩還耗費時間，等到時間都過了錢才到手。所以無視於甘地夫人的理想，即使地下錢莊收取每個月百分之四的利息，加上百分之一的額外費用，農民還是得跟他們借錢。一個農夫說在摩拉勃村，就有二十家私人放款者。另外有個人附在荷門特的耳邊輕聲說：「這裡就有一個，坐在你的客人旁邊。」

漢奇納爾沒有站起來反駁私人貸款的事情。

然後荷門特演說了一些時間，指出農民如果想要有效地表達他們的要求，團結是必須的。他安靜地說著，兩手在身前交疊。沒有修辭、沒有手勢、沒有任何演說家常用伎倆，但是他提醒聽眾，只有執政黨站不住腳，農民運動才會進入全盛期，而執政黨現在指派一名部長來參加邦議會選以挽回頹勢；他緊緊抓住了他們的注意力。不過演說之後，有個農民說：「運動仰賴的是我們示威遊行時警察對我們開火所激起的情緒。那種情緒化反應維持不了多久。」

不知道為什麼，這讓另外一位農民開始了喝酒的話題。「酒會讓事情複雜化，」他說：「窮困的農人會沉溺醉鄉。他們每天賺四十盧比，然後把這筆錢花在喝酒上，所以他們變得疲弱。較無力的農人因為壓力沉溺其中。」

就在那一刻，有個兩次被趕出大廳的醉酒農民又想三度闖關。會議暫停，漢奇納爾先生試圖阻止他的同事把喝醉酒的人抓住、整個人四腳朝天地抬起來，然後還掌摑他的頭讓他清醒。

現場印象

這個村好像被玉米所淹沒，一堆又一堆的金黃穀粒等著裝袋，玉米桿上像紙一樣薄的乾葉片被拋棄在每一條巷弄中。離開摩拉勃的時候，我們經過一個機械打穀機還在生產更多穀粒。每倒入一籃玉米桿，機器就發出喀擦喀擦的聲音。一排女孩一個接一個傳遞裝玉米的籃子，不讓機器停下來。完全沒參與這項工作的農夫是個傲慢安靜的男人，拒絕跟我們討論價格問題以及為什麼他的打穀作業延宕了這麼久。

我們開車回到村裡所謂的路上，其實不過就是條坑坑疤疤的運貨車道，經過數種不同的北卡納塔克生產的作物。荷門特評論說，惡劣的道路造成農夫運輸與交通工具損壞的支出增加，即使像牛車這種簡單的車輛也一樣。一隻白眼睛的鷲鳥猛然掠過高粱田上方；田裡的高粱因為接近收成，葉子都轉成褐色。已經收成的向日葵那悲涼的莖桿上還垂著幾片黑色的葉子。我們停下來摘取——我認為說偷可能更恰當——一些綠色的雞豆（chick pea），看著金黃色的紅花田，這是一種我想不起來曾經看過的作物。荷門特解釋說，這種作物只能在黎明採收，因為露水會軟化這種長滿刺的植物。這可能就是為什麼這種植物沒有如他所想的那般大為流行的原因之一，其實紅花很耐活，對於乾旱與害蟲的抵抗力高，而且可以生產很棒的食用油。

在我們到達柏油碎石路之前，遇到一個農夫願意跟我們討論玉米。他和他的妻兒正在田中央工作，沒有任何遮陽設備，忙著把玉米摘下來裝袋。我們帶著他們到羅望子樹下，討論他們收成的經濟價值。

荷門特邀請了一個年輕的農業經濟學家拉真達拉．波達（Rajendra Poddar）跟我們一起旅行。他穿著整潔的扣領式淺藍色襯衫和深藍色西褲，站在穿著染著汗漬、磨得爛爛的襯衫與腰布的農夫身邊望著遠處。農夫的兒子只穿著腰布，綁在膝蓋上方，還有一件背心。但是波達博士並非一個享慣了福的學者。他出身艱苦。父親是個幾乎不會讀寫的農夫，但是他有進取心成為該區第一個灌溉田地的人，從而改變了附近村落以前仰賴老天下雨的農業文化。

經過詳細詢問後，波達博士利用他經濟學者的技術和農夫的知識，寫出一張玉米田的資產負債表，說明包括每個月百分之五利息的作物貸款，支出為每英畝六千一百五十盧比，而穀物銷售的收入是三千九百六十盧比，所以每英畝虧損二千一百九十盧比。由於這個農夫耕種了八畝田，他的總虧損是一萬七千五百二十盧比。如果他去政府的收購中心，而不是以略低於公定價格的每袋一百盧比將收成賣給私人交易商，他的收入會高一點，可是這個農夫揉著有濃密灰髮的頭解釋說：「沒人管你是不是去找政府。至少跟私人交易商來往，我一次就拿到錢，而且還比較容易。我也不用搬運我的穀物到處去，他會來收。」

他兒子又補充：「這樣做可能也比較有賺頭，我們在等政府的錢下來期間，還是得付利息。」

「如果你們跟銀行借利息會比較少，」波達博士指出。

但是農夫也有他的答案。「我們辦不到。我們已經向印度國家銀行借了二萬三千盧比，這表示沒有其他的銀行會貸款給我們。」

所以如果你會虧損的話，耕種的意義在哪裡？對這個農夫來說，錢並不是全部。「擁有土地是一種特權，如果不去耕作很丟臉。我的老家分家的時候，我只分到二點三畝的土地，但為了務農為生，我又租借了將近六畝地。現在我又有小孩，我必須去其他地方工作賺取家用。」

「你是說當工人嗎？」波達博士問。

「對啊，有時候幫較大的農家工作，有時候找到什麼是什麼。」

「你怎麼能一直這樣下去？你在賠錢呢。」

「我有希望。過去兩年實在是很糟，明年價格或許會改善吧。」

「你的債務怎麼辦？」

「我會用這批收成的錢付給放款人，銀行可以等一等。大家都欠這裡銀行的錢，沒啥好丟臉的。如果他們要把我的地拿走，我們就走著瞧。對他們來說可不容易。」

雖然荷門特和波達博士覺得噁心，我們在北卡納塔克的第一晚住在其中一間現代化的印度旅館中，該旅館的管理層希望漂亮的公共廁所可以掩飾沖洗問題。荷門特幫我們訂了他父親任教之處與波達博士的母校——達爾瓦爾農業大學的客房，可是我們的房間被邦農業委員和他的隨從占走了。荷門特與波達博士決定今晚我們要準時抵達來保住房間。但是他們的決定又和荷門特把所有行程走完的決定衝突。我們冗長的討論已經導致無望完成行程，最後我們妥協，將拜訪荷門特自己村莊的計畫延後，可是抵達大學的時候還是早就過了日落。

隔天早上我們親眼去見證備受批評的採購安排，地點是卡納塔克邦倉儲企業（Karnataka State Warehousing Corporation）的阿瑪葛（Amargol）分處。

排著隊的卡車和拖拉機等著通過唯一的地磅，隊伍延伸過整個倉庫的長度，消失在倉庫的後面。外面的主要道路上還有更多隊伍。在倉庫辦公室的陽台上，農民摩肩擦踵地想把文件交給唯一一個禿頭壞脾氣的辦事員登記。為了某個巡佐也解釋不來的原因，農民還得去向警察登記他們的車輛。

一群急著要表達他們沮喪之意的人聚集在我們身邊。有的等了二十四小時去完成複雜的程序，包括排隊去把滿載貨物的車輛秤重、排隊去卸貨、最後去排隊讓空車秤重，而這些都已經是最後的步驟了。所有的農民都抱怨漫長的等待，有的長達兩個月花在當地採購中心，然後才獲准把玉米帶到這些倉庫來。

一個也是運輸者的年輕農夫聲音特別大。「他們應該幾個月前就開始在這裡採購了，」他堅持：「他們才開始採購，而他們的處理程序會讓大部分的穀粒品質降低。如果沒有妥善儲存，六個月後穀粒都完了。」

「你怎麼知道他們最近才開始採購？」我問。

他毫不猶豫地回答：「這些自殺報導。只有他們面臨危機，這些政治人物才開始擔心。」

吉莉把照相機對準他，可是他舉起手擋住臉。她說照片出現在電視上並無危險，可是並沒有說服這個人。

這些玉米對中央政府來說真是尷尬。他們已經有大批穀物存貨了。一個經濟學家最近計算過，如果把政府的印度食糧合作社（Food Corporation of India）儲存的穀袋排起來，長度可達一百萬哩。而印度有幾百萬兒童經年累月營養攝取不足，政府自己也承認，分配給需要補助食物者的小麥，有百分之三十六沒有送到他們手上，都被老鼠和蟲吃掉，或是落入私人交易商手中。

阿瑪葛倉庫已經堆滿，所以穀物現在都被放到原來是放製造機器的工廠處。該項業務應該是沒有成功，因為裡面沒有機器，而工廠很快就變成塞滿了玉米袋的大農舍。一個應該要把玉米分級的官員很快就在辦公桌前昏昏欲睡。一群苦力坐在地上吃午餐。另外一群則慢慢從一輛卡車上卸貨。有三個敞著胸膛，用頭上綁的棉布保護背部的男人，忙著把一個重達九十六公斤的袋子放到第四個苦力背上。他搖搖欲墜的通過穀物堆不平坦的地帶，把袋子丟下，用鐵鉤將袋子拖到正確的位置，讓人想起《岸上風雲》（*On the Waterfront*）④一書中的碼頭工人。鉤子拉破袋子，穀粒滾出來。顯然，與良好庫存管理的指導原則相反，最先儲存的穀粒在山的最下面，將會是最後離開倉庫的一批。但食糧合作社根本懶得去考慮這件事情，因為其成本由政府補助，也沒有競爭。

我們發現銀行體系在老舊和無效率方面亦不遑多讓：農民對於信貸的報怨，就和對於我們在阿瑪葛所見的採購體系的批評一樣公正。荷門特和波達博士帶我們去見那瓦根德（Navalgund）馬拉普拉巴鄉村銀行（Malaprabha Grameen Bank）的經理。那瓦根德就是在荷門特扮演了重要角色的農民運動高峰中，警察向人群開火的城鎮。

這個分行位於一棟小房子一樓的狹窄房間。進去以後，裡面擠滿了辦事員、櫃檯、還有給農民坐著等待搞清楚複雜的事務程序的板凳。經理並沒有自己的辦公室，就坐在門口。他的背後就是保險箱。辦公桌上的木製名牌說明經理是「巴拉瓦德（K. G. Ballarwad），理科學士、法科學士」。一個矮小、在二十年銀行沉悶工作下變得灰沉沉的男人，我相信他一定會遵守不可以和媒體交談的規定。但並非如此，他非常有禮貌，而且願意溝通。

他同意拿到貸款的程序有點複雜，而且可能嚇跑潛在貸款者，特別是如果他們沒有受過良好教育。他扳著手指，一一數著貸款者會遇到的障礙。

「在他可以開口要求貸款之前，他必須拿出：一，土地紀錄、二，權利紀錄、三，沒有欠政府錢的證明、四，所有土地稅已付的證明、五，其他銀行所開具的無欠款證明、六，地價證明、七，沒有欠農會錢的證明，如果他未成年，要有法院許可。」

「他要怎麼證明沒有欠其他銀行錢？」我問。

「他要去每一家銀行拿證明。」

「有幾家銀行？」

「七家商業銀行和兩家企業銀行。」

「全部有九家，」我驚訝地說：「他得去九家不同的銀行。」

「是的，我想是九家，即使做了這麼多防護策施，我們回收貸款的比率還是只有百分之五十五。」

「百分之五十五？你是說接近一半的貸款有去無回？」

「如果你要這樣說，沒錯。情況還可以更糟，我們得把分行從另外一個村莊搬到那瓦根德，是因為那邊的拖欠率是百分之八十五至九十五。」

一個辦事員把一大本東西推到經理前面——支票、帳單、應收匯票的登記本。他在本子裡面簽名，打開墨盒，在裡面附上的支票上蓋章，解釋說他必須要在所有交易上簽名，意思就是他每天要簽名一千次。

「但是你們沒有其他的主管級職員嗎？」

「有，」他回答，「我有兩個上級主管，但是根據銀行規定，他們不能管貸款的事情。」

巴拉瓦德先生不是不要臉或沒心肝的官僚。他發現銀行體系的繁複把農民推進私人放款者的手裡。「在我們的地區，我們嘗試去遏阻私人放款，可是農民習慣跟私人放款者借貸。他們的銀行貸款過期了，就會去跟私人放款者借錢來還銀行。」

波達博士引述一位不具名的英國作家曾寫過的話：「印度農民生在債務之中，活在債務之中，死在債務之中。」

「然後重生在債務之中。」荷門特補充道。

農業專家的看法

我們要求荷門特把我們介紹給農業大學裡的一兩個老師，可是在我們回達爾瓦爾的路上，我聽到他跟我說，副校長會集合所有教授跟我們見面時，嚇了一跳。沒有辦法擺脫這個聚會，所以隔天早上我們從客房走過林木森森的小丘，腳下是實驗作物的整齊農田，一直走到統領校園的行政大樓。這座印度—帕拉底奧式❺的建築物有個圓頂，給人的印象是做經典研究之處多於新農業大學的總部。我們走上樓梯，進入一個大房間，裡面大概有六十個學著坐在一個馬蹄形的桌旁等著聽我演講。我抗議說，我只是個文學學士，沒有針對任何題目做研究的背景，我沒有權利在學者的集會上演說。我想要跟他們學習，不是對他們演說。但是我的確簡短地描述了我們從農民那裡聽到的抱怨，並詢問他們對於卡納塔克農業問題的看法。

似乎全體都同意農業研究都集中在生產上，但是忽略了「收成後」的問題。一個植物病理學者首先發難，他說：「我們忘了市場。現在赤裸裸的現實正直視著我們，農民來跟我們說：『你說的我們都照辦，努力去生產作物——現在告訴我們把收成賣到哪裡。』我們才剛剛受到這苦澀的教訓。」

但是根據一位農業行銷專家的說法，忽略顯而易見的事實是農民的錯。「所有的市場都有其吸納的程度，」他說：「農民忽略了消費者那一環。我有種子所以我就播種，有資源所以就培育，有個農夫這樣說，可是沒有市場，根本就不應該去種。」

有幾個學者指出，如果有更多錢投資在糧食儲存設備和食物處理工廠上面，應該會有更大的市場，有的人將此歸咎於政府。其他人批評政府缺乏作物宏觀調控。但是那個行銷專家插嘴說，農民和學者一樣，都太依賴政府，應該要多靠自己。他被一個同事打斷說：「不，政府應該大動作參與來協助農業。」

當荷門特建議需要的是一個「不是資本主義也不是社會主義的模式」時，我說：「那就是我們在尋找的聖杯。」

最後，副校長雖然沒有排除私人資本和動機的角色，可是將大部分的責任怪罪於政府，說：「他們完全站在消費者那邊，他們要的只是便宜的食物。每個印度公務員應該要留在村裡，和農民一起工作一年，問題就會解決了。只要有個印度公務員顯示出他可以經營一小塊農地，他就應該在政府裡面擔任要職。」

資深者在印度仍舊受到敬重，而且也常常聽到「長官」（sir）這個詞，雖然波達博士較為年輕，在學術層級上也較為資淺，但是他並沒有被副校長嚇到。

「我們面臨的是本土化的生產過剩，」他好像在宣布最後判決：「從六〇年代開始，我們的主要重心就放在生產上，但是到了八〇年代，我們出現供需管理問題，而我們應該集中在這個上面。」

大學的會議之後，我們離開去履行對荷門特村莊的承諾。在路上我問波達博士，在一個政府承認有三分之一的人食物不足的國家，怎麼會有過剩的問題。他相信，基礎建設是問題的一部分——道路興建與維修、電力供應、儲存方面沒有足夠的有效投資。生產沒有辦法從過剩的市場移動到短缺的市場。政府限制各邦之間的流通使問題更為嚴重。採購的歷史也不怎麼愉快。在過剩的情況下並沒有合理價格的保證，許多食物在儲存的時候壞掉，有進入公共配輸體系的食物也沒有送到需要的人手中，主要原因是政府體系有兩個免不了的缺失：貪污和沒效率。但是波達博士不想描繪出一個「完全負面的景象」。

「消息不完全是壞的，」他向我們保證：「印度農業科學家已經做出極大的貢獻。例如DCH 32號棉花就是一項偉大的革新。農夫也表現出有很大的意願嘗試新品種的種子與新的方法。這就是為什麼我們面臨現在的問題。可是政府應該要更早就看到生產的問題。政府對工業有計畫，對農業卻沒有。雖然有這麼多人靠農業維生，農業還是嚴重缺乏資金。即使現在有了世界銀行和國際貨幣基金會（IMF）支持的整體經濟改革，但重心還是放在工業與商業，不是農業上面。」

現實問題

雖然卡納塔克被認為是印度最為現代化的行政區之一，原始的農業方法還是存在。我們看到一個農夫駕著兩架牛車，拖著一個石頭滾輪不停繞圈來打穀。但是令波達博士特別感到沮喪的是那些用往來車輛來打穀的農夫。他們把收成的雞豆亂灑在路上，車子壓過去就會把雞豆從豆莢裡面壓出來。

「這除了是懶惰的務農方法，在高速公路上這麼做更是危險。」他抱怨道：「看那些蹲在路上掃豆子的人，其中哪一個說不定就會被車子輾過去。」我們的司機對於一再要為路上鋪的厚厚的豆莖踩煞車也見怪不怪了。

前往荷門特買了地並學習當農夫的村莊貝爾瓦塔吉（Belvatagi）的路上有些碎石。在村落的外圍，荷門特指著一批新種的棕櫚和果樹，在這傳統屬於耕地的區域來說相當罕見。

「如果傳統作物不可行，那就是我們現在應該做的事情。」荷門特說：「讓農夫到田裡接受挑戰，好過等人來保護。」

荷門特自己也是個耕作者。站在他所種的六畝高粱之間，他摘下一株頭部已經轉白的高粱，拔一顆種子嚼起來。「還沒有很成熟，」他宣布：「如果我去輾它，你會聽到碎裂的聲音。」去年他的高粱賣到每一百磅六百五十盧比，今年的價格只有四百盧比。

他指向一棵山米樹（Shami tree）解釋道：「那就是村民考驗我的時候我繞著跑的樹。他們說，如果你是個農夫，就舉起一袋穀子放回拖拉機的拖車上。我從拖車舉起穀袋，跑到那棵樹再繞回去，然後把穀袋丟回拖車，只是為了要證明我再適合當農夫不過了。之後這個村就接受了我。」

荷門特也進行了自給自足的實驗。他留在自己的小屋裡面，種植自己需要的作物。「我沒有崩潰，」他告訴我們：「而且我發現我每個月只需要一百盧比現金當作購物之用。」

當我們到了村裡，我們停在一棟膽綠色的水泥建築物前，那是村裡的大會堂兼廟宇。門廊的波浪鐵皮屋頂由木柱支撐，其中有一根上面裝著紅色信箱，增加了實用性。在大廳後面，穿過整個建築物的橫面，是一個美術陳列室，裡面掛著色彩繽紛、小心裱框的日曆藝術。大部分的主要神祇和當地聖人都在上面，包括阿卡·馬哈德薇（Akka Mahadevi）。她是個革命性的詩人，也是中世紀的聖人，為了挑戰社會，她甚至連服裝都拋棄。她向來被描繪成只以長髮蔽體，站在她所深愛的神祇濕婆神的忠實僕人聖牛南迪前面。她身旁的是獨立運動的英雄們。在下面，位於大廳非常後面的地方，有個濕婆神的大鬍子兒子維爾巴德拉（Veerbhadra）的黑色石像，還有濕婆神自己的五根林伽。

村民又一次被召集來跟我們見面。好險他們之中有兩個在卡納塔克以外的地方工作過，會說印地語，所以翻譯就不用那麼麻煩。威拉斯·庫爾卡爾尼（Vilas Kulkarni）染黑的頭髮和下巴上灰白的鬚根毫不相配。他在孟買的工廠工作，回到村裡來是因為沒人要耕種家裡的六十四畝田。他支持副校長對商業的批評。「拿著我們現在分配到的壞種子，棉花的產量從每公頃兩千四百磅跌到不到一磅。」他抱怨：「至於我們買的殺蟲劑，一點效用都沒有。」

還有對於灌溉部門的共同不滿。

「我們是末端用戶，所以除非所有在水渠上游的村民把自己的份拿足了，我們是沒有水的，可是到那時已經太晚了。」一個農夫抗議道。

另外一個為水渠漏水和缺乏維修的問題搖頭嘆氣。

第三個說：「如果我們向灌溉部門投訴水渠的狀況，他們叫我們走開，自己又什麼事都不做。」

我問農人對於我們所看到的新植經濟作物，還有荷門特認為未來可能繫於那種方式上的看法。

這招來第二個會說印地話的人，馬哈魯德拉帕．威拉帕．庫魯維納謝提（Maharudrappa Virappa Kuruvinasheti）的嘲笑。他回答：「等到種樹的農夫每年底要算總帳的時候，他得賣掉四畝地。如果我們照他的做法，兩年內我們都會去自殺。」

馬哈魯德拉帕為政府推廣製造與行銷手織布和其他傳統村落產品的委員會工作，但是他受夠了在各個區域間轉來轉去，所以就回到自己的村裡。他寬鬆的白襯衫和條紋闊腳褲並沒有讓人認為他是個闊佬，不過至少，有了他在政府工作時所存下的錢，他可以開一家店來彌補農耕的收入。免不了的咖哩，他又堅持我們要去他那裡休息。

在咖啡廳的昏暗中，茶壺看起來像著了火，煤油爐上的火焰是如此之高。當我們喝著甜奶茶，吃著新鮮、熱騰騰的咖哩餃，我們討論到摔角運動的命運。村裡有兩個傳統的摔角場，有泥地健身房和球棒式的印度健身器材，但是現在的年輕人寧願打板球。我們被介紹給一個從喀什米爾放假回來的士兵，在那裡他負責開貨車。他很肯定地說現在要付五萬盧比的賄賂才會被軍隊錄取。我們也試圖討論荷門特在農民運動裡扮演的角色，可是他不願意，說：「我大部分的時間都不在，有個最近過世的年長合夥人會處理事務。她是我的主要支柱，警察和官員來的時候會去處理，她也會阻止他們拍賣債務人的土地。」

不過農民們還是一致認為荷門特做了「了不起的犧牲」。

在北卡納塔克，我們看到糧農的苦況，但是當我們開車上了國道前往邦加羅爾的時候，荷門特保證會讓我們去其他村莊，那裡種蔬菜的農夫也面臨一樣嚴重的困難。我們經過奇塔杜爾佳（Chitradurga）的花崗岩山丘時，看到十七世紀碉堡的曲折外牆，然後到了塔姆庫（Tumkur），那裡有一堆車停在完美蒸糕之家（Perfect Iddly House），品嘗試他們用香蕉葉裝盛的蒸糕。國道上往來的人似乎都在這麼做的時候，我們也決定停下來吃片蒸糕、喝杯咖啡，然後轉到一條較小的路上去，前往比達爾瓦爾四周更為蒼鬱濃綠的鄉間。最後我們也離開了那條路，轉到一條村道上，村道會經過一個長滿紫色布袋蓮的池塘，還有低矮的古廟、高聳的菩提樹，直到我們抵達蘇爾德南普拉（Surdhenapura）村的中心。我們停在一棟普通的平房前，那是最近自殺的菜農阿許瓦特納拉亞納・阿恰立（Ashwathnarayana Achari）的家。

阿許瓦特納拉亞納留下妻子和兩個分別為十八歲和十五歲的兒子，兒子們的頭髮因為葬禮而剃光後，才剛剛新長出來。他們給我們看一張裝在相框裡的照片，是他們父親年輕的時候——熱切、游疑、眼睛盯著照相機。在相框裡，這家人貼了象徵濕婆神信徒的三條白線在父親的頭上，雙眉之間也點了紅點。大兒子才剛開始和父親一起工作，但是當我問到他是否覺得自己可以接手整個農田並養家的時候，他很不確定。

「如果我爸都辦不到，我怎麼能說我可以？」他囁嚅著說。

前一天他扛著二十公斤的番茄到市場去，才賣了十四盧比。來回的交通又花了他十盧比。

男孩們不是很健談。受到父親身亡的震驚，又被他們所受到的關切嚇到，他們把發言權交給住在隔壁的父親姪女普許帕瓦提（Pushpavati）。

「我叔叔剛收到電費帳單，還為了肥料與殺蟲劑、工人薪水、種子與家用等欠債，向大盤商和親戚朋友借貸。他已經把牛車和牛賣掉，可是還不夠償債。如果市場對我們公平一點，事情不會變得這麼糟，但是跟我們買蔬菜的委員會代表壟斷價格，而且他們從我們這裡扣錢，這是不合法的。

政府禁止這麼做。」

一如往常，其他村民都聚集在我們身邊，有個年長的老人打斷普許帕瓦提的話說：「他是個自尊自重的人，不願意食言而肥。」

她調整一下身上的藍色紗麗，很不耐煩地同意：「對，他可能是因為自重的原因才這麼做，但如果我們都自殺了，我們的孩子要怎麼辦？」

那個村民不理她，繼續說：「他很認真工作，雖然收成不錯，但他還是不能收支平衡。他等了兩年讓情況改善，價格上漲。可是沒人想到他會這麼做。他是個虔誠的人，有草藥的知識，和全村的人都很親近，以前還會自掏腰包給人免費的藥。」

普許帕瓦提雖然是村裡的年輕太太之一，但是並不畏懼挑戰村裡的長者：「沒錯，他的確很看重村裡的評價，但是他不需要做到這個地步。他常常討論他的債務，但是他的家人和朋友都向他保證這不是問題，因為我們每個人都在負債。」

接著普許帕瓦提走進房間，然後拿著一疊紙出來。

「看這些……我的公公跟企業銀行（Corporate Bank）抵押了兩畝地。這裡是電費帳單，但是不像我叔叔，我不擔心這件事情，因為我不付錢也不會怎麼樣。然後這是我們的珠寶，看這個。」

那是一張來自邦加羅爾某家當舖的當票，那家當舖以六百盧比作為金戒指的典當價格。利息是百分之二十一，而戒指要是在一年之內沒有贖回，就會被賣掉。還有另外一張金耳環和金鍊子的收據，他們向不同的當舖典當得了六千八百盧比，不過所有的條件都一樣。

典當家族珠寶看來幾乎是榮譽的臂章。站在我們周圍的人急著給我們看他們放在襯衫口袋裡的當票。整個村莊似乎都被當掉了，而這裡距離印度第五大城邦加羅爾才二十多哩，而且邦加羅爾還因為印度目前最成功的產業——資訊科技業——而特別繁榮。

咫尺之遙天壤之別

當我們繼續開車往邦加羅爾前進時，我們看到該城的豐饒幾乎就要蔓延到普許帕瓦提的家門口。剛開出去就看到兩個「城外發展」計畫。那是兩個坐落在花園裡的公寓區，顯然絕對不會缺水。一個叫做加州，另外一個叫做蒙地卡羅（Monte Carlo），而它們距離蘇爾德南普拉那麼確實就像遙遠。

我們進入邦加羅爾的時候，荷門特指著一個湖說：「這個城市原來有三百座湖，但是有一半現在都消失了。那些湖變成住宅，被稱之為發展。」

當我在六〇年代首次造訪邦加羅爾的時候，那是個花園城市。這裡的公園、市中心的森林、湖泊、籠罩著雨樹綠蔭的道路、海拔九百公尺的高度及相配的氣候，這個城市現在變成自然資產的受害者。孟買和馬德拉斯在英國統治期間都遠超過這裡，但是獨立之後，許多生意人和工業家從那些擁擠混亂的城市搬到充滿綠意、涼爽的邦加羅爾。在二十世紀初，印度科學院（Indian Institute Of Science）在此創建，獨立之前又建立了拉曼研究所（Raman Research Institute）。這兩個機構讓邦加羅爾贏得卓越科學之都的美名，吸引了國家性的高科技工業如印度航太公司（Hindustan Aeronautics）與其他私人企業。接著是資訊科技熱潮。除了獨立後時代的這些發壓力之外，邦加羅爾又變成印度最大最先進的邦之一的首府。結果就像馬雅．賈亞帕❻在撰寫這個城市歷史的有趣文章所言：「邦加羅爾市民曾一度以花園城市為傲，可是現在有明顯的理由不再使用這個詞了。他們對未來的希望，曾經被該城登上國家甚至國際舞台的準備所點燃，可是此刻這希望至少已經被他們數不清的痛苦所毀滅，包括環境污染、雜亂的擴張、失序的規劃等等。」

對普通的拜訪者來說，幾乎看不到規劃的證據。一位十九世紀邦加羅爾總督的夫人抱怨過，扛著她在城裡到處走的轎子每走幾百碼就要停下來換手。目前我們周圍的交通平均速度大概不會比包瑞恩夫人（Lady Bowring）的轎子快到哪裡去，而且我們停停走走的時間比換轎夫所需的時間還更長。在一次堵車的時候，我注意到國營印度銀行某分行的告示板。上面廣告著：「電腦化的電子銀行」——我想是來自那瓦根德小鎮銀行裡，一天要簽名上千次的巴拉瓦德先生的遙遠呼喚。

從另一方面看來，邦加羅爾確有其現代性，是在卡納塔克鄉下絕對看不到的景觀。穿著腰布的聖雄甘地❼看到街邊以他的名字命名的店舖會嚇到，裡面都是來自西方的最新名牌服飾。小酒館會更讓他震驚。邦加羅爾是印度第一個開始發展其稱之為「小酒館文化」的城市。在一家拿倫敦地下鐵標誌作為商標、名叫「地下鐵」的店裡，在吧台兩端分別是播放音樂頻道和新聞頻道的電視螢幕。噪音讓談話變得就算不是不可能，也非常困難，而有跟沒有一樣的燈光，讓各種甘地會譴責的熱情動作百出。裡面實在是暗到看不到這些發生在隱蔽角落的動作有沒有被人探頭探腦地偷窺，可是雞尾酒的名字讓經營者難以去阻止他們。在地下鐵的特選酒單上，飲料包括「海灘上的性」、「絲質內褲」、「褲子裡的螞蟻」，以及沒那麼聳動的包括「吹喇叭」、「滑溜溜乳頭」、「處女之吻」等等。

在英國統治期間，邦加羅爾由於有軍隊駐紮，是個非常英國化的城市，或許其獨特之處就是身為一個城市，又是印度最為西化的城市，該城現在並沒有嘗試抹掉英國的過去，把殖民地統治者的所有痕跡通通消除。英皇喬治五世（George V）從德里的印度之門上面被拉下來，據我所知，在那裡沒有任何一座英國統治者、官員、行政官的雕像還留在顯眼的位置。在邦加羅爾，第一任總督馬克・庫朋爵士（Sir Mark Cubbon）還安坐在馬上，中央公園仍舊以他命名。維多利亞女王和其子愛德華七世的雕像也都安然無恙。雖然維多利亞之子並不以虔誠聞名，不過據說雕刻家還是把雕像的鼻子對準聖三一教堂聖壇上十字架的方向。儘管邱吉爾用貶損的話形容印度人，到最後都反對印度獨立，可是邦加羅爾人還是以邱吉爾在此當過陸軍中尉為傲，而且會很開心地告訴你他還欠他的俱樂部十三盧比。邦加羅爾有十八個市民發起法律行動，以保護英式的紅石高等法院建築物不會以「進步」的名義被拆除，幾年之後，當法官需要更大的空間，擴建的部分也還是採取希臘羅馬式的建築。

不過在印度，有了一個行動之後，隨之而來的就是反對它的行動，有如白天之後是黑夜一樣，所以邦加羅爾也是印度第一個出現攻擊肯德基炸雞來抵制現代西方主義的城市並不足為奇。雖然邦加羅爾人拯救了高等法院，在它的對面有一棟自印度獨立以來鮮少興建的大型公共建築。卡納塔克的邦議會是個龐大的灰石建築，其建築融合了四種印度風格。中央門廊支撐著一個樹立了國家象徵——阿育王之獅的圓頂。門廊兩側是兩條長翼，搭配層層疊疊的前陽台拱門線條，兩端各有較小的圓頂。門廊之上寫著「政府的工作就是神的工作」，可能有人要加上一句：「如果是這樣，但願神幫助神。」但或許這有點不太公平，因為卡納塔克的施政效率比許多邦都好。

我擔任英國國家廣播公司的印度採訪主任時，駐邦加羅爾特派員是哈比比·貝瑞（Habib Beary），他現在仍舊擔任該職。就是他帶我們去邦政府大廈和農業廳長見面。在壯觀的外表下，這棟建築物繞著花園興建了無數的房間。不過哈比比知道路，帶我們避過堪稱現代印度之害的安全檢查。

廳長賈亞強德拉（T. B. Jayachandra）嚇了一跳：「他們沒帶照相機嗎？」他用卡納塔克語問哈比比。

「沒有，他們寫書，不需要用到照相機。」

廳長的失望平復後，聽完我們解釋此行的目的，他說：「自殺變成免不了的事情。生產量史無前例地多，而且是全印度的現象，所以價格大跌，農民面對很多問題。」

當然廳長會將此危機歸咎於中央政府，因為桑妮亞·甘地的國大黨是卡納塔克的執政黨，德里的中央政府則是印度國家主義派的印度民族黨。「他們一定要發出口許可，」他堅持：「洋蔥價格上漲，而印度民族黨因為這件事情輸掉德里那個邦的議會選舉，所以現在他們禁止所有農產品出口。他們沒有政策可言。現在玉米這件事情，他們受到北印度牛隻和家禽飼料生產商的壓力，而生產商當然是希望價格低廉。」

他對於用收購來解決農民問題的做法不表樂觀，因為他不認為政府能夠買下十分之一以上的玉米，而且到目前為止所做的努力對市場更是沒有幫助。他對於食物處理業能夠提供市場的說法也不樂觀，即使是國大黨籍前總理拉吉夫·甘地在十多年以前設立食物處理部來發展該項產業。他貶抑該部的工作稱：「企業家不感興趣。他們說這是季節性的工作，但是我們有十種不同的農業氣候區，可以全年生產世界上各種作物。」

廳長大概在前中年期，很難說，他打扮光鮮亮麗、頭髮和鬍子黑得完美無瑕。他的微笑很自制，好像完全笑開來會暴露什麼一樣，不過他說話還頗自在，而且善於掌握他的信念，不是所有的高級主管都這樣。自己也身為農夫，他特別關心世界貿易組織（WTO）要求印度接受農產品進口的條款。他自己有個種檳榔的農園，而即使這項印度主要商品的價格也崩跌。和我們說過話的農夫將檳榔子價格下挫歸罪於最近古加拉特邦❽的地震。顯然古加拉特是檳榔的大市場。但是賈亞強德拉廳長則是怪罪WTO，認為檳榔從印尼和菲律賓以乾果名義進口。他指控中央政府讓印度成為「發展中國家被指定條款的犧牲品」。

我指出簽訂WTO協議的時候，印度政府還在國大黨手裡，但是他回答：「我們沒有像WTO所允許那般收取關稅。政府更關心消費者，所以使用進口來壓低價格。我們需要評估之後才進口，可是現在他們在沒有評估需求的狀況下進口。身為邦政府，我們只會監測生產。印度政府藉由發出進出口執照來控制價格。」

就像世界上各地政治一樣，自殺不是長官的錯。總是有別人可以怪罪。

在邦加羅爾的最後一晚，我們和荷門特於早上六點，車輛不多的時間開車出門，去看看蔬菜市場的狀況。無精打采的農夫坐在他們的產品旁邊，帶著一絲希望甚或絕望的心情等大盤經紀來跟他們標購蔬菜。有豆子、青椒、肥肥的紅辣椒、番茄、胡蘿蔔、黃瓜、看起來比北方種更細長的秋葵。大部分的蔬菜都是露天展售的，因為有遮蔭的地方根本不敷需要。那裡沒有攤子，儲藏設備也有限。堆著高高的蔬菜的拖車和貨車正由苦力卸貨。他們不是背著袋子，就是頭上頂著籃子，在蔬菜堆、買賣的人群間穿梭，還得注意不要踩到地上白花椰菜的葉子滑倒，或是絆到被葉子蓋住的柏油路上面的坑洞。小零售商盤腿坐在他們庫存前的地上。他們的客戶之間有兩個勇敢的修女在為修會採購蔬菜。但是主要的交易還是由站在欲出售的蔬菜袋上的拍賣員和大盤商進行。整個市場都可以聽到類似的模式：「十盧比、十盧比、十盧比、十一、十一、十二、十二、十二、十二，以十二賣出。」站在拍賣員旁邊的辦事員寫下買賣雙方的交易要項。讓我想到賽馬場的記分員。

雖然農夫對這些經紀人沒有信心，他們還是傾向每次都回去找同一個人。來自於拉摩父子（B. M. Raman and Sons）公司的拍賣員在俗麗的襯衫前掛著一個雷克辛（Rexine）牌的人造皮革袋子，用來裝他的收入。他告訴我，最小袋的番茄是每袋十五盧比，中型的二十，大型的二十五。昨天之前價格更差。目前看到最好的價格是二十，因為流入市場的產量實在太多了。

我不能了解拍賣的意義在哪，因為似乎全市場的價格都一樣，但是經紀人向我保證，價格是根據供應和需求決定的，而拍賣是最有效運用這條公式的辦法。當我跟他說村民對經紀的看法，他笑起來：「喔，他們總是說我們壟斷價格，可是又一直回來找我們。如果我們這麼差勁，他們怎麼不要去政府經營的市場？」

「因為他們沒有地方裝那麼多啊，」荷門特插嘴道：「而且那裡都是官僚作風，可是通常他們給的價格比較好，至少還秤過產品。這裡沒人知道袋子裡面到底有多少，只能用猜的。」

「向農民收的所謂非法佣金是怎樣？」我問。

「那是一種傳統，如果政府說不應該繼續下去，就讓政府來阻絕，」拍賣員說，變得不耐煩，想要開始早上的生意。

市場是標準印度風格。沒有管理、不現代，能夠運作下去是因為每個人都知道自己的角色，不用催促就扮演起來，也讓其他人各司其職。但是印度系統的效率並不高，邦加羅爾市場絕對看起來不像是準備要在全球市場推出卡納塔克蔬菜的樣子。

雖然農夫對於自己收成賣出的價格感到憤怒，但是目前卡納塔克還沒出現有組織的抗議。不過這個邦在八〇年代是農民運動中心，那是一個有超過一百位農民遭到警方槍擊的運動、是一個讓卡納塔克政府垮台的運動、是一個癱瘓行政的運動。所以我們最後一次和荷門特坐下來喝南印度式烹煮的特製咖啡時，我問他為什麼這一次農民似乎決定不跳出來抗議他們的問題。

荷門特想了一陣子，攪動他的咖啡才回答：「我認為不同之處是當時有相當特殊的憤怒。在一九七九年政府開始要求有灌溉的土地要徵收水利稅，用水也要收錢。就算農民想付也付不出來，他們要求的每畝價格比農民在一畝地上能賺到的錢還多。」

「難道今天價格的問題不是強烈的不滿嗎？」

「是，不過沒有人相信如果他們去抗議政府就可以對價格做點什麼事情。農民運動雖然最後垮掉了，不過還是獲得完全成功——我們永遠不用交那些稅。」

荷門特的努力

說話輕聲細語的荷門特是個舉止極為溫文的男人。在我們的旅途中，我有時候對他不能按照行程行事感到不耐煩。感覺上他總是還得再去見一個人，我們還要再拜訪一家人，然後我們才能往下個目的地前進。每當我將我不靈活的腳放下，堅持往下進行的時候，他微笑並忽略我顯而易見的煩躁，不過通常我們就會前進了。即使沒有，我們也不可能一直生荷門特的氣，因為他的微笑——那不是個了不起的微笑或長長的苦笑，就只是個微笑。

我好奇他怎麼能在印度的混亂中存活，大家似乎永遠都在生氣，他們不說話，只是吼叫，暴力是第一個而非最後一個解決辦法。

「我們並沒有過分，我可以跟你說，」荷門特跟我保證：「在一九八〇年代早期我看到官員和警察怎麼對待人民，還有如何搾取貪污。人民會來告訴我們他們的抱怨，我們就真的把官員拖到人民眼前。審判他們，叫他們把錢吐出來。他們叫我們惡棍，但是就算警察也怕我們。」

「我只認識你一個星期，但是我看不出來你會做這種事。」

「好吧，我有個秘密。我的確討厭警察和官僚，但是我從來不會失去控制，只有在一個情況下，而且那是不一樣的。有一天晚上我聽到一個我村中婦女的尖叫，因為她快生了，而他們家的男人都出去喝酒。沒有人可以幫她，所以我背著她跑了快一公里去求助，然後在路邊搭上一輛卡車去那瓦根德，帶她去地區醫院登記入院。第二天我回去，發現她躺在醫院門廊的灰塵裡，掃地的還一直在她身邊掃地。她把孩子生出來以後就被丟出來。我去找醫生問：『這是怎麼回事？』他粗魯地說：『如果你這麼關心，自己開家醫院吧。』我抓狂了，抓住他的領子，把他帶到那女人前面。然後我毆打他，踢他，問他會不會對自己的老婆這麼做。」

即使在說這個故事，荷門特也沒有提高聲音。「所有的職員都跟我說多踢他幾下，」他冷靜地繼續說：「那個醫生開始哭，然後其他醫生來了，包括一位女醫生，然後說：『沒關係，我們會照顧她。』」

雖然他舉止溫文，但是在運動期間，荷門特被逮捕過二十三次，總共在監獄裡待了兩年。在一個還沒完全揚棄殖民統治者的倫理和性格的國家裡，警察還是用草率的權力逮捕人，根據的是大英帝國在一次世界大戰間，為了阻礙狂熱的獨立運動而通過的法案。

「廢棄這個法案是我們的要求之一，」荷門特說：「但是過了十年才實現。現在已經沒有這個法案，所以我認為這是我們的另一個勝利。」

我還是想知道為什麼一度蓬勃的農民運動現在這麼不振，並沒有起來抗議他們現在的困境。所以我又追問他。

「你們甚至逮捕警察，把他們拖到人民法庭，也把甘地夫人欽點的長官拉下台，你們反抗政府，從來不交這些稅和費用，但是這一切的長期影響是什麼？現在還有嗎？」

「很少，我得承認。隨著農民運動在卡納塔克成長、擴散到其他邦，農民的影響力被政治人物發現，但是麻煩也隨之而生。政治人物想要接手這個運動，他們藉由收編我們的領袖來達成目的。他們有很多人靠著農民的支持成就自己的事業。」

「所以是政治和政治人物破壞了農民運動？」我問。

「好吧，沒錯，但事實是農民尊敬我們這些不參與政治的人。我們的錯誤是保護和支持了與人民沒有直接切身利害的政治人物。」

終於荷門特的聲音多了幾分急迫：「看看印度——部落起來抗議，漁夫、農民、織工、達利特、工人。全印度的心態就是抗議，但是長久以來得到的回應是什麼？這很可怕。」

「為什麼回應這麼少？」

「政治無能。我們必須要強調這一點。對所有的抗議和起義，在地勢力就是既得利益者的組合，而邦議會受到既得利益者所驅使，國會又操控在這些人手中。問題是活動分子之間沒有對話。每個人都各行其是。現在正是年輕的都會活動分子取得領導地位，進行民主改革的時機。我要開始建立不同團體間的網絡──鄉村、社會、環保、農民組織等等，即使是個人也一樣，然後把他們編成一個團隊，我的旅程已經展開。」

我們都祝他一路順風，但是我得說，如果有什麼是印度人自己也承認的失敗，就是團隊合作。

【注釋：】

❶羅瑞（Lowry）：指Laurence Stephen Lowry，一八八七～一九七六，英國藝術家。一九二〇年代以蘭開郡的工業廠景畫過許多畫，色調主要是白色、灰色。

❷林伽（lingam）：即男性生殖器。

❸原文是Namaste，這是印度的問候語，意為「別忘了合掌」，可用於見面寒暄或道別。

❹美國導演伊力．卡山（Elia Kazan）一九五四年作品，馬龍白蘭度主演。本片榮獲八項奧斯卡金像獎，包括最佳影片、導演和男主角獎。

❺印度─帕拉底奧式（Indo-Palladian）：帕拉底奧為十六世紀發源於義大利的建築風格，其特點是使用對稱佈局和羅馬建築形式。

❻馬雅・賈亞帕（Maya Jayapal）：印度籍女性旅行作家。

❼聖雄甘地（Mahatma Gandhi）：Mohandas Karamchand Gandhi，一八六九～一九四八，印度民族解放運動領袖，尊稱聖雄（the Mahatma）。

❽古加拉特邦（Gujarat）：印度一邦，位於印度次大陸的西海岸，西部和南部臨阿拉伯海，西北與巴基斯坦接壤，北與拉賈斯坦邦、東與中央邦相鄰，東南與馬哈拉施特拉邦交界。首府為甘地納格爾（Gandhinagar），位於該邦最大城市、前首府阿瑪達巴德（Ahmadabad）市郊。

8

兄弟恩怨傳奇

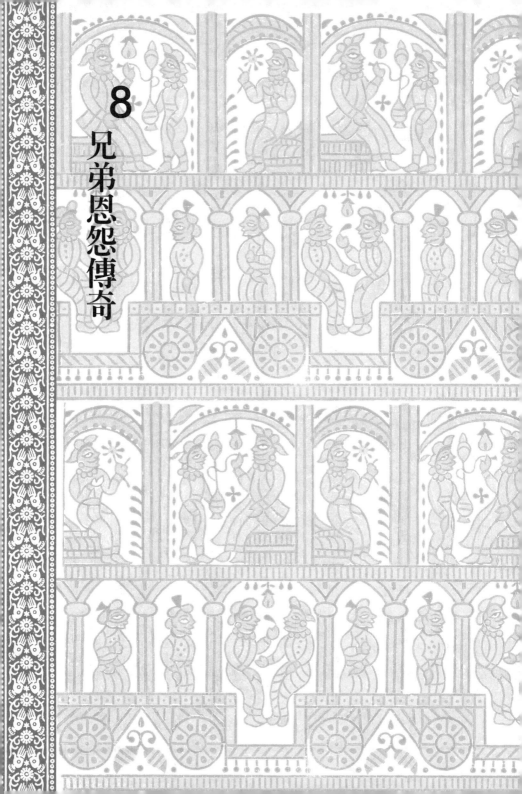

德里的大使館和高級專員公署大概是世界上最多的，而它們全都在爭相邀請賓客去參加他們的雞尾酒會和宴會。對於一個想要擴展資料來源的新聞記者來說，外交活動是沒有什麼用的，因為賓客名單只是從這一場轉手到下一場。在甘地夫人最輝煌的時候，也就是她打贏對巴基斯坦的戰爭以及解放孟加拉之後，外交官會客室和草坪特別荒涼，因為大家都知道她不喜歡在那種場合流傳的八卦。她最親近的密友之一，一個矮小但英俊的政治人物狄尼西．辛格（Dinesh Singh）被逐出甘地夫人的非官方顧問團（kitchen cabinet），原因是她聽說狄尼西在雞尾酒社交圈吹噓和她關係親近。出身高貴的狄尼西一直堅持他從來沒說過和甘地夫人有關係，而我覺得很難相信一個像他這麼狡猾的政治人物會這麼不謹慎，不過他被逐的事情，等於是讓所有執政的國大黨成員對外交場合的邀請函極度謹慎以對。所以在英國高級專員公署於殖民地別墅的草坪上舉辦女皇誕辰宴會的時候，我有點意外會被介紹給山特．布克斯．辛格（Sant Bux Singh），一個以針對外交事務演說而聞名的國大黨議員。

聽到我的名字的時候，議員先生爆出一串笑聲，說：「你就是那個不太受我們領袖喜歡的BBC記者呀。」

這麼直接的說法讓我倉皇失措，而且很疑惑一個國大黨的議員可以溫和地挖苦他們的領導人。在我回神之前，這個怪怪的政治人物又說：「這個城市的最佳拍檔供應不足。我們一定要好好認識一下。」

那一刻山特．布克斯的注意力被某個徘徊在這種場合，尋找需要搞定的合約的政治掮客拉走。「山特．布克斯，我們好幾天沒見了，」那個油腔滑調的蘇聯共產黨官員哀號著：「我們有好多事情要談。我們一定要見個面。有很重要的事情要討論呢。」

「沒有，才沒有，」山特·布克斯沒讓那個像蟾蜍的傢伙說完就趕他走，然後跟我說：「我們不能在這裡聊，我們所有的時間都會花在這些討厭鬼的打擾上，但是要打電話給我，找天晚上我們出來喝一杯。」他給了我一個玩世不恭的微笑，然後往另外一群賓客走去。他穿的那條寬鬆長褲，是用他老家阿拉哈巴德的風格剪裁的，在他腳踝邊飄動。沒有按照穿著正式服裝的要求，山特·布克斯也懶得去燙他的無領上衣，而他與眾不同的自家紡尼赫魯外套是紅褐色灑金點，也和規定的黑色不同。

一個特殊的國會議員

隔天我打電話去，獲邀當晚前去山特·布克斯那間政府派給議員住的公寓。雖然不是最高級官員住的那種花園別墅，不過這間位於一樓的公寓，比山特·布克斯在政治資源減少的時候所找到的房間要寬闊多了。一個拖著腳走路的僕人帶我到山特·布克斯所在的房間，他身旁有個痰盂，面前的桌上還有一瓶亨克（Henke's）威士忌，那是一種比較便宜的含糖印度製外國烈酒。雖然山特·布克斯不在意他的服裝——他穿著有污漬的皺巴巴無領上衣，但他認為自己對女人很有魅力，而且堅持過去的經驗乃是明證。他歷盡風霜的臉很不尋常；看起來比例不太對，不算醜，可是也不是常人說的有魅力。厚重鏡框的眼鏡隱藏了他閃爍著幽默神情的褐色眼睛。吉莉一直說，山特·布克斯是靠個性而非臉孔吸引到女性的。

他揮揮手要我在椅子上坐下，把嘴裡的檳榔紅汁吐進痰盂，說：「你一定很好奇我為什麼要見你。」

「好吧，我想我是這樣沒錯。」我回答。

「聽著，我知道你的一切，而且我所知道的讓我認為跟你聊天會很有意思，」他格格笑著，好像我們是陰謀共犯：「我也知道為什麼英迪拉（甘地夫人）生你的氣，任何開馬路蹄❶計畫玩笑的人，一定有這裡缺乏的幽默感，特別是英國式幽默。」

「恐怕這不是個好笑話。」

山特．布克斯沒有理會我，繼續說：「我在牛津讀過書，那就是為什麼我想要個英國人跟我一起笑。邀請你來這裡沒有其他更刺激或更邪惡的事情。我也沒有秘密要告訴你，雖然我偶爾可以給你一點暗示。」

要製造國民車的馬路蹄計畫給甘地夫人造成問題。這是對興都斯坦大使牌（Hindustan Ambassador）汽車之崇高地位的第一個挑戰。這種汽車就是一九四〇年代末製造的英國莫里斯牛津（Morris Oxford）汽車，現在仍舊在加爾各答生產。根據印度特別有害的社會主義和計畫經濟特性，亦即所謂的執照許可政權（license-permit raj），沒有政府許可，誰都不可以投資汽車或其他任何產業。這導致了密友資本主義，某些工業家用賄賂取得執照，有的人則付錢讓競爭者倒楣。因此無可避免地，當甘地夫人較小的兒子桑杰（Sanjay）得到眾人競逐的汽車製造執照，來生產以「風神馬路蹄」為名的國民車時，大家都不以為然。不過對大使牌汽車來說是好運，對印度人民來說是倒楣，行駛速度和風神差很多的馬路蹄車，到這個時候還是開不去。桑杰的經驗有限，在英國克魯

（Crewe）郡勞斯萊斯車廠的學徒計畫並沒有完成，根本不足以完成他為自己設定的任務。這讓他的母親蒙羞，而且我一點也不意外她的發言人會抗議我的報導說，反對言論稱車子應該不要叫做馬路蹄，而是叫做「媽落啼」（ma roti），意思就是「母親在哭泣」。

我同意這不是個好笑話。「我想如果你來找我，我會做得比較好。」他說：「可是英迪拉身旁都是逢迎拍馬的人的話，你會被像這樣的小事所捲入毫不意外。我們國會議員要相信英迪拉是永不犯錯的女神，所以我猜你的笑話是個褻瀆。」

我發現山特．布克斯很少講話尖銳，只是有點挖苦。當我問他怎麼忍受國會裏這個僵硬刻板的氣氛，他的回答伴隨一個諷刺的笑容。

「身為國會議員，我應該要相信英迪拉得到神——尼赫魯那尊神授予的權利。好吧，我相信神，可是我不相信英迪拉，所以身為一個印度教徒，我要到哪裡去？我的黨派的黨綱是社會主義，所以我應該要相信我的政府的權力來自人民的託付，可是看到其他的議員，我沒辦法相信人民，所以身為政治家，我應該要往哪去？不過我沒有別的地方可以去，所有其他的政黨更加半吊子，而且誰知道呢，我可能會在這裡看到一些好事。」

這個時候，巴基斯坦軍隊投降和孟加拉建國為甘地夫人在一九七一年所帶來的勝利光環正迅速消退。馬路蹄不是唯一侵蝕鐵娘子形象的可議交易。經濟也出問題，全球油價上漲和執照許可政權的束縛，缺乏生產力的國營企業的阻礙，政府還在印度面臨乾旱與食物短缺之際想要掌控糧食穀物的交易。

許多甘地夫人的問題來自於她的社會主義，所以我問山特．布克斯：「現在的混亂沒有打擊你對社會主義的信心嗎？」

「你或許會這樣認為，可是英迪拉不了解社會主義和民粹主義的不同。對她來說，重要的是她能夠讓窮人覺得她站在他們那邊，她對於自己的競選口號**消滅貧窮**很認真，即使她的政策實際上是在增加貧窮也一樣。」

「所以這都是詐騙嗎？」

「不，我不會真的這樣說。你只需要看英迪拉在競選會議時的表現，就知道她和窮人極為和諧，特別是窮人婦女，那裡面一定有什麼是真的。我認為她的問題有一部分是她沒看到這種民粹主義式的社會主義有其他的取代方案，而她的顧問沒膽量告訴她做錯了。他們總是說她是國大黨裡唯一的男人。」

我已經對這段友誼有足夠信心去問：「那麼這給身為中立者的你什麼樣的路？」

這句話引起高聲大笑和唾沫四散，然後他才回答：「我不會走為上策（hijra），我會當個旁觀者。」

山特．布克斯和我發現彼此之間有不少共通之處。他喜歡談論在牛津的日子，在那裡他和後來被處決的巴基斯坦總理祖爾非卡爾．阿里．布托❷成為朋友。他曾說過：「布托總是有一半太過聰明。」牛津和之後的林肯法學院❸都對山特．布克斯的幽默感產生影響，而他對當局的態度和我那種從來沒有擺脫叛逆青年和大學生心態的態度一致。我們都對政治有深厚的興趣，也喜歡伴隨而來的八卦流言。還有宗教，山特．布克斯是第一個讓我接觸到印度哲學豐富寶庫的人。我們喝乾了許多杯印度威士忌來瞻仰神。

甘地夫人面臨的危機日益加深。她試圖重振一個無庸置疑的國家領導人的鐵娘子聲威，方法是粗魯地打擊國營鐵路罷工，下令執行印度第一次的原子彈試爆，可是她沒辦法阻擋反抗她的意見和活動滾滾而來。印度的經濟困境迫使她屈辱地向世界銀行和IMF求助，這兩個機構要求她先撤銷部分社會主義政策，才肯出手援救她脫離經常帳的危機。暱稱為JP的老牌社會主義者賈亞普拉克許·納拉揚❹被許多人認為是聖雄甘地的接班人，他的反貪污活動得到越來越多的支持。JP指責甘地夫人「強姦民主」，呼籲「全面革命」。他所領導的國會前遊行活動，被甘地夫人所敬重的新聞記者殷德·馬羅特拉（Inder Malhotra）稱為「首都有史以來最大的示威之一」。

這些對記者來說真是令人興奮的事情。我們並不能免於個人感情，而我必須承認，我一點也不遺憾甘地夫人被教導不可以用理所當然的態度對待印度人民。但是山特·布克斯儘管也不是甘地夫人的崇拜者，還是認為這樣的激情對民主來說是一種危險。在我們共度的許多夜晚中，有一次他說：「JP的運動失去理智。這帶動民眾走上街頭，推翻政府，那應該要經由投票完成。否則不管最後的收場如何，都會造成嚴重的後果。」

「可是JP說他不想要把英迪拉趕下台，他只說他願意，而且渴望在選舉中和她對決。」

「同時他也呼籲『全面革命』呀。那是什麼意思？你告訴我，全面革命結局不會更糟嗎？你是讀神學的，你知道一個人趕走一個不乾淨的靈魂只會招來其他七個不乾淨的靈魂，最後那人的下場比原來還慘。」

我必須同意山特·布克斯的說法。我向來相信演化多於革命，而JP一定沒有說等到把甘地夫人趕下台後，他要怎麼統治印度。

一九七五年危機更嚴重。反貪污的暴力示威迫使甘地夫人解散古加拉特邦議會，即使國大黨在那裡是多數黨。她從德里頒布總統緊急命令，並因為害怕敗選會打擊她無敵的聲譽，堅持不舉行改選。但是她的死對頭摩拉爾吉．德賽❺繼續以絕食的激烈手段要求舉行選舉。曾經是尼赫魯戰友，又在六年前導致國大黨分裂的危機中被甘地夫人趕下財政部長之職的德賽，是古加拉特人，和同為古拉加特人的導師與戰友──聖雄甘地一樣非常自律。有人說他自律，有人則說他頑固。不管誰對誰錯，英迪拉知道這個已經八、九十歲的老人很快就會走到生命盡頭，與其背負一個永久的篤名，她接受挑戰並舉行選舉。古拉加特邦的選舉結果公開那天，顯示甘地夫人魔法不會永遠成功，一個阿拉哈巴德高等法院的法官判決她違反選舉法。該名法官宣判甘地夫人的選舉無效，並禁止她在六年內參加任何選舉。向最高法院上訴得到暫時性的妥協，讓她保留權力直到駁回阿拉哈巴德法官判決的上訴宣判為止，可是她也被判禁止在議會內投票。JP和摩拉爾吉仍舊竭力要求她下台，於是甘地夫人決定她受夠了。她逮捕這兩個人和其他著名的政治人物，包括某些自己黨內同志，並宣布國家進入緊急狀態。

在國大黨內，更瘋狂的諂媚變成命令。即使私下質疑緊急狀態，也是違反命令，到處都是間諜把消息回報給甘地夫人那批由小兒子桑杰主導的小圈圈。可是當我打電話山特．布克斯，問他可否見個面的時候，他說：「當然，而且還更有趣，我有很多事要告訴你。」

等我抵達他的公寓，我發現電話上有個茶壺保溫罩。「一定要小心竊聽，」他說。我不太確定要不要把他的話當真。

倒了一杯威士忌給我之後，他繼續說：「你知道宣布進入緊急狀態的時候，你差點被抓起來打屁股嗎？」

我不知道，所以山特．布克斯說下去，告訴我有個甘地夫人最信任的顧問怎麼叫來資訊部長，命令他去「找馬克．涂立，脫掉他的褲子，給他幾下鞭子，然後送他進監獄。他報導了資深內閣部長辭職以抗議緊急狀態的新聞」。資訊部長是溫文有禮的殷德．古杰拉爾（Inder Gujral），多年之後也擔任過短暫的總理。好險，他先檢查了全印度電台的監聽報告，找不到這段報導的證據，所以他去找甘地夫人，而後者說不必理會這個命令。可是古杰拉爾付出代價。他被認為太軟弱，不能用緊急狀態所需要的方式掌握媒體，所以也丟官了。

取代古杰拉爾的是威迪亞．恰蘭．書克拉（Vidya Charan Shukla），一個高大威嚴的男人，父親是尼赫魯時代死忠的首長之一。山特．布克斯很了解他。「威迪亞是個混蛋，」他說：「沒有父親的政治技巧，他們一定在哪裡失敗過。可是他非常有野心，為了往上爬不擇手段。我不能想像他對英迪拉的聲譽會有什麼幫助。」

威迪亞．恰蘭很快就被視為甘地夫人的戈培爾❻。他實施嚴格的審查制度，從一開始就下定決心要顯示他可以像控制印度媒體一樣控制國外媒體。由於BBC的印地語和其他印度語言服務有廣大的收聽群，於是我成為主要目標。山特．布克斯告訴我威迪亞．恰蘭跟桑杰說我是間諜。

「你知道為什麼嗎？」

「不知道。」

「因為你嘗試要學印地語。」他回答，邊笑邊咳邊噴口水。

等他恢復過來，他繼續說：「真是個白痴。你是間諜！我想我就是你的特工之一，或許威迪亞認為我是。我們真是最佳拍檔，兩個人都是大嘴巴。不管怎樣，你要當間諜的話，印地話還要多多加強。」

有一次，我大清早被威迪亞．恰蘭叫去解釋，為什麼只有BBC剛好知道在某棟全印度廣播電台（All India Radio）的建築物有炸彈爆炸的事情，當我跟他說「我不知道這件事情，不過既然你告訴我，我會報導出來」時，威迪亞．恰蘭有點抬不起頭。山特．布克斯也相當樂在其中。

「看吧，」山特．布克斯說：「威迪亞已經被自己造成的混亂纏身。因為大家都得不到可靠的新聞，所以他們就會相信流傳的各種謠言。情報人員不斷上報這些謠言，搞到政府也相信了。一定有某個笨蛋情報員跟威迪亞說你報導了炸彈的消息。」

山特．布克斯沒錯。為威迪亞．恰蘭和我把事情搞得更複雜的，是一個增加消息可信度的常見方法：說這是從BBC上聽到的。

大概一個月以後，威迪亞．恰蘭的耐性用光了，命令驅逐所有拒絕簽署遵守審查協議的外國記者。這份協議之嚴格，到了你甚至不能報導國會反對黨言論的地步。BBC拒絕讓我簽署，所以我必須在二十四小時內離境。山特．布克斯在我離開的當晚前來參加我臨時舉辦的宴會。接下來的十八個月我留在倫敦，那段期間我一直記得，在我往機場出發的時候，他跟我保證：「別擔心，這種瘋狂不會持續，你會回來的。」

在緊急狀態初期，最讓山特．布克斯沮喪的是，大家都認為甘地夫人和桑杰需要諂媚逢迎，不論對錯。當國大黨主席說「印度就是甘地夫人，甘地夫人就是印度」的時候，他嚇了很大一跳。這名主席德夫．坎塔．巴羅亞（Dev Kanta Baroah）也是個好讀書的知識分子，且山特．布克斯向來認為他是黨內比較意氣相投的同志之一。「我真不懂德夫・坎塔怎麼能說出這種話，」山特・布克斯跟我說：「他讀過歷史，他一定知道他會在歷史上變成混蛋。」

這句話的確留在歷史上了。

新手弟弟獲提拔

山特・布克斯有驕傲和自尊，從來不願委身於所謂的「國會文化」，那是對剛好在當時以領導該黨的尼赫魯家庭所代表的虛偽奉承的簡稱。他出身於一個統治北印度一片莊園的藩王（raja）家庭，雖然他相信社會主義，但是他沒有完全拋棄自己的封建出身。

莫里斯・金勤（Maurice Zinkin）是最了解他的人之一。莫里斯是他讀完牛津和林肯法學院後，回到印度加入聯合利華（Unilver）時的上司。金勤是獨立前印度公民服務（India Civil Service, ICS）最後一批招募的菁英，而他對印度的知識和經驗讓他在加入聯合利華以後，毫不意外地被派回印度。他形容山特・布克斯是「一個結合了帝王展望和左派信仰的人，有點像史戴佛・克利普斯❼」。像我一樣，他也記得山特・布克斯非常健談。金勤有一次跟我說：「在所有的銷售經理中，他是一個我和妻子樂於以相同詞彙交談的人。」他堅持山特・布克斯從來不拍馬屁。金勤因為他「超然的智慧」而喜愛他，且相信他如果沒有投身政治，會成為興都斯坦利華（Hindustan Lever）的董事。

甘地夫人剛掌權的時候，她利用山特・布克斯超然的智慧在國會中針對外交事務幫她代言。在她和摩拉爾吉等老臣為了國大黨的領導權鬥爭之際，她聽從山特・布克斯的誠實忠告；可是宣布緊急狀態之後，她要求的是聽來順耳的智慧，再也不要逆耳忠言。

山特・布克斯還是一直沒辦法認清在甘地夫人的政府裡，獨立思考的政治人物是沒有希望的這個事實。儘管他如此超然、反對諂媚逢迎、堅持誠實、拒絕奉承，但他還是希望有個官位。他派了一個密友德文德拉納特・德威韋迪（Devendranath Dwivedi）去見一個少數甘地夫人還相信的退休國會議員坎拉帕提・特里帕提（Kamlapati Tripathi）。德威韋迪後來跟我們說，當他要求坎拉帕提向甘地夫人提議在政府的某個職位任用山特・布克斯時，坎拉帕提問：「山特・布克斯需要你的推荐嗎？他跟我不熟到不能自己來嗎？」

德威韋迪回答：「他堅持我應該來找您。他不太擅長做這種事情。」

英迪拉正在找人代替狄尼西・辛格，也就是那個不智地讓他和甘地夫人關係的流言漫傳的王子。坎拉帕提認為山特・布克斯是個適當人選，因為他出身相同的封建階級、背景、同一個邦。當他向甘地夫人提起這件事，夫人說：「沒錯，不過他不是有個弟弟嗎？」

坎拉帕提嚇了一跳。「可是，」他抗議，「山特・布克斯和威許瓦納特・普拉塔普（Vishwanath Pratap）不能比較。山特・布克斯善於演說、受過英文教育、有能力、有經驗。他弟弟是個新手。」

甘地夫人說：「我需要的是新手。」

根據德威韋迪的說法，坎拉帕提的抗議只是強化了甘地夫人的決心。她的個性中最重要的部分是不安全感。她認為山特・布克斯太聰明，她掌握不住。所以她想要一個沒那麼獨立思考的人，而威許瓦納特正合適。

有個為甘地夫人立傳的作家描述她年輕的時候，是個「寂寞又自主的怪人」。她的寂寞來自於童年和少年時期，與長期入獄的父親分離，對於父親顯然不關心母親的不滿，眼見母親受到結核病的折磨，從來沒有機會在任何學校或大學建立自我、並在這段期間交到一輩子的朋友。之後父親當上總理，她所經歷到的一切也變成理由之一。她幫父親理家，也開始參與他的政治，最後讓她認為沒有人可以信任。當她被選出來領導國大黨，她知道她被選出來的理由是老一輩的領袖認為可以將她玩弄於掌上。但同時她也知道，自己的地位獨特，並認為自己有權利指揮。當她面臨國大黨分裂，趕走許多強大領袖後的第一次選舉，她告訴某個記者：「議題就是我。」直到她死，她一直在堅持這個議題。

因此甘地夫人寧願選一個順從的新手，而非一個太誠實，會在她做錯事情的時候指正她、太聰明的不會吃她那套單一議題政治的老手政治家，絲毫不足為奇。但是最後，是威許瓦納特的誠實將甘地夫人的家庭拉下台。

山特．布克斯把自己的弟弟帶入政界。他有一次告訴一本毫無吹捧的威許瓦納特傳記的作者：「我只是帶他跟我去見甘地夫人，告訴她這是我弟弟威許瓦納特，而他想進入北方邦的議會，她就說好。」

在緊急狀態期間，山特．布克斯坐在家裡，在電話上蓋上茶壺保溫罩，防止自己大逆不道的話傳入甘地夫人間諜的耳中。而威許瓦納特卻擔任副商務部長一職，在緊急狀態結束之前，甚至被升到一邦首長的高職。他的敵人免不了指控他加入那群對甘地夫人和桑杰逢迎拍馬之列。不過威許瓦納特一直堅定否認這件事，指出他屬於一群有勇氣的國會議員，告訴甘地夫人在緊急狀態時延長議期是違憲而且缺乏政治智慧的做法。他自己從來沒有加入桑杰身邊的小圈圈。他以前任總理身分配住於一套路提彥所設計的新德里高檔別墅中，在主屋附屬建築一個儉樸的房間裡，他告訴我們：「對領袖歌功頌德是國會文化的一部分，這是遊戲的一部分。政治上我也對她忠誠；這是我的承諾，因為她帶我進入政界。可是當這牽涉到一個人的良知和錯誤的行政，我就不會去做。」

我第一次和山特·布克斯及威許瓦納特兄弟一起見面，是在甘地夫人舉辦大選，而我獲准回到德里的時候。他前來尋求關於自己該要求什麼樣的位子的忠告。山特·布克斯有遠見地說：「我不應該太過煩惱。我們要譴責桑杰在緊急狀態時和他的家族所有的倒行逆施。」威許瓦納特在這些日子非常像一個弟弟。他的臉肯定不是歷盡風霜，他還有些東西沒有形成，還有點羞澀。他看起來好像一直在害怕壞事發生，而他急促的深呼吸顯示，當他哥哥在記者面前批評桑杰的時候，他覺得的確有壞事發生。

和山特·布克斯不同，威許瓦納特並不善於社交，在人群中也不自信。他是藩王的第二個妻子所生，童年很孤寂，後來被鄰近莊園沒有子嗣的另一個藩王收養。山特·布克斯常說，「威許瓦納特不是任何人的。由於他被領養，他對誰都不效忠。」

山特·布克斯的專長在於和人相處。威許瓦納特的政治資本是財務上誠信的公正聲譽，這最後讓他打敗了尼赫魯家庭，成為總理。他從年輕起，就藉著分配所有從養父繼承到的土地給沒有土地的人，建立了誠實的名聲。此舉仍有令人懷疑的空間。大部分的土地貧瘠荒涼，莊園也抵押了很多錢；新的立法廢除了大莊園，必須採用複雜和有問題的合法策略才能保有他繼承的大批土地。但是同時一定有人說威許瓦納特從來不是一個會去過度煩心產業或生活水準的人。他有一個崇拜者給我看威許瓦納特成為總理後所搬出的德里官邸。以他的影響力，他可以說服公共設施部門處理一下漏水的水龍頭、外露的管線、積水的地方、壞掉的裝潢，可是他沒有。

雖然威許瓦納特從來不認為自己是甘地夫人的馬屁精，但他還是深受甘地夫人喜愛。他告訴我們，「她縱容我。」他繼續培養自己誠實的名聲，一直拒絕可能會被形容為「污點」的政治獻金。躺在德里最高級的醫院，身上連著洗腎器的時候，他承認這一切有點滑稽。「我自己不會拿錢，但是我會說『如果你要，就捐給黨』。政治人物藉由對選舉委員申報假的開支，開始偽善。畢竟，說你自己沒有賺什麼錢也不會太過份。只要選舉是由沒有記在帳上的金錢所支持，你就會有跌下來的一天。或許你自己沒有用這些錢，可是你知道這些錢被用掉了。」

甘地夫人選擇他擔任自己家鄉北方邦的首長，這是一個最重要的職位，當時他必須要在邦議會選獲勝。他帶著諷刺的笑容告訴我們，在競選活動中，他如何禁止他的工作人員搭吉普車去造勢，告訴他們騎機車或腳踏車。他自己搭巴士趕場。他接著承認：「我沒有因為這些節約措施冒上敗選的風險。我最大的吸引力就是大家都希望首長是他們選區的議員，認為這樣他會對選區貢獻良多。沒有政治團體推出候選人反對我，我的得票率高達百分之九十八。所以這次選舉不能說是買票贏的。」

之後在阿拉哈巴德議會競爭更激烈的選舉裡，威許瓦納特非常公開地宣稱，所有的支出都將由民眾監督。他在自己的家裡設立攤位，所以工作人員得自己付錢買茶。他唯一的讓步是在晚上免費供茶。

身為首長，威許瓦納特承諾要在一定日期之前，終結危害鄉里的黑幫。警察得到一些相當不錯的成就，但是承諾的時間過了以後，發生兩次黑幫攻擊，導致十六個人死亡。其中有六個達利特。威許瓦納特向長官遞出辭呈，並立刻通知媒體，之前並未知會甘地夫人。他因此被稱許為一個承認失敗，而非戀棧不走直到被趕下台的政治人，一個把榮譽放在職位之前的政治人物。政治八卦堅稱他辭職的原因是因為他即將被趕下台，甘地夫人馬上就要辭退他。關於警察聲稱遇到土匪，結果開槍殺死無辜市民的事情，紛沓而來的指責讓甘地夫人很丟臉。但是威許瓦納特告訴我們，他沒有通知甘地夫人的原因是因為她會說「不」。雖然否認他辭職是為了提高聲望，但他的確跟我們說：「下台之後，我收到許多來自民眾的回應。」

我記得山特・布克斯那時候說的話：「我弟弟正在成長。從一個連趕鵝都不會的小男孩，更別提反對英迪拉，成長為一個敢挑戰她權威的男人，他在沒有獲得她許可的情況下辭職，犯了大不敬的罪。」

據稱甘地夫人對於威許瓦納特把原則看得比對她的忠誠更重要非常生氣，但是他的賭注得回報酬。她還是需要他來維持內閣裡的種姓平衡，所以又指派他擔任商務部長。這有個問題。要和生意人與工業家打交道的商務部長理應是該黨的主要募款者之一。不過如威許瓦納特跟我們解釋的，他是個例外。

「當拉吉夫找我，說英迪拉要把我帶回內閣，我問他是哪個部門。他回答『商務』。我只是看著他。他明白了，說『你不用去募集資金』，然後英迪拉就這樣默認了。」

不像大部分的印度政治人物，威許瓦納特不讓他的家族利益干擾他的政治。他有個親戚，和桑杰相當親近；桑杰推薦該人擔任北方邦的首長，可是威許瓦納特拒絕讓這個人入閣，因為他擔心會被人標上「用人唯親」的標籤。在國大黨一九八〇年不讓山特．布克斯出來競選的時候，威許瓦納特也為了相同的原因沒有出力協助。那次選舉讓甘地夫人變得比緊急狀態結束後的敗選更無權勢。有人建議過，雖然絕不是山特．布克斯，要威許瓦納特積極地拱山特．布克斯出馬。威許瓦納特拒絕了這個建議，說山特．布克斯在甘地夫人失勢的時候沒有表示效忠，已經讓他自毀長城。他說關鍵是宣稱「印度就是甘地夫人，甘地夫人就是印度」的國會主席已經和他的兄弟畫清界限。山特．布克斯的朋友德威韋迪說：「如果VP在他沒有被提名競選一事上有扮演過什麼角色，那也是微不足道的。」

那個時候，我們懷疑威許瓦納特可能不希望山特．布克斯東山再起，免得自己的鋒頭被搶。躺在醫院的病床上回顧一生，威許瓦納特真的承認：「在我們家裡，我們受教育的優先次序和出生排行一樣。他有極佳的幽默感，還有與人相處的天份。那是忌妒的理由，我得承認，常常發生在兄弟之間。是做弟弟的忌妒。」威許瓦納特堅持：「在明在暗我都不會去做任何傷害山特．布克斯的事情，可是我們兩個都不是完人。或許等到戒嚴之後，公開效忠的問題出現，才有什麼攪和進來。」

但是威許瓦納特一直說，山特．布克斯的事業受創，自己要負最大的責任。「在印度政界，你得走透透，」他解釋道：「有人跟我說過，過去王朝在皇冠上，現在是在鞋底上。你身段擺得越低，你就走得越遠。你得在民眾、領袖、決策者、有力人士之間跑來跑去——就是你們現在稱為網路聯絡的東西。我問過他，你為什麼坐在家裡？你要不然寫作——你寫得很棒，要不然你一定要勤走基層，取得廣大基礎、接近人民。如果你有廣大的基礎，任何領袖都會對你有印象，否則你只好等他們的憐憫。」

那個時候山特．布克斯的家住在西方巷（Western Court），那裡的公寓只保留給議員。從外面看起來，西方巷還是擁有所有輝煌的殖民地典型風格建築的外表。這棟建築位於英國人所建起的德里市中心，原來打算讓總督和隨從居住，結果剛建好英國統治就結束了。但是當你進入西方巷，那裡昏暗、骯髒、破敗。山特．布克斯的小公寓可能比其他大多數的都要混亂，因為他並不關心周遭環境，或者實際上就像之前講的，跟他的外表一樣。他的衣櫃裏面幾乎全部都是皺巴巴的白襯衫和闊腳褲。他把尼赫魯夾克脫掉的時候，上面都是洞。他會整晚坐在那裡，椅子一邊擺著一瓶印度威士忌，另外一邊擺著痰盂。即使我不在，吉莉也常常會去和山特．布克斯共度夜晚，他可是很享受揣測關於一個年輕金髮女性經常來訪所可能造成的謠言。

在我們一起共度的夜晚，我們常常討論威許瓦納特。吉莉和我都跟他說過，只要威許瓦納特對國大黨還有影響力，他就沒辦法回到國會。我記得有一次說：「如果有需要證明他的誠實，威許瓦納特會願意裸體在街上跳舞，所以他不是那種會做任何事情去幫助自己的哥哥，冒險被人批評是內舉不避親的人。剛好相反，他會盡一切可能把你排除。」

山特．布克斯一直不能接受威許瓦納特可能會阻擋他政治事業東山再起的說法，但是他太驕傲，不願意開口求助來試探他弟弟。

高處不勝寒

當甘地夫人被暗殺，拉吉夫繼承之後，威許瓦納特的事業又攀上另一個高峰。他被擢升為財政部長。他在財政部整頓印度企業的作法最後導致和拉吉夫・甘地決裂。身為負責所得稅的部長，他開始調查某些最顯赫的家族工業的帳戶。工業家拉利特・塔帕爾（Lalit Thapar）遭到逮捕，這並沒有取悅拉吉夫・甘地，因為他是可稱為印度伊頓公學❽的杜恩學校（Doon School）的董事長，而甘地夫人把兩個兒子都送進那所學校。當印度最受尊敬的工業家之一，八十四歲的基爾羅斯卡爾（S. L. Kirloskar）被人從晚上六點約談到凌晨四點時，引起了憤怒。他抱怨：「我甚至在站上法庭受審之前就已經遭到公開迫害。」但是最後讓拉吉夫插手的是威許瓦納特開始調查阿米塔伯・巴赫強（Amitabh Bachchan）的報告。巴吉強是孟買電影工業前所未見的商場巨星，也是拉吉夫多年好友，他正想把他引入政壇。威許瓦納特說，這份報告是那些被他惹毛，想在拉吉夫面前誹謗他的人所撰寫的。拉吉夫陷入困境。他不能將威許瓦納特撤職，又不被指控他包庇朋友，賠上自己的清譽，所以他把威許瓦納特調到國防部——這是個不太聰明的舉動，因為這讓威許瓦納特有機會翻查軍火交易的糊塗帳。

從位於雄偉粉紅色砂岩辦公大樓北棟的財政部，搬到位於南棟的國防部的幾個月間，威許瓦納特從印度駐德國大使那裡知道，印度的軍火仲介在潛水艇交易中收取百分之七的佣金。他沒有先問過拉吉夫，就宣布調查此事。拉吉夫先是試圖讓內政部長烏瑪香卡・迪希特（Umashankar Dixit）控制他那過度狂熱的國防部長。威許瓦納特解釋了那場會面。

「迪希特在黨內比我資深許多，但是他出身於我的邦，一向喜歡我。可是那一天他非常生氣。他跟我說，『你不知道你在幹嘛，你做錯了。』他向我揮舞著手杖繼續說：『你知道我沒有手杖就不能走路，而你要把那根手杖拿走。你還沒天真到不清楚整個政治系統沒有錢就不能運作。』我除了堅持我的看法，是拉吉夫自己說國防交易裡面不應該有仲介或是中間人的，其他也沒有什麼好回答。」

當狄希特沒辦法動搖威許瓦納特，換上拉吉夫親自召見。他清楚地記得那次會面。「拉吉夫氣得要命，漲紅了整張臉。他問我怎麼知道大使那裡傳來的電報是正確的？我說，我怎麼知道那是錯的？那份電報從正確的管道用密碼送來，如果有錯的話，就該去調查。」

然後拉吉夫要知道調查結果會是什麼。威許瓦納特相當令人不滿意的回答是：「如果有屍體，就一定要調查。」拉吉夫於是改變方法，建議威許瓦納特應該考慮一下這個調查所造成的國際牽連，說製造公司已經付錢給印度許多首長，如果名字被揭發，可能會破產。威許瓦納特的回答是：「我的工作不是經營這家公司，是看政府的命令有沒有被執行。」

威許瓦納特在事業上舉棋不定的時候，總是會找山特．布克斯給他忠告。在這場危機中，我和山特．布克斯相當親近，所以知道他告訴威許瓦納特說：「你不可能撤回調查，卻不搞壞你那反貪十字軍的名聲，所以你有兩個選擇。你留下來，然後等著被丟出去，或是問問你的心，如果你覺得你有信心成為總理，就選個好時機辭職。」威許瓦納特的確辭了職，也的確成為總理，結束了一個他曾忠心耿耿服務的家族的王朝。

威許瓦納特離開內閣的時機再好不過了。他辭職後四天，瑞典電台（Swedish Radio）廣播了一個新聞，指控軍火製造商布佛斯（Bofors）賄賂政治家、軍官、官僚等來確保一個被稱作「打了就跑」（Shoot and scoot）的自動導引火箭交易。那是布佛斯醜聞的開端，這個醜聞跟著拉吉夫一直到他過世。沒有證據對他不利，可是反對黨組成一個有效的活動，指控拉吉夫和妻子的家庭友人在布佛斯的交易中收取佣金，而拉吉夫為他掩飾。威許瓦納特留在國大黨內作為抗議，以示他對總理的忠誠，否認他認為拉吉夫有參與布佛斯交易，但同時，他又在全國各地舉辦演講會，要求調查布佛斯事件和瑞士銀行帳戶的資料。他沒有阻止他的支持者在這些會上喊叫：「我們需要哪種領袖？一個像V. P.辛格的人！」山特．布克斯再一次忠告他得辭職而且退黨，或者丟臉地被迫下台，永遠地離開政壇。可是威許瓦納特一直等到被拉下來，拉吉夫最後迫使他這麼做。這讓他贏得殉道者的冠冕。

威許瓦納特的誠實名聲，加上他數次辭官證明缺乏野心，還有因為他被國大黨驅逐所引起的同情浪潮，現在都給了他回報。讓那些反對者沮喪的是，威許瓦納特後來居上，超越他們的人氣，很快就成為公眾心中取代現任總理的選擇。

發現威許瓦納特唯一的資產是他的誠實聲譽之後，國大黨盡其所能地想破了他的金鐘罩。有一天早上，山特．布克斯把我和吉莉叫去。我們發現他坐在向一個新科議員借來的更小房間，陽光襯托出桌上的灰塵，而桌上還丟滿了他從國會圖書館借出來的書。他試圖閉緊嘴，用非常淺的笑容向我們問好，這樣我們才不會被他嘴裡的檳榔噴到。

解決檳榔之後，他在椅子上往後躺，帶著一個自我滿足的笑容問我們：「好吧，你們不會想知道為什麼我叫你們在一天的這個時候來嗎？」我們兩個都點頭。

「昨晚電話響，我接起來以後，另外一頭的聲音——他模仿一個低沉的聲音——說：『你知道我是誰嗎？』我說我知道你是誰。他說他要馬上見我。那是某個資深內閣閣員的聲音。」

由於他已經喝了兩杯威士忌，而且知道那個閣員的虛偽，他問他是否需要馬上前去，第二天可不可以？但是那個部長堅持。所以他嚼著另一顆檳榔來掩飾酒味，前去那個部長的辦公室。在那裡他被告知，如果他簽署一份由那個部長所寫的文件，他可以得到一個國會上議院的位子。這份宣稱，他，山特．布克斯．辛格知道他的兄弟沒有申報在外國銀行的帳戶。在那個時候，另外一個男人進入房間，而山特．布克斯認出他是個有錢人。他從椅子上站起來，跟那個部長說：「如果你想要和威許瓦納特鬥爭，你要用政治手段來鬥。」接著他雙手合十，做出一個「我誠心誠意地向您偉大的內在致敬」（namaskar）的手勢，離開了那個房間。

兄弟鬩牆

在這個想要腐化他的惡毒企圖之後，山特．布克斯覺得對國會沒有責任了，但他還是沒有加入威許瓦納特的黨派。山特．布克斯在想，「我怎麼能加入弟弟的賈納特黨呢？」而威許瓦納特在想，「為什麼我在生死之戰的時候，我的哥哥沒有加入我？」這兩個兄弟因為過分驕傲，而不去要求彼此任何可能會變成恩惠的事情，為了解開這個死結，我，在BBC生涯中的唯一一次，放下了旁觀者的身分，短暫地參與了印度政治。我不覺得幫助一個我知道永遠不會給我好處，就算可以他也不會這麼做的朋友有什麼不對。所以我建議他，或許我應該和戴維．拉爾（Devi Lal）談談。戴維．拉爾是一個來自德里近旁哈里亞納邦農民黨的領導人，而這個黨和賈納特黨合併。山特．布克斯太驕傲，不會自己去找戴維．拉爾，可是他很高興我這麼做。

戴維・拉爾被稱為喬都利大人（Chaudhuri Sahib），這是給村長的頭銜。他是個不會自命老練的政治人物，很驕傲於自己的鄉村背景。因此，大部分的政治特派員都把他寫成土包子。但是我發現戴維・拉爾的直率令人耳目一新，而且我喜歡他維持與哈里亞納村民關係的方式，即使他已經是該邦的首長。每當我在哈里亞納問到戴維・拉爾的事，他們會告訴我：「他是唯一不會在選舉時來向我們拜票，然後到下次選舉前都不見蹤影的政治人物。喬都利大人常常來村裡，坐在吊床上和我們聊天。」

在將鬧翻天的反拉吉夫・甘地人馬組成賈納特黨這件事情上，戴維・拉爾扮演了關鍵的角色。他和那些只對自己忠心的政治人物打交道經驗豐富。眾所皆知哈里亞納的政治人物是「愛來就來，說走就走」的。他們組黨、解散沒有任何政策或原則的考慮。完成個人野心和報復敵人才重要。戴維・拉爾自己有時候被形容為分軌器，因為他是著名的政黨組織者和瓦解者，可是他一旦將政治人物轉到新的政治組織中，別人通常會將他推到一邊，又把政黨帶往別處。不過他剛在選舉中由國會轉到邦議會，且確保自己這次當上哈里亞納的首長。

我們第一次知道戴維・拉爾，是上一次他的首長寶座被搶走，而他召集人馬抗議的時候。我們開車前往集會時，被一輛載著喬都利大人的小飛雅特超車，他從後窗探出身來，手臂揮動著要我們停車。

我們停車，走向戴維・拉爾，他正在喊著：「跟我來。我要你們報導政府為了防止我的人前來昌第加❾參加集會，做了什麼事。」

沒有等我們的回答，戴維・拉爾命令他的司機：「走！」飛雅特的引擎咆嘯，光禿禿的輪胎轉動，然後戴維·拉爾在一陣煙塵中急速離開。我們沿著哈里亞納兩側樹木保養良好的筆直公路前進，直到戴維·拉爾的飛雅特突然停在一排連著貨車的拖車旁，那些車因為被警察在油箱倒入沙子和碎玻璃而動彈不得。

我們的下一站是山頂的小碉堡，那裡現在是警察局。在外面的拖車，大燈被打爛、輪胎被放氣，亂七八糟地停著。我們穿過拱廊走進花園，裡面在吶喊：「喬都利戴維·拉爾萬歲！」而戴維·拉爾發現自己被那些遭警方在前往集會路上逮捕的支持者包圍。負責該警局的警官出來看到戴維·拉爾，急忙跑向他，低頭合掌道：「喬都利大人，請原諒我，我有令在身。」他請求著。

強壯的戴維·拉爾身高超過六呎，還有北印度農夫的強健特徵，他彎下腰對矮小的警官說：「白痴！你以為我再也不會當上首長了嗎？」他咆嘯著：「你等著瞧好了！」

「拜託，先生，幫我一個忙。」這個執法者的代表退縮著，汗如雨下。

「你是什麼意思？幫一個忙？閉嘴，馬上放那些人走，現在、馬上！」

「但是先生，幫我一個忙，這是命令，不是我的責任。」

「閉嘴，我跟你說過了，讓這些人走。你等著，我會記住你的名字。」

「先生、先生，原諒我，不是我的錯，我接到……」

但是戴維·拉爾不肯聽下去，他用另外一聲「閉嘴！」打斷警官的話，轉身走出警局，背後跟著支持者。

山特·布克斯同意我可以接觸這個不敗的農民領袖的時候，戴維·拉爾正在德里「紮營」，這個說法可以回溯到英國官員受命在轄區內花上一定比例的時間旅行和宿營的日子。戴維·拉爾把他的「帳篷」設在該邦的賓館哈里亞納宮（Haryana Bhavan）。從那裡，他在計畫賈納特黨的競選策略上扮演了重要的角色，而從山特・布克斯的角度來說，重要的是負責挑選候選人。當我去見他的時候，他剛從討論該黨政綱的會議回來，心情沒有很好。

「我不擅長這種辦公桌上的事情，」他告訴我：「你知道嗎，我已經算不清參加過多少選舉了，可是我可以跟你保證一件事情。我從來沒有讀過一份政綱。」

我們都爆出大笑，然後我說到提名山特・布克斯為候選人的事情。戴維・拉爾要我放鬆。「提出這種要求也不用覺得害羞。想要幫助朋友並沒有錯。我聽說他是個好人，而他的弟弟應該要照顧他。不過如果他沒有，我何不這麼做？」

幾天以後，我在早上六點被電話叫醒。我接起來，聽到戴維・拉爾沙啞的聲音說：「馬克・涂立大人，你的事情辦好了。馬上過來一趟。」

所以我和喬都利大人吃了一頓包含凝乳、麵餅、蔬菜咖哩的早餐，他告訴我山特・布克斯已經得回他在法塔普爾（Fatehpur）的老位子；那是一個位於阿拉哈巴德和坎普爾（Kanpur）之間的地方。我馬上開車去找待在另外一個議員公寓的山特・布克斯，猛力敲門。半睡半醒的僕人出現在門口，緊張地請我不要堅持叫他這麼早去叫醒山特・布克斯，但是我堅持。當山特・布克斯終於出現，我簡短地重複喬都利大人的話：「你的事情辦好了。」

一開始一切看起來都好。我從其他消息來源聽說法塔普爾的確已經分配給山特・布克斯。傳言黨總部有給他錢，而他自己也出現在德里的選舉集會舞臺上。但又一次我在一大早被叫到哈里亞納宮。暴躁的喬都利大人問我：「威許瓦納特・普拉塔普・辛格是哪種人？他把自己的哥哥踢出去。」

「什麼意思?」我問。

「意思就是威許瓦納特不只劃掉山特・布克斯的名字,他還自己把法塔普爾的位置拿走。當山特・布克斯的名字一出現在討論裡的時候,他說:『想一想吧,考慮考慮,』最後顯然他根本沒有要把他哥哥的名字列入。」

「我想是為了保護自己的名聲吧。」

「一個不肯幫助自己哥哥的人應該得到什麼樣的名聲?這是人品的問題。」

喬都利大人也跟山特・布克斯說過話,告訴他會繼續為他努力,可是最後還是沒有用。

山特・布克斯從來沒有打電話給威許瓦納特抱怨、爭論或吵架。如果他有這麼做的話,他就會知道威許瓦納特從一開始就清楚地告訴同事,他要從法塔普爾開始戰鬥,因為那對他來說很安全。他屬於主導該選區的封建塔庫爾⑩種姓,而且幾乎就是當地子弟。威許瓦納特自己的選舉一定要有保障,這樣他就不用在國內其他地方參選。又一次,這兩個兄弟之間因為不肯向對方要求協助而產生誤會。山特・布克斯被這件事情傷害得很深,可是他覺得這是他唯一的一條路。「我要去法塔普爾,」他告訴我們:「去競選。」然後他停頓了一下,繼續說:「為了威許瓦納特我要去競選,我要去羞辱他。」

山特・布克斯的確跑去參選,可是沒什麼證據證明他羞辱過自己的弟弟。

拉吉夫・甘地陣營沒有贏得多數選票,而且拒絕嘗試分裂反對黨,不過照未來發生的事情看來,那不是很困難的事情。總統要求賈納特黨組成政府。對威許瓦納特來說,這是單一議題的選舉。他以反貪十字軍的形象出現，所到之處他的支持者都會嘶喊著口號：「不是王子，是托缽僧（faqir），國家的前途在他手中！」在整個競選活動中，他抗議他對於任何野心的無知，可是他的人氣越攀越高，選民和媒體都認為他會是賈納特黨的總理候選人。

等到選舉該黨黨魁，也就是未來的國會總理的時候，在賈納特黨內出現強大的反對聲浪。戴維．拉爾曾經形容威許瓦納特是「空降部隊」，因為他從來沒有在國會扮演過反對黨的角色，只是在反對運動的最高峰時投入。不過最後還是達成妥協，戴維．拉爾被選為黨魁，而他會支持威許瓦納特當總理。為了保住喬都利大人的榮譽，他會被指派為副總理。

到這場猜謎遊戲結束，戴維．拉爾打電話到BBC辦公室來。他先跟我說話，然後問我是否覺得他做對事情。我恭喜他當選國會議員，他聽起來很開心，然後要求跟我的印度同事沙蒂西．雅各（Satish Jacob）說話，告訴他：「我覺得被自己愚弄。」

戴維．拉爾發現他又一次被歸類成分軌器。

威許瓦納特的勝利很短暫。賈納特黨內的矛盾、衝突的野心等，讓他的政府在一年內垮台。他展露的野心糟蹋了他那無私的政治人物名聲。威許瓦納特告訴我們，他沒有想當上總理，但是戴維．拉爾一直說：「你去當總理，民眾投了票給你。如果你沒有被指定，我們會被追著跑。」可是威許瓦納特也承認：「我付出龐大代價。大家得找到一個陰謀論，最後他們歸罪於我。」

戴維．拉爾是拉威許瓦納特下台的策畫者之一，但是這一次事情又被別人帶往另外一個方向，諷刺的是這一次是山特．布克斯還在國會時代的朋友，狡猾的錢德拉．薛卡爾（Chandra Shekhar）。這是威許瓦納特的誠實名聲所建立的事業之終點，而他承認這個名聲乃是基於錯誤的假定。

在他反貪污的整個征戰中，他知道其他人以他和黨派的名義花了那些髒錢，可是他堅持從來沒有所謂「以物易物」，從來不收錢去幫人忙。

至於山特．布克斯，他沒有從弟弟對自己不忠的這件事情恢復過來。他離開了德里，他的野心唯一依歸之處，回到在阿拉哈巴德的家。在那裡他似乎失去了所有人生樂趣。那時候我們不知道，但後來他的妻子告訴我們，他把個人所有的文件都收集起來裝訂好，給了一個朋友，要他把它們丟進阿拉哈巴德的聖地桑岡（Sangam），也就是恆河與閻牟那河匯流之地。他變得很虛弱，可是當我們建議他回到德里去看最出名的醫生時，他一點興趣也沒有。他死前吉莉最後一次去看他，他向她問好的時候說：「你幹嘛麻煩跑來看我？」她淚水盈眶地回答道：「如果我不來看你，我要去看誰？」

山特．布克斯帶著光明的前途開始，但他的事業失敗是因為他太誠實而不肯奉承或求助，甚至包括自己的弟弟。

【注釋：】

❶馬路蹄（Maruti）：印度最大汽車製造商，在一九八六年由印度政府和日本鈴木汽車合資設立。

❷祖爾非卡爾．阿里．布托（Zulfikar Ali Bhutto）：一九二八～一九七九，一九六七年創辦巴基

斯坦人民黨，一九七三年任總理，一九七七年在政變中被捕，兩年後遭到處決。

❸林肯法學院（Lincoln's Inn）：創於一四二二年，位於倫敦市中央，是英國四間最古老的法學院之一。

❹賈亞普拉克許・納拉揚（Jayaprakash Narayan）：一九〇二～一九七九，是馬克思主義和社會主義的忠實支持者，也推展印度教復興。

❺摩拉爾吉・德賽（Morarji Desai）：一八九六～一九九五，追隨甘地進行不合作運動，一度參加國大黨，但後來退出，一九七七年領導賈納特黨贏得選舉。

❻戈培爾（Dr. Joseph Goebbels）：納粹時代的德國宣傳部長，嚴格控管德國所有流通的資訊。

❼史戴佛・克利普斯（Stafford Cripps）：一八八九～一九五二，曾為英國左派工黨領袖，一九三九年因鼓吹共產主義被驅逐出黨。一九四七年獲委任為經濟部長。一九五〇年退休。

❽伊頓公學（Eton）：位於倫敦近郊的貴族學校，學生多來自貴族顯赫家庭。英國王子皆出身於該校。

❾昌第加（Chandigarh）：印度西北部城市。自一九六六年建為聯合區，成為旁遮普邦和哈里亞納邦的聯合首府。昌第加市由柯比意設計，包括一條長八公里的綠帶，市區有亞洲最大的玫瑰園。

❿塔庫爾（Thakur）：婆羅門種姓中第二高的階層。

9
水的收成者

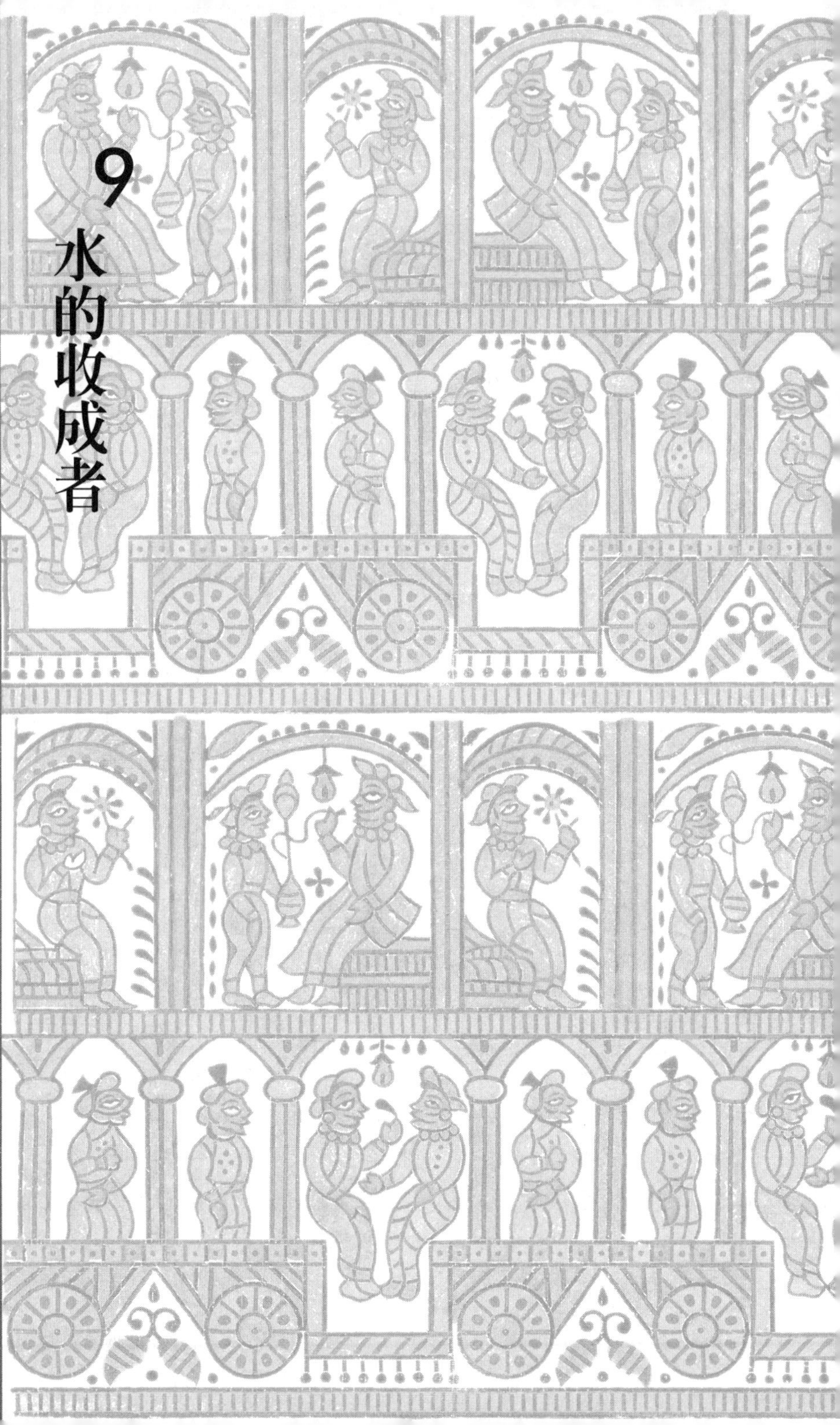

在二〇〇〇年炎熱的季候開始時，印度媒體突然發現「本世紀最嚴重的乾旱」——甚至出現「本世紀最嚴重的飢荒」的警告。乾旱「像流行病一樣傳播」，而農業「被推至斷崖」。鑿到深達一千五百呎的井也乾涸，因此用上了三百四十年前烏戴浦爾的藩王所建的蓄水池。「牛骨商人的大日子」是更多可怕的標題之一。有影片拍攝婦女站在長龍中，頭上頂著水桶等水，而憂鬱的農夫站在像瘋狂柏油路面一樣乾焦枯裂的田地上接受訪問。邦政府急著盡量擠出錢來，因為等待來自中央政府的援助只會讓這故事火上加油。國際媒體也不落人後，情況看起來開始像世界正面臨另一次災難。

不過在一個月內，無論印度國內外，大部分的媒體都對乾旱失去了興趣。或許這是因為經過記者盡責的調查之後，只發現兩起可能是餓死的案例。或許不要那麼憤世嫉俗地說，那是因為邦政府用水槽提供飲用水和牛隻的飼料，解決了嚴重水荒的立即後果。

一個媒體對乾旱的努力

這個故事的消失讓我找出一本很棒的書《大家都愛好乾旱》（*Everyone Likes a Good Drought*），這本書在我的待閱名單上存在很久了。這本書作者是一位印度記者山納特（P. Sainanth），內容則是關於報導生活在貧窮線下的民眾和災害對他們影響的沉重控訴。經過兩年的調查，他的結論是：記者只對災難中發生的事情和發生後的混亂有興趣，他們不關心災難的原因，以及可能的補救方法。山納特發現一篇報導，在談論某個降雨量多過需要的地方，有「永恆的旱災和蕭條景況」。那個記者沒有解釋這種異常現象是怎麼發生的。山納特解釋了：傳統灌溉系統被破壞、發展計畫造成的問題比好處多、放款人、土地改革失敗。山納特將此歸咎於政府發展計畫逃避重大問題，例如土地的所有權，且發展政策沒有讓原來要幫助的人參與——甚至連徵求他們的同意都沒有。他深信不是很多人都了解這件事，因為大眾媒體與他稱之為「亂七八糟的現實」越離越遠。不過山納特認識到一種窮人之間的新情緒。他寫道：「在國家的不同地方，民眾以不同的方式讓自己面對大賭注。在某些情況中，可能不是最健康的方式，可是它們全都代表這個現實，被統治者再也不願意被人用舊的方式統治。」

西印度古加拉特就是深受乾旱所苦的邦之一，也是對興建納爾默達（Narmada）水壩憤怒的戰爭發生之地。納爾默達河❶是印度唯一還沒被利用的主要河川。反對建水壩的人認為這就是山納特所抱怨的典型發展政策。在未經諮商的情況下，有數以千計的村莊會失去他們的土地，以建造蓄水庫。這個計畫的高昂成本會導致幾乎沒有錢可以恢復傳統的灌溉與儲水方法。此外，還有民眾反對水壩的運動。在一位名為梅妲．帕特卡爾（Medha Patkar）的迷人女性的領導下，他們成功地讓世界銀行撤回對水壩的支持，而日本政府也取消貸款，不過該決定又被推翻。這項運動也迫使法院注意他們的投訴。在乾旱期間，法官要決定是否讓水壩完成。

古加拉特是倡導「村民幫助村民」發展的聖雄甘地之故鄉，如果他的影響力還存留下來，就是留在這裡。所以古加拉特似乎就是測試山納特理論的好地方。

當地的記者是大部分外國記者的報導中沒有歌頌的英雄，所以當我抵達古加拉特蘇拉施特拉（Saurashtra）地區首府拉吉寇特（Rajkot）時，我馬上前去一家蘇拉施特拉報社。這家報社叫《福爾恰伯》（Fulchab），意為一籃子花，是個高尚報社的高尚名字，是個帶著詩意的報社名字；該報的首任編輯札佛強德・梅嘉尼（Zaverchand Meghani）被聖雄甘地譽為印度的國家詩人。現任編輯狄尼西・拉賈（Dinesh Raja）在辦公桌後有一大張札佛強德・梅嘉尼和創立該報的慈善企業家的照片。他也不用對商業壓力低頭，因為該報仍舊屬於這位慈善企業家設立的基金會。

我不是第一個來找狄尼西・拉賈的人，他正像個慈悲的佛教徒，在主持一個當地知名人物和來自古拉加特主要大城阿拉哈巴德的記者集會。全部的人都非常急著保證，我聽到關於乾旱的簡報是正確的。最執著的是一個被狄尼西・拉賈介紹為「老兵」的人。印度每個人都必須有個地位，在層級裡面的排行，而在新聞界，你要是從資深記者變成老兵，通常意思就是你退休了。荷門特・潘迪亞（Hermant Pandya）的灰髮梳理整齊、臉削瘦多皺紋、因缺乏牙齒而凹陷的臉頰，顯然他早就過了退休的年紀，但是那沒有減少他的活力或熱切。他決定要第一個開口，於是從椅子上站起來，轉向我，以他在年齡上的權威性，開始演說。

「要了解這場乾旱，一定要了解蘇拉施特拉，這裡和印度其他地方不一樣。在這裡我們說：『一個不尊敬勇者或聖人的人，根本不算是人。』」

看到我不太了解神聖和乾旱之間的關聯，狄尼西・拉賈插嘴解釋說：「這裡的聖人不是像其他地方一樣忠告門徒遠離世俗，住在聚會所裡，或是要錢來建廟，而是散播社會服務的消息。乾旱的效應被這些聖人留下的社會服務傳統所減輕。」

這引起老兵宣稱：「服務人群就是侍奉神；所有的窮人都是神。」

我指出那也是加爾各答的德蕾莎修女❷的傳統，但是沒人理我，老兵演說繼續下去：「這裡的聖人不限於高級種姓，他們來自下層種姓，還有到處遭人鄙視的達利特。一百年以前我們還更進步。」

大家都笑出來，而這位老人坐下，至少滿意了一陣子。這給了狄尼西・拉賈一個機會告訴我，今日聖人的支持，已經給了「人民行動」藉由恢復傳統「收成水」的方法去減低蘇拉施特拉長久的缺水影響。顯然有個領導的聖人——這個名詞是在說印度教的聖人——召集他的宗教領袖同伴舉辦會議，告訴他們要告訴村裡的信徒他們被政府誤導，且將那些「絕對不會帶來好處」的大型新計畫當做強調重點。這次「反政治宣傳」的結果是，村民相信傳統方法已經太老舊而且規模太小。狄尼西・拉賈繼續說：「因為這場乾旱和人民行動，村民現在背棄政府的宣傳，不只這樣，他們建造了攔水壩和挖了自己的池塘，不相信腐敗的官吏和搶劫大眾的包商。甘地希望村民變得自給自足、照顧自己需要的夢想終於實現了。」

《福爾恰伯》藉由舉辦推展水收成的活動，在人民行動中扮演了重要角色。那位老兵記者決定我應該要知道這件事情。他往前傾，手指指著我的方向宣稱：「人民的覺醒在此完成。這份報紙是個先鋒。這是教會，教會。」

矮胖樸實的狄尼西・拉賈舒服地坐在辦公桌後面，看起來一點也不像狂熱的傳教士，心滿意足地讓其他人宣揚《福爾恰伯》的優秀表現。他的前任業務經理現在是個社會工作者，他解釋《福爾恰伯》組織了一個計畫，用水槽裝水，免費供應給拉吉寇特的民眾。古加拉特人是很棒的開荒者。有的人說，多達四成移居英國和四成五移居美國的印度人是古加拉特人。古加拉特海外同鄉也遍布東非、南非、波斯灣國家。這些有錢的企業體慷慨地資助《福爾恰伯》的資金。我坐在狄尼西・拉賈的辦公室裡時，他得到一個消息說有個在巴林[3]居留的古拉加特人寄了相當於兩千英鎊的支票來。

這又引起荷門特・潘迪亞另一次發言。「我告訴過你。你正在參觀的這個媒體是個教會。是個曾經為人民自由戰鬥過的教會，現在又為了將他們從統治者的錯誤統治下解放出來而戰鬥。」

水的收成

《福爾恰伯》是一份我確定比起其他報紙，山納特的怨言會少很多的報紙。坐在該報的辦公室裡，我有個機會去調查「本世紀最糟糕的旱災」，研究補救方法和人民對統治者的反彈。狄尼西・拉賈也提供我一個著手的地方，就是拉吉薩姆狄亞拉（Rajsamdhiyala）村，他跟我說那裡有過人民革命。領導人是村委會的主席。

狄尼西・拉賈打手機給村委會主席，知道他現在在拉吉寇特。不到幾分鐘，他就來到狄尼西・拉賈的辦公室加入我們，經過簡短的介紹，他唐突地說：「如果你要看古加拉特為什麼沒有乾旱的需要，跟我來。」

兩座陰森的灰色石塔仍舊保衛著拉吉寇特一所高中的大門，甘地一下課就會從這裡跑回家。他在自傳裡面寫道：「我不能忍受跟人講話，我甚至害怕有人會開我玩笑。」對於一個成為他的時代中最為顯赫和勇於發言的政經批評家來說，這種開始頗為奇怪。甘地相信，「獨立一定要從基層開始。因此每個村落都要成為共和政體，或是村委會，有全部的權力。」所以我猜測那個村委主席只是做了甘地希望的事情，將他的村落變成共和政體，是他教誨的追隨者。我錯了。

哈爾德夫辛．賈德加（Hardevsinh Jadeja）穿著襯衫西褲，一雙很好看的鞋，純棉布上沒有縫補的痕跡。這種棉布是由村民所紡織，乃是聖雄追隨者的制服。甘地一直靠大眾運輸工具旅行，從來未曾擁有過車子。當我建議應該開我的車到那個村莊的時候，村委主席因為我似乎沒發現他有自己的車而有點被冒犯到。就我的經驗來講，一個村民有自己的車子和手機是很稀奇的，但是更糟的是從甘地的觀點來看。當他以危險的決心，在和其他印度城市一樣似乎沒有交通規則的拉吉寇特的車陣裡駕駛，這個村委主席不是鼓吹甘地的簡約生活和禁慾主義，他是在誇耀自己的富裕。

「他們在談論乾旱，」他輕蔑地說，「我種了秋葵（bhindi），那需要大量水分。我想這至少可以為我賺進八千盧比，而現在因為其他農夫沒有水，價格還會更好——市場是很難預測的，不是嗎？」

哈爾德夫辛．賈德加從拉吉寇特的大學取得英國文學的學士學位，但是他很少用到學位。為了避過一輛人多到不得了，似乎馬上會倒下的傾斜巴士，他插到一輛三輪人力車的前面，說：「對我來說，重要的是我從農夫這個行業所學到的事情。當然我一出生就是個農夫，我只是提高了我的知識。我的父親曾經靠他的蔬菜賺了十五萬盧比。現在我賺了超過百萬，所以你可以看得出來我學了多少。」

最後我們終於從拉吉寇的的交通堵塞中脫身，上了巴夫納加（Bhavnagar）大道，這裡的車流比較順暢。巴夫納加是一個位於拉吉寇特東南方的城市，就在坎姆巴特灣（Khambhat Gulf）邊上。經過大約二十公里，我們下了大道，走上一條非常適合駕駛，但是沒有鋪上柏油的路，還要經過一道水泥拱門，上面刻著「拉吉薩姆狄亞拉村委會」。這是印度和這個村莊的邊界，而這個村莊的村委會就在哈爾德夫辛・賈德加的領導之下宣布單方面獨立。

哈爾德夫辛把車停在村廣場角落一棵榕樹的樹蔭下。村委會一定曾經在這棵樹的樹蔭下開會，不過哈爾德夫辛指著一棟新蓋的兩層樓水泥建築，那就是拉吉薩姆狄亞拉的議會和辦公大樓了。「這就是我實行統治的地方，」他一點也不謙虛地說。哈爾德夫辛是一個瘦削、身高普通的男人，有張狐狸臉，雖然已經過了五十歲，不過雜亂的黑髮還是覆蓋著前額，站在人群裡實在不出眾。但是當你跟他講話，他就會顯出慣於發號施令的行為和不耐煩的態度。身為主席，他在村委會辦公室建築的一樓有一間大辦公室，牆上掛著他那成功的水收成計畫的照片——在過去乾涸的小溪上新建的攔水壩，而池塘收集雨水，並讓水浸透土壤，以提高地表含水量。印度官僚將此歸類為「小型灌溉工程」，和他們喜愛的大水壩與渠道建設概念相反。

兩個從鄰村來的農夫在辦公室等著哈爾德夫辛。他們來求他幫忙在他擔任董事的農業合作社，以特別條件賣給他們牛飼料。不像哈爾德夫辛，他們穿著傳統古加拉特服裝，在像短馬褲的白棉褲子外面穿著白色罩衫，那種褲子要是小腿束得越緊就越時髦。哈爾德夫辛打電話給位於拉吉寇特的合作社辦公室，警告他們當天稍晚他會帶那兩個農夫過去，然後幫我們點了茶，問我：「你想從哪裡開始？」

我用不同的語氣回答：「我想我們最好從水開始，不是嗎？」

「好吧，最重要的事情是知道水在哪裡。政府在整片地上都建了攔水壩，它們大部分絕對都沒用處。更愚蠢的是，他們手裡都有該在哪裡建的資料。」

他打開辦公桌的抽屜，拿出該區地下水脈和水庫的衛星圖片。「看這個，」他指示我：「它們幫助我們這麼成功地收成水。它們顯示要在哪裡找到水、水儲存在地下的哪裡、還有裂縫的所在，可以從地面將水抽上來。」他指著地圖上鐵軌一樣的粗黑線繼續說：「這些是地下儲水區，你可以看得出來，這對於決定在哪裡興建水壩有多重要。」我看不出來。地下儲水區看起來不知道從哪裡開始，在哪裡結束，而我也看不出它們有什麼特別。為了避免顯示我的無知，我換了話題，改問水在村裡是怎麼分配的。他解釋說，村委會有個計畫，是供給家家戶戶自來水，除了農民的自己井以外還有公用井。而相對地，村民都要繳交水稅給村委會。

在拉吉薩姆狄亞拉，要抽稅的不只是水而已。村政府的財政來源包括房屋稅、村裡的清潔稅、包括腳踏車在內的車輛稅。收稅也不只是村委會從政府那裡奪取的權力，它還擔任法庭和警察的角色。規定的罰款包括亂丟垃圾罰五十一盧比、飲酒罰一百五十一盧比、賭博罰兩百五十一盧比。任何被判「夜間挑逗」或是騷擾婦女罪行成立的人，會被剃光頭遊街示眾。如果有竊盜案，村委會會馬上賠償受害者，並負責解決這個案件。村民不准自己去找警察；這會導致五百盧比的罰款。

我對於排斥警察這件事情有點懷疑。在印度警察會謹慎地保護自己的地盤——調查罪案和處理投訴是非常賺錢的行業。但是哈爾德夫辛堅持：「警察不會來這裡，因為在這裡他們沒事可做。可以讓他們執勤的地方多的是。在每個地方總是約有一成的人不肯遵守法律，可是在這個村裡我們可以自己處理。我們有自己的政府，我們是自由的。」

哈爾德夫辛帶著極大的愉悅，告訴我一個在六年前搶劫村裡農夫和達利特的黑幫下場。「我們先找到其中兩個，是游牧種姓的人，我們痛打他們直到他們告訴我們其他人的下落。我們打斷這兩個人的腿，最後一共抓到二十五個，處理了他們。從此沒人敢進入我的村莊。」他加上一個滿意的微笑。拉吉薩姆狄亞拉沒有白紙黑字的法律。哈爾德夫辛看不起這微小的區別。「只會照章辦事的人成不了大器。這裡沒有上訴、沒有法庭劇，所有的事情都是當天當場作出最後決定。」

雖然是日正當中的時間，哈爾德夫辛還是堅持要帶我看看他的模範村莊。他沿著相當寬大平整的道路大步邁進，誇張點說是昂首闊步。所有的房屋都是磚和水泥蓋的，只有牛棚是泥造的。

哈爾德夫辛對這個村子的驕傲是公正的。

「你看不到蒼蠅，因為我們沒有灰塵和垃圾，」他指出。

「看起來也沒有野狗。」我補上。

「不，」他回答：「我們不愛牠們。」

「你是小李光耀，」我說：「是某種對清潔有狂熱的寬厚獨裁者。」

哈爾德夫辛同意村裡的一切都是「義務的」，可是他比較喜歡形容自己是「希特勒和甘地的混合體」。

我們經過三個老人，他們綁著白色的頭巾遮陽，坐在商店的階梯上。這家店是個迷你百貨公司，販售所有村民可能需要的東西。店主曾經是個沒有土地的工人，但是哈爾德夫辛幫他安排了貸款開店。

我問老人，他們是否認為這場乾旱是本世紀最糟糕的。

有一個回答說：「我們習慣了困苦和沒有水的生活。有幾年很糟，有幾年沒那麼糟。有幾年作物收成好，有幾年不好，有幾年甚至沒有收成。沒多久以前，我甚至想不起來是什麼時候，不過是拉吉夫・甘地的時代，我們一共有三年很慘。不過通常總是可以在井裡面找到一點飲用水。聽說今年是完全沒有。」

「聽說，你的意思是？」

「我們聽說其他村莊的井裡是乾的，有很多關於政府行事的抱怨，但是我們這裡因為村委主席大人而擁有豐沛的水。」

另外一個老人喃喃地同意他的說法。

我要求看村裡達利特居住的地方。通常這是村裡最窮最被忽視的地方，但是這裡的房子還是磚造的，而且有小花園。兩輛牛車由大水牛駕著牛軛在耕田。我很意外，因為在富裕的北印度村莊，這種工作通常由拖拉機來做。不過蘇拉施特拉人的精明是有名的，而哈爾德夫辛跟我解釋，牛車如何比拖拉機更為經濟，因為成本低廉、不需保養、飼料比柴油便宜，而且可以耕到拖拉機耕不到的地方。

在我們關於該村政府的討論中，哈爾德夫辛告訴我一個他那天早上才處理的事情。有個農夫為了保護農地不受俗稱「藍牛」的印度大羚羊攻擊，豎立了一道跨越鄰居灌溉渠道的籬笆。有人早上八點鐘來投訴，九點鐘哈爾德夫辛就已經說服那個農夫妥協拆掉籬笆，以交換受到侵害的人放棄某些較不重要土地的權利。我們前去實地觀察這個決定的意思，發現有個工人已經在挖新的洞來建籬笆。兩個從鄰村來的農夫繼續耐心地跟在我們身後，他們都不敢置信。一個說：「這種紛爭在我們的村裡一定要鬧上法庭，兩個人都得付出很多錢。」

「然後事情就沒完沒了沒個決定。」另外一個補充說。

「這就是沒有法庭的好處。」哈爾德夫辛帶著滿意的微笑說。

到現在為止，我沒看到水、小河、溪流、池塘，當我問哈爾德夫辛關於這件事的時候，他回答：「你看不到，全都在地底下。」他帶我去看一系列在河床上的水泥壩。每個水壩都有三呎高。河床上沒有水，但是注意看附近的一口井，我可以在井底深處的黑暗中發現一些水。那看起來不像有很多水，不過哈爾德夫辛說：「能夠有水就很幸運了，如果不是因為有這些攔水壩，我們去年才下的一點點雨會流光。因為水被擋住，就會滲到地下的儲藏庫去。現在我們需要做的是一次洩流，然後兩小時內水井就會充滿水，農夫就可以用這些井裡的水灌溉。」

當我參觀完村裡，我們又進入大廣場，我看到一輛白色麵包車停在榕樹下時覺得有點沮喪。那看起來像是在古加拉特警察所屬的車。我的故事崩潰了嗎？如果這個英雄不是說謊的人，沒有誇大讓他的話變得不可靠的話。當我們接近時，確定這輛客貨車真的屬於警察，可是這沒有打擊哈爾德夫辛的信心。他邁向他的辦公室，歡迎兩位魁梧的警察在他的辦公桌前坐下。

「我們才聊到警察你們就來了。」

有件事情似乎很明顯──兩個警察等著取得哈爾德夫辛的許可進入村莊，此外他們似乎很了解他，對他感覺不錯。當我問這是怎麼回事時，兩人之中年紀較大的，一個大下巴、圓肚皮，來自拉吉寇特特別組的副探長大嗓門說：「這裡的村委會對我們很幫忙，有時候我們來這裡喝茶和水。但是我們沒有要找這個村莊麻煩。」這看來在拉吉薩姆狄亞拉共和體和印度警察之間有某種國際刑警組織（Interpol）關係。兩者交換情報，需要的時候相互合作。這次警察是來要求許可查問一個村民，他曾經和某個因為製造假汽油被判罪、在戒護過程中逃跑的人犯交好。警察得到許可就進村去了。

鄰村的兩個窮農夫對於他們在拉吉寇特的約會開始緊張起來，但是我還想要看一個東西。因為我還沒有得到乾旱在拉吉薩姆狄亞拉之影響的典型景象，我要求村委主席帶我去看沒有被他對水收成的熱切所影響的村莊看看。所以我們搭上他的車，前往帕達山（Padashan）村。

在路上，我們又經過一個拉吉薩姆狄亞拉不尋常的景象，村裡的板球場正在舉行練習比賽。那裡並沒有綠意盎然的英國式村莊草地。在被陽光烤焦的黑色土地上甚至沒有一片草。我們直接開到三柱門邊——沒有球員敢反對。我看到遊戲是用網球進行，鬆了一口氣，如果是板球正式用球，在這麼硬的板球場上會變成致命武器。旁邊另外兩個球場已經開挖，哈爾德夫辛向我保證，等到十月球季開始，就會鋪上草皮。我覺得很難相信。不過知道哈爾德夫辛是村裡球隊隊長兼第一位打擊手兼快腿右投手，一點也不令人意外。

前往帕達山的路上，我們在鄰村放下兩個農夫，他們的飼料還有得等。沒有一句道歉，他們就被趕走，叫他們明天再來，而他們也沒有抱怨地走開。

一進入帕達山，我便發現我回到死氣沉沉的印度鄉下，因為倚賴政府而逐漸枯竭，他們的希望被官員和政治人物沒有實現的承諾擊碎。我們艱難地開車經過狹窄而坑坑洞洞的路，嘗試避開在拉吉薩姆狄亞拉不受歡迎的癩皮狗。看起來每個地方都是亂丟的藍色塑膠袋。開放式的排水溝上面是蒼蠅在嗡嗡飛舞。村中央廟宇牆上的油漆剝落。這裡的人很多，不論老少都沒有比瞪著我們更好的事情做。

我們一下車，他們就團團圍過來。有人把椅子搬出來，一瞬間我們就被圍在關於乾旱的討論之中。有個年輕人被派去通知那裡的村委主席，這樣才能表示外交禮貌。哈爾德夫辛很有名，而且相當受到村民尊敬，那裡沒有人希望出現對他不敬的問題。有壺茶出現了，但是在蘇拉施特拉，你得用小碟子喝茶，對於沒試過的人而言，說的比做的簡單。我的手抖得好厲害，把茶碟裡大部分的茶都灑在襯衫上。

我們在等待村委主席的時候，我問到乾旱的影響。顯然井裡沒有水，村民全都仰賴政府的水槽。每天應該要運來八個水槽，但是免不了又出現關於不規律供應的抱怨。想到關於牛骨商人的標題，我問一個老農夫村裡死了多少牛。「我不確定有牛死掉，」他回答：「但是政府給的飼料根本不能吃，所以我們得付高價來買牛飼料。在一九八五至一九八七年間的乾旱期，政府在每個村莊都設了牛營。」

廟裡的祭司說，他從來不記得以前井有這麼乾過。他不知道有人因為缺水而變得虛弱，或是村裡有人外移。但是村裡經歷著「嚴重的困難」。農民抱怨，雖然他們的作物有向合作社保險，可是他們去年的壞收成還沒拿到錢，即使今年有雨下，他們也沒有錢買種子。我問他們為什麼不照拉吉薩姆狄亞拉的例子做，興建攔水壩來留住水。祭司說：「政府不會幫我們這麼做的。」我指出，「拉吉薩姆狄亞拉也沒有接受政府的援助。」一個坐在我們面前的老農夫的手緊緊握住手杖頂端，說：「上帝並沒有讓我們擁有好的領導人。」

村委主席就在此刻抵達。他是個好看的男人，白髮修剪整齊，濃密的鬍髭完美無瑕，瀟灑地穿著彷彿剛從燙衣板上取下的襯衫和褲子出現。他的外表就像慣於發號施令的人，但是當我問他為什麼不能組織起攔水壩的興建時，他回答，「大家不感興趣。村裡每個人都說我們為什麼要做，這是政府應該幫我們做的。大家都不幫忙。」

所有的村民都聽到政府鼓勵水收成的新計畫，在此計畫下，如果村子可以負責水壩興建費用的四成，政府保證會付剩下的六成。不過抓著手杖的老農夫不感興趣。「這個計畫原來是政府付九成，我們付一成，現在變成六比四，我們怎麼可能成功？」

「他是個悲觀主義者，」哈爾德夫辛悄聲跟我說：「用這種態度誰可能做出什麼事來。」

我問這個沒士氣的村委主席，如果這場旱災像八〇年代那樣持續三年，會發生什麼事情。他指著天說：「上面的那個知道，」就在那一刻傳來像打雷的轟隆隆聲音。不過那不是老天的回答，只是廣場邊廟宇的鼓手在宣布晚禱開始。這對哈爾德夫辛來說過份了，他嫌惡地聳聳肩，輕蔑地說：「如果你覺得拜神或迷信政府對你有用，你就錯了。老天沒有為我們做任何事情，政府也沒有。我們全都靠自己。」

在貶低那個村莊和從村委以下的村民之後，他又大步走開，我有點缺乏自信地跟著他。我不太確定想被人跟哈爾德夫辛尖銳的話聯想在一起。

當我們開車回到拉吉薩姆狄亞拉，太陽已經落在遠方的矮丘之後，那些矮丘就像難看的火山熔岩沉積，從蘇拉施特拉的平原上倏然冒起。哈爾德夫辛注意到太陽的最後一絲餘光在黑雲的邊緣鑲著玫瑰般的粉紅與血紅。「如果有風，今天晚上就會下雨，」他說，然後輕蔑地補上一句：「這對那批廢物沒什麼用，水只會流過他們的土地。」

水的革命

當晚有些地方下雨，而隔天我的確看到有些水被收成。但是在那之前，我先被帶去和某個對水收成運動有貢獻的聖人會面。介紹我們的是一個政府灌溉處相當低等的職員，目前正在休假，並成為人民行動的領導者。

是《福爾恰伯》的編輯建議我也應該見一見曼蘇克拜．蘇瓦吉亞（Mansukhbhai Suvagia），咸認激勵百位村民在拉吉寇特西部地區興建自己的攔水壩應該要歸功於他。這場被曼蘇克拜稱為水之革命的運動，起源於一場在某個興建了三座水壩的村裡的會議。這個消息傳到古加拉特的首長耳中，他同意參加村裡的大會。與會民眾來自整個蘇拉施特拉，會議的最後他們全都舉手發誓要開始收成水。曼蘇克拜知道政治家的信用並不夠好，於是也邀請了大約十五位聖人來參加會議，以提高活動的影響力。他給我看了一張照片，是某位年長、顯然受到相當敬重的聖人，坐在拖車上抵達，還跟著一堆信徒。拖車裝飾得有如傳統的神轎，聖人頭上還打著繡花陽傘，顯示他的尊嚴。另外一張照片顯示三個聖人正在交遞建水壩的錢。根據對聖人評價不若狄尼西．拉賈那麼高的曼蘇克拜的說法，那是很罕見的情景。「這是第一次有聖人給錢。」他告訴我：「他們通常會要錢建廟，現在他們為了發展而捐錢。」

我對和另外一個參與水收成的聖人碰面很有興趣，所以曼蘇克拜同意帶我去找卡爾山．達斯．巴普（Karsan Das Bapu）。我們開往那位聖人的總部，而我們的車停在一個大型砂岩廟宇邊。沒有跡象顯示還有建築工，不過竹子搭起的鷹架還搖搖欲墜地靠著建築物，往上爬大約二十階，就來到站在基柱上的大廳，裡面也沒有神。廟旁邊是一個摩登的休憩屋，給朝聖者和訪客使用。在這棕櫚樹圍繞的廣闊建築的對面是一個長而低矮的棚，搭著紅色的波浪鐵皮屋頂。那就是餐廳。坐在地上

（餐廳沒有地板），我們吃到稀薄的蔬菜咖哩和更稀薄的扁豆，這是標準的印度宗教餐點。然後我們退到休憩屋的臥室，等待聖人接見。隨著時間過去，我開始擔心起來，因為我不想錯過曼蘇克拜安排在五點鐘的公開會議，但是曼蘇克拜並沒有這麼擔心。

最後我們被帶到聖人的房間，坐在他的寶座下，那張寶座像床多過像椅子。我以為會出現一個莊嚴的人物，某個要求也習慣別人致敬的人，但是最後出現的是一個瘦小乾枯的男人，免不了又是穿著紅色的袍子，稀薄油膩的頭髮披在他的頭顱上。他滑進房間，直接走向曼蘇克拜，擁抱他，捏他的臉頰，然後問道：「你的朋友好嗎？」

卡爾山・達斯・巴普可能是個聖人，可是那沒有妨礙他的幽默感。當我問他關於他正在建的廟的時候，他笑著說：「我以為這個年輕人會跟你說，當我們需要水壩的時候，我是個拿錢建廟的乞丐。」

「呃，不完全是這樣，」我回答：「他的確有說聖人曾經這麼做，但是他也給我看某些聖人捐錢給水壩的照片。」

「我是其中一個嗎？」

我不這麼想，不過我不想讓曼蘇克拜尷尬。幸好他在我踩中陷阱之前就發現了，插嘴道：「我知道你對於自己的慷慨並不要求任何獎賞或感謝。畢竟《薄伽梵歌》❹說你應該不考慮後果就盡你的責任。」

「你說的一點也沒錯，」聖人咳嗽，又往前傾去捏曼蘇克拜的臉頰：「當我們第一次見面的時候，我告訴你你做的事情就是我們聖人做的，從事社會工作，只是你沒有穿我們的袍子。現在似乎你也接手我教導教規的工作。你也跟這個人說我教導你的道理嗎？神無所不在，包括在水裡。水就是氧化氫（H_2O），神就是水裡面的氫？」

之後曼蘇克拜向他保證，他沒有教導我關於水的神學理論，這位聖人接著解釋，如果神是水裡面的氫，顯然我們不可以浪費，所以教規規定收成水是我們的責任。

卡爾山．達斯．巴普承認他需要先相信，才能接受水收成這件事。「本地的官員，」他說：「告訴我這都是浪費時間，我們需要的是完成納爾默達河的水壩，他們說那才會為蘇拉施特拉帶來水。然後我遇到曼蘇克拜，而我看得出來他是個好孩子。所以我去看他的工作，發現那只是針對他的忌妒言論，所以我捐錢給他。」

「你所謂的忌妒言論是什麼？誰在忌妒？」

「在印度沒有人喜歡看別人跑在前頭。他們總是嘗試拉下別人，特別是那些知道自己不受歡迎，所以害怕像曼蘇克拜這種人氣領袖的政治人物。」

當我們站起來要離開，聖人捏了我的臉頰，給了我不尋常的祝福：「現在你也是我的朋友了。當然，我不知道你是否也是個好孩子，但是我確定在曼蘇克拜的指引下你會是的。」

現在我們終於離開去看水了。我們開車經過一哩又一哩的平坦農田，那肥沃的黑色土壤等待著落花生和棉花種子，這兩種作物只在雨季下種。那裡沒有草。唯一的蔬菜發育不良，還有瘦巴巴的樹、矮樹叢、仙人掌。昨晚的雨季驟雨留下幾攤還沒在猛烈夏季陽光下被曬乾的水塘。我們終於來到一個小村莊，在那裡有個當地醫生熱情地迎接我們。加上半個村的村人陪同，他帶我們去看一個以前曾乾涸過的河床，現在有黑烏鴉在貪婪地喝水，還有一個建在曼蘇克拜的攔水壩後的池塘，有牛群滿足地在喝水。醫生坦承：「我們都忘了收成水的傳統，所以一開始並不相信這個計畫。現在我們親眼看到這有用。這些水需要很久才會蒸發，而且還會一直滲透到地下去。」

現在我們比曼蘇克拜應該要去巴爾甘（Bhalgam）村演說的會議遲了兩個小時以上。當我們終於抵達，一個擔心的社工瑪迪拜・維克利亞（Madhibhai Vekaria）在村外等我們，可是我們並未對自己引起的焦慮和不便致歉。他沒有怎麼樣，只是因為我們終於出現而鬆了一口氣。當我們開車穿越村莊時，他人探出車外，大叫：「曼蘇克拜來了，現在會議開始。BBC的人也來了，會議現在就要開始了。」我不想告訴他，我已經不在BBC了，免得打擊他鼓動人群的努力。

村民從茶店、其他攤販、門階上、樹蔭下、各種他們在晚間常會結成小團體討論當地與國家話題的地方走出來。他們走向村外的一塊荒郊野地，也就是會議地點。我們走在前面，發現那裡已經有人耐心地等著我們。

當晚有風，所以社工的介紹被嘰嘎怪叫的麥克風打斷。他們嘗試了各種方法，最後用塊手帕包住麥克風的辦法終於奏效，這時曼蘇克拜上台說話，他的聲音大而清楚：「過去兩百年來，你們一直對困境低頭，認為不管是什麼，神都會解決掉。你們忘了自己的責任，變得懶惰。我要這種惰性終結，我要你們解決自己的問題。」

曼蘇克拜暢所欲言，沒有停頓下來搜索遣詞用句。他很年輕，並不特別高大，穿著長袖白襯衫，下襬塞在褲子裡，前胸口袋插著必要的原子筆，看起來和其他的政府辦事員沒有什麼不同。可是村裡的長者坐在他前面，他們的兒子在後面，完全沒有竊竊私語就接受了這番批評。

「我相信神，」曼蘇克拜說下去：「但是我不要把自己所有的問題都丟給祂。我對政府沒有信心，所以把責任交給他們也是沒用。我已經看到人民的力量。如果你抓住這種力量，你就會看到你能夠成就的事情。」

從村民冷淡的臉上難以看出演說是否擊中要害。但是會議以後，在某間令我詫異的豪華屋裡，村內權貴的集會中，我確定有。

水收成計畫中的貪污

在印度要是沒有對貪污的指控，一個故事就不算完整，水收成自不例外。根據曼蘇克拜，那是因為古加拉特的首長被他受邀參加的會議所感動，才答應如果村民能湊足水收成計畫所需的四成資金，政府就會補助六成。雖然他這麼答應，不過古加拉特所有黨派的政治人物都相信，納爾默達河的大壩是蘇拉施特拉水問題的唯一答案。不是所有人都同意曼蘇克拜對首長計畫的出發點的看法，但是沒有人，甚至官員，否認這會衍生出貪污，特別是在朱納格特❺區域。根據媒體報導，由於貪污太嚴重，政府已經不給那裏錢了。

朱納格特距離拉吉寇特大約一百公里。在前往的路上，我經過一群耆那教尼僧，從她們薄薄的白棉袍就認得出來。有個尼僧坐在一架笨重的木頭輪椅上，由一個俗家信眾推著。其他人光腳走在一條可以謀殺人，對行人毫不讓步的印度幹道上。我不好意思停下來和她們講話，怕她們認為這是打擾，但是最後我實在抵抗不了滿足好奇心的欲望。我告訴司機調頭回去找她們。意外的是，我所接觸的第一個尼僧很願意和我交談。她說話很溫婉，而她在臉上蒙上面紗，避免呼吸時吸進最小的昆蟲，破了耆那教絕對尊重所有生命的戒律，但也把她說的話都弄得模糊不清，所以我不知道她在說什麼。我確實知道這群人正要去海邊的韋拉沃（Veraval）朝聖，這表示她們要在夏天的炎熱跟雨季的潮濕下旅行兩個月。那天她們預計要抵達九公里外的一個村。所有的尼僧都把她們少的可憐的家當用白布裹起隨身攜帶，然後用一種像拖把的東西把面前地上的昆蟲掃開。我問她們是否可讓我拍照，但她們禮貌地拒絕了。

我一直想去朱納格特，因為有個關於印度獨立後不久他們的統治者逃跑的有趣故事。在英國統治下，蘇拉施特拉是有錢土邦的拼湊物，它們包括有人口六十萬八千人、面積超過三千平方哩的朱納格特，到像馬納瓦達爾（Manavadar）這樣的小邦，當地的汗王只統治約一百平方哩。朱納格特是唯一由伊斯蘭教徒統治的蘇拉施特拉的大型邦；統治者是將軍❻大人瑪巴特罕．拉蘇爾罕吉爵士（Nawab Sahib Sir Mahbatkhan Rasulkhanji）。他是一個對狗比對臣民還有興趣的統治者，有一次宣布，為了慶祝他的兩隻狗伴侶聯姻，放假一天。他不是很有決斷力的統治者，容易受到他的首相沙．納瓦茲．布托爵士（Sir Shah Nawaz Bhutto）的影響。後者和他的兒子，也就是被處死的前巴基斯坦總理祖爾非卡爾．阿里．布托一樣，工於心計。沙．納瓦茲爵士的計畫是讓瑪巴特罕．拉蘇爾罕吉爵士宣布，雖然境內人民有八成是印度教徒，還是要加入伊斯蘭教的巴基斯坦。蘇拉施特拉其他的主要邦則選擇成為印度的一部分，這表示該邦會被印度或海所包圍。瑪巴特罕．拉蘇爾罕吉掉入陷阱，但是在周圍的邦拒絕和他交易導致食物短缺的時候，膽小的他逃跑了，他的臣民變得亂糟糟，而印度軍隊就駐紮在邊界。他急著逃跑，把一位侍妾給忘了，但是卻想辦法把許多狗帶上飛機。

瑪巴特罕・拉蘇爾罕吉留下的城市自他的祖先在一七三〇年代建立了這個王朝以來，數個世紀都是首都。這座城市建在平原上，旁邊是吉爾納爾山❼，幾百年來是耆那教徒的聖山。這座山上有許多寺廟，而這座城悠長的歷史也有許多紀念物標示，包括可能有一千五百年之久的佛教洞穴，一座古碉堡，裡面還有一座清真寺給碉堡內週五禮拜的人使用，瑪巴特罕・拉蘇爾罕吉家族的歷代陵墓，每一座上面都有個清真寺的尖塔。大部分的紀念物都還留著，但是這原本該是個多姿多采的小城市，卻被現代印度沒有計畫的醜陋發展所蹂躪，我開車經過的街上的排水溝，即使只是雨季的驟雨也不敷使用。

我終於來到政府的迎賓館，透過阿罕默德市❽一位記者的良好關係，我會和在古加拉特和德里執政的印度民族黨年輕黨工會面。我聽說他們握有六十四個計畫的貪污證據。我在迎賓館的貴賓室找到他們，正向一個也是印度民族黨的當地國會議員抱怨，說最近現場勘查九個根據計畫興建的水庫，其中有八個被發現「偷工減料」。國會議員聽說村民自己興建的水壩沒有問題，有問題的是有承包商的那些。

意外的是，雖然我是個記者，黨工願意跟我討論他們自己政府的腐敗，而且朱納格特印度民族黨的年輕秘書長，尼爾拜・普羅希特（Nirbhai Purohit）帶我到某個包商興建的水壩工地。我們開車到一個叫做門達爾達（Mendarda）的城鎮，在那裡讓當地印度民族黨的秘書摩罕拜（Mohanbhai）上車。他長得不討人喜歡，髮線漸退的頭髮用散沫花染得亮亮的。他不樂意分享任何超出帶我們去到水壩以外的資料。經過數哩越來越杳無人跡的鄉間，他告訴駕駛轉離柏油碎石路，到一條顛簸的路上。那裡毫無文明或開化的跡象，也看不到一棵樹。突然在這個散落著岩石的荒郊野外，我們的嚮導指著遠處的幾個人影，說：「那就是水壩工地。」

靠近一點我們可以看到，就如印度常常發生的，只有女人在努力工作。色彩鮮豔的裙子在她們的腳踝處飄蕩，搖著臀部，擺動著肩膀來平衡頭上頂著的金屬鍋子，她們自信地跨過不平的地表，奇蹟似地沒有被她們那完全不合腳的涼鞋所絆倒。她們是把水泥攪拌器中攪拌完成的泥土和石頭的不穩定混合物帶到水壩工地的人類輸送帶。這個水壩幾乎已經完成了，有個年輕的男人忙著在地上和壩堤塗上一層薄薄的水泥，來掩蓋這座建築物的本來模樣。粗魯又滿臉鬍鬚的監工否認發生中的詐欺事件的所有責任，說他只是照包商所說的作。

「不管怎樣，」他問道：「你們怎麼知道這應該是座水泥水壩？政府的檢查員兩天前來過，說百分之九十沒有問題。」

但是摩罕拜知道這份合約是水泥水壩。

回去的路上，問到這場騙局是怎麼運作的時候，摩罕拜開了口。「只要有十一個人，就可以組成一個委員會來建水壩，」他解釋道：「那不必非得是村委會或是什麼經認可的團體才行。官員太急著要把錢弄走。」

「為什麼？」我問道。

摩罕拜看著我的樣子好像我是白痴。「當然是因為他們可以分到錢。沒人來檢查水壩工地、沒人檢查估價單、水壩建好也沒人來檢查。有的水壩根本沒建也有報告出來，承包商還拿到完工證明。錢就在官員的口袋裡轉來轉去。」

「所以如果讓村民建水壩，就可以行得通嗎？」

「那是不同的事情。首先，委員會不是幌子，然後村民自行施工，監察確保沒有舞弊。畢竟他們有興趣的是保存水而不是賺錢。」

回到拉吉寇特之前，我和阿罕默德的新聞局長官碰了面，他解釋政府為了在六四拆帳計畫及其他紓解旱災方法中消滅貪污所做的努力。身受旱災所困的地區被分成五區，檢查員小隊會派到每個區去。「這麼做只是派賊去抓賊。」長官說。在每個隊伍中，會有個商會成員和資深官員、工程師、邦議會成員。

我問摩罕拜這是否都是虛應故事。

在他能夠回答以前，朱納格特的印度民族黨秘書長就插嘴說：「不是。你聽到我告訴國會議員那些隊伍已經去了，可那時很多傷害已經造成。」

「所以如果那些隊伍這麼有效率，為什麼我們剛剛還是看到貪污正在進行中的顯著例子？」

「好吧，你不可能塞住所有政府經費的漏洞，但是我們有報告這件事情，而且摩罕拜會看到他們拿不到完工證明。」

「我一定會。」摩罕拜嚴肅地說。

我得拿到水壩醜聞的官方說法，所以我想和一位被派去蘇拉施特拉當特別紓困委員的公僕見面。他很樂意在他的辦公別墅接見我，那裡的對面以前是拉吉寇特的賽馬場，現在則是用途未定的空地。我被一位僕人帶到一間起居室等待委員，但是我沒等多久就看到一位矮壯的男人，有著嚴肅學者的外貌，急忙走進房間，自我介紹是普拉文．崔維迪（Pravin Trivedi）。他之前曾被派任到拉吉寇特，大家都說他是「清官」。

普拉文・崔維迪將濫用科技歸咎為這場危機的原因之一。在上次的乾旱中，還沒有抽水幫浦，現在普拉文・崔維迪說那個造成地下水位的大混亂。這種機器會從超過一千呎的地下抽水，這被形容為「挖水礦」。諷刺的是，水收成運動的領導人曼蘇克拜能夠從政府工作中休假，乃是拜他那生產抽水幫浦的兄弟所賜。

普拉文・崔維迪對於人民運動相當熱心。當大部分的官員痛恨他們手中的權力被奪走之時，他極為樂意盡量給村民最大自由。「那是這個計畫中最好的一部分，」他說：「這給了村民設計和興建水壩的責任，使用民眾的工程技能是很重要的。畢竟他們在沒有政府幫助的情況下，使用水收成好幾個世紀了。」

「那貪污又是怎麼樣呢？是什麼造成的？」

「貪污？我不想誇大這件事情。這是一個傑出的計畫，一定不可以被老和政府工作連在一起的沒有根據的貪污指控所破壞。」

「所以沒有貪污這件事嗎？」

「不，我當然不是這麼說。當這麼龐大的運動出現時，一定會有不守規矩的事情發生，可是我們不能怪罪於整個計畫。村民不只是用他們的勞力興建水壩，還把靈魂也投注進去。你不能因為相信貪污的誇大說法而低估了他們。」

然後我問道：「所以為什麼這個計畫在朱納格特被取消了呢？」

委員輕鬆地反擊：「在朱納格特或是其他的地區都沒有真正被取消掉。」

當我結束對話的時候，普拉文・崔維迪發現他可能讓他的熱切超出自己的控制。想到官方的做法是打擊水收成，因為那對完成納爾默達水壩有害，他焦急地說：「請不要認為我說的話可以解釋為我們不需要納爾默達水壩。如果我們要有充足的水供應，就得有那個水壩，因為只有水收成是不能滿足蘇拉施特拉的需要的。」

古加拉特政府已經指派一位特別長官負責納爾默達水壩，他還寫了一份報告有效地反轉了反對者。閱讀以後，我發現那是支持水壩的論點，就像有反對水壩的論點一樣。但是這位長官掉入錯誤選擇（false alternative），也就是非此即彼論點（either-or argument）的陷阱，而搞砸了自己的論點。在強調納爾默達水壩的需求時，他抹消了水收成。在一個特別的例子裡面，他犯下明顯的錯誤。沒有辦法漠視拉吉薩姆狄亞拉村委主席的名聲遠播，他就在自己的文件裡宣稱「拉吉薩姆狄亞拉的成功是因為典型的地形與地理特徵……同樣的情況即使在鄰近地區也不能重現，因為缺乏了這種地理上的優勢。」但是我自己親眼見到另一個成功例子。

在蘇拉施特拉的最後一天，我帶著這份文件去找那位傑出的村委主席。他很生氣，然後完全不顧我看不懂衛星地圖的抗議，堅持要跟我回去拉吉寇特複印它們，這樣我就有科學證據可以反駁那個長官的說法。

複印完地圖之後，哈爾德夫辛帶我去拉吉寇特最時髦的一家餐廳吃午飯。吃飯的時候他告訴我，有個長官曾經因為他反對納爾默達水壩，而攻擊他是祖國的敵人。

「所以你現在對此怎麼想？」我問他。

「好吧，我不確定。」

「這聽起來真不像你。」

哈爾德夫辛笑了一下，然後陷入沉默，這也不太尋常，然後他說：「我不知道我們為什麼不能兩者都有——水收成和納爾默達水壩。當然如果我們有了納爾默達，並不表示我們應該浪費水。」

這一點也沒錯。關於納爾默達的爭論在法院判決之後還會延續很久。興建大型水壩主宰了西印度水政策的決策模式，這是非常典型的印度長久以來尋求大規模解決問題方法，而忽略小規模計畫也可以有所貢獻的政策走向。南亞水壩、河川及人民網絡（South Asia Network on Dams, Rivers and People）的希曼殊・塔卡爾（Himanshu Thakkar）是納爾默達的反對者，但是這並不會讓他描述印度水政策是「由上往下、工程師加官僚加政治人物加包商取向、由大型計畫和建設主導」的說法沒有意義。但是根據這位非政府組織的領導人說，最重要的是「人民在裡面沒有扮演任何角色」。哈爾德夫辛和其他水收成運動的領袖已經迫使古加拉特政府承認他們的角色。聖雄曾說：「對於任何濫用國家資源，並忽略可能更強大的人力的計畫，乃是傾斜不正，且永不可能建立人類品質的說法，我衷心地贊同。」他們對此深信不疑。

【注釋：】

❶ 納爾默達河（Narmada River）：印度中部的河流。發源於中央邦，全長一二八九公里。它向西流入坎貝灣，形成與都斯坦和德干高原之間的傳統邊界。它一直是阿拉伯海與恆河流域之間的重要通道。印度教徒將它看成是僅次於恆河的最神聖河流。

❷ 德蕾莎修女（Mother Teresa）：一九一〇～一九九七，生於馬其頓，一九四八年來到印度後，

畢生奉獻給加爾各答的婦孺。一九七九年的諾貝爾和平獎得主。

❸巴林（Bahrain）：君主立憲制國家。由巴林島和約三十多座小島組成，位於波斯灣內阿拉伯半島沿海。

❹《薄伽梵歌》：即*Bhagavad Gita*，或譯《福者之歌》、《世尊歌》、《主之歌》、《聖歌》。這是印度史詩《摩訶婆羅多》的關鍵部分：黑天説服畏縮不前的阿周那（Arjuna）投入俱盧之野（Kurukshetra）的戰役，告訴他必須盡忠職守，色即是空。這一系列梵歌是印度教教義中最神聖的經文。

❺朱納格特（Junagadh）：印度古加拉特邦西南部城市，靠近卡提阿瓦半島的吉爾納爾丘陵，位於卡提阿瓦半島西南部，臨阿拉伯海，除吉爾納爾丘陵與吉爾丘陵外均為平原。

❻將軍（Nawab）：是蒙兀兒帝國世襲的軍政長官職位。

❼吉爾納爾山（Girnar）：位於印度中西部卡提阿瓦半島上，屬古加拉特邦。山腳的一顆岩石上刻有西元前三世紀阿育王的敕令，以及西元前四世紀末孔雀王朝旃陀羅笈多關於構築薩達爾薩那湖的銘文。周圍有許多耆那教的廟宇。

❽阿罕默德市（Ahmedabad）：印度西部古吉拉特邦商業中心和工業城市，位於孟買北方四四〇公里薩巴爾馬蒂河畔。一四一一年建城，一五七二年為蒙兀兒所陷，一六一五年成為英國貿易站。一九二〇年代和一九三〇年代為甘地活動中心。古蹟有寺院、清真寺、古城堡和甘地的薩巴爾馬蒂隱居處。

10 失落的天堂

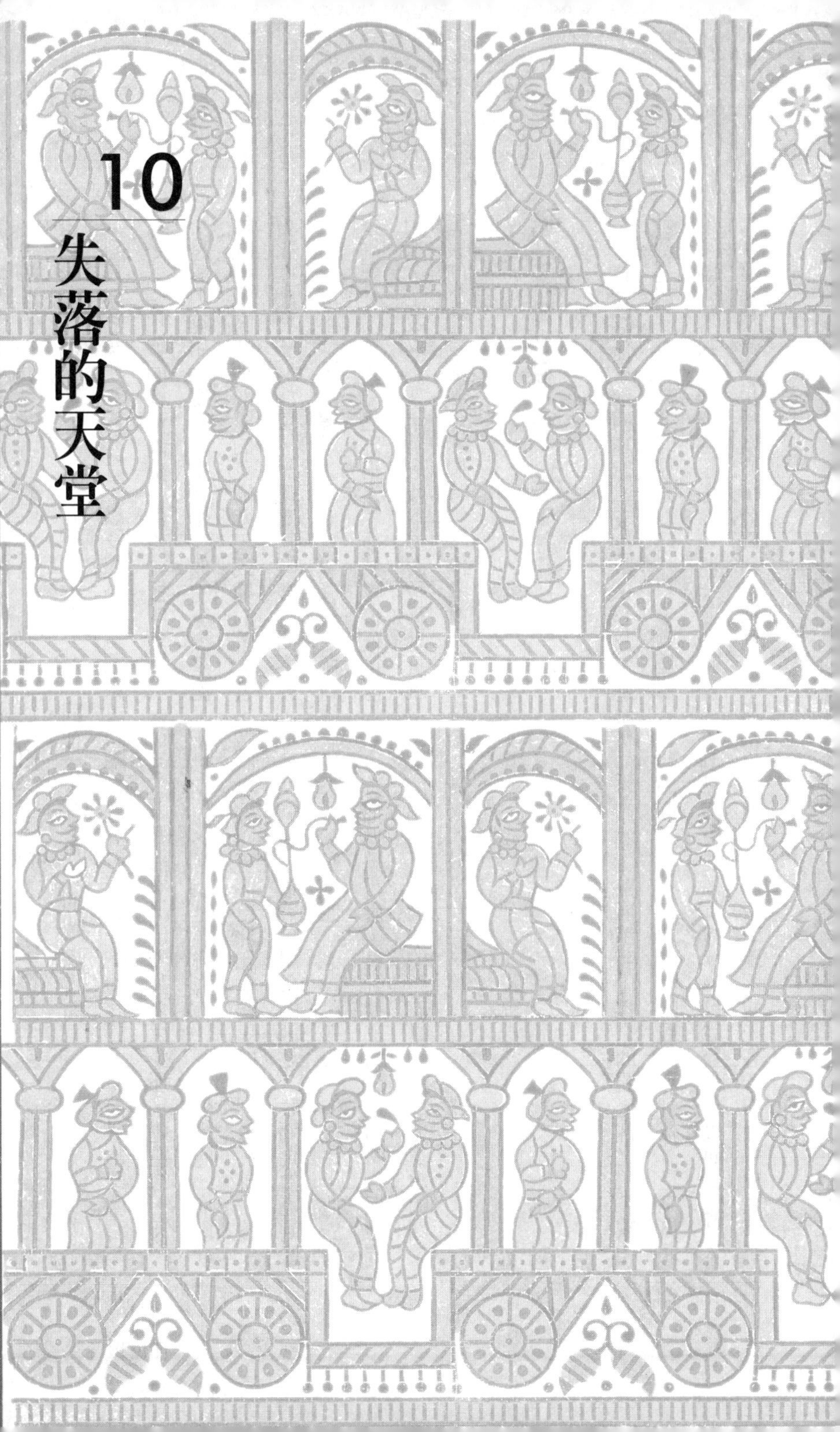

在一九六八年——我想一定是——我在喀什米爾，坐在利德河（Lidder River）岸邊，英國人為垂釣者建的別墅草地上。我正在喝啤酒，同伴還有養魚場的董事古蘭．穆斯塔法．馬力克（Ghulam Mustafa Malik），以及因為其對國家事務噪音低沉、獨樹一格的評論，而被譽為印度的李察．丁伯比❶的梅爾維爾．梅洛（Melville de Mellow）。對梅爾維爾和我來說，那是運道的一天，可是馬力克用高度的效率來保存他的鱒魚溪流，所以在他的河上是很難會有什麼壞日子的。梅爾維爾在回憶某些他認識的英國殖民政權的垂釣者，這時從分隔賓客草坪和僕傭區的高樹籬另外一邊，傳來嗖嗖聲和叫痛聲，然後又是嗖嗖聲叫痛聲，一陣又一陣，接著是粗魯的話語。我問馬力克到底發生什麼事情，他解釋說，他有個管理人抓到偷魚的人，正鞭打他給他一些教訓。「這比送他去警察局要好，」馬力克宣稱：「他們也會鞭打他，然後會把他鎖起來，直到他家的人送賄賂去把他弄出來。」我必須要承認，我並沒有積極地抗議這粗魯的正義。我唯一的藉口是因為馬力克說的關於警察的事情是對的。那個時候喀什米爾的警察暴力又腐敗，跟今天一樣。

喀什米爾之獅

拜訪喀什米爾的時候，我是數千名為了逃避恆河平原的炎熱而跑到山裡來的觀光客之一。喀什米爾是印度最受歡迎的觀光地之一，早夏是給來自西印度孟買和古加拉特的觀光客，接著是來自北印度的，像我，想逃避超過攝氏四十度的高溫，等到秋天就是孟加拉人，跨過整個印度跑到喀什米爾來渡過他們一年一度的宗教假期。他們之中通常也有從國外而來的疏落觀光客，如果中央政府有聽到喀什米爾興建國際機場的請求，觀光客人數一定還會增加。不過二〇〇一年夏季，我和吉莉抵達喀什米爾的時候，我們發現，自己是唯一住在布特（Butt）的克勒蒙（Clermont）船屋的客人。這位年長的經營者把我們當皇族一樣地接待，忙得像母性發作的母雞，他的僱員在我們的頭髮上灑花瓣，還為吉莉戴上花環。當作辦公室的木屋牆上貼著一排曾在此住過的名人照片。

「這是喬治．哈里遜（George Harrison），」他指出：「披頭四的，你知道。然後是瓊．芳登❷，真美，還有尼爾森．洛克斐勒❸。我聽說他是世界上最有錢的人之一。有這麼多人來過，可是現在，好吧，因為出了這麼多狀況變得沒那麼多了。」

布特的船屋一直是德里外交官最喜歡的度假別墅，我注意到有一張照片是和藹可親的英國高級專員羅伯．楊（Rob Young）爵士。但是當我問到他住在這裡的事情，意氣消沉的布特先生跟我說：「你們的高級專員的確想住在這裡，可是安全人員不讓他住，所以他只能短暫拜訪一下。」

然後布特先生帶我們跨過他的草坪前往船屋，草坪上面種的法國梧桐（chenar tree），樹幹周長一定有好幾碼，年齡顯然有五到六百歲。跟著我們上船的是一個光腳僕人，被介紹為「拉姆贊，您們的貼身男僕」。我們進入了客廳。客廳的地板鋪著喀什米爾地毯，還有水晶吊燈，吊在一個刻著精細複雜花紋的木製天花板上，天花板低得害我不停撞到頭，而上面的刻花更是只有天知道花了多少人力和時間來雕刻。那裡有舒服的椅子、書桌、餐桌。布特先生解釋說，斯利那加❹的船屋是為了反抗當地的王公禁止歐洲人在他的王國內買土地而產生的。他們決定住在水上。

所有在二〇〇一年夏天來到斯利那加的觀光客，若是抱著希望想住在船屋，划著斯利那加的平底小船席卡拉，跨越這座城下方的大湖之一，或是穿越水道，享受這個有「東方威尼斯」美譽的城市等等，都會搭上第一班飛機或巴士回家。這是個遭到占領的城市，邊境安全部隊（Border Security Force）武裝隊員穿著卡其制服和迷彩夾克，戴著頭盔，在主要道路上每隔幾百碼就設一個崗哨，他們透過沙袋障礙的隙縫往外看，他們設下路障，雖然他們會說喀什米爾語的人少之又少，他們還是在路上截停、搜索、盤問年輕人。裝甲人員運輸車停在某些路的交叉口，我們還看到印度陸軍的特遣小隊士兵荷著機關槍開車經過街上。沿著達爾湖（Dal Lake）岸的旅館現在都被軍隊所駐紮，窗口掛著洗好的卡其衫褲和內衣褲。不想要家人跟他們一起留在斯利那加的政府官員，就單身住在保護嚴密的觀光客接待中心。採軍事鬥爭讓喀什米爾脫離印度邦聯所造成的威脅，讓印度最佳觀光勝地之一，降格為一個被神經兮兮、草木皆兵的安全部隊入侵的城市。

目前喀什米爾的困境大部分肯定要歸咎於印度和民兵打了超過十年的所謂「代理戰爭」；這些民兵由巴基斯坦側的控制線（Line of Control）和其他的國際邊界滲透進來。雖然巴基斯坦否認訓練或提供裝備給這些武裝的反政府分子，也沒有幫助他們擬定策略，不過強力的證據顯示該國有這麼做。在喀什米爾肯定收得到的巴基斯坦電視和廣播支持武裝的反政府分子，將他們描述為自由鬥士，他們要是死了就被稱為義士。但是印度在統治喀什米爾所犯下的錯誤更是雪上加霜。

喀什米爾向來是印度的敏感問題，而巴基斯坦總想去挑撥這些敏感問題。在印巴分割的時候，有些正當理由的巴基斯坦預期會擁有喀什米爾。畢竟那是個伊斯蘭教徒占多數邦，又和巴基斯坦接壤。但對巴基斯坦來說，不幸的是這個邦的統治者是信奉印度教的王公，哈里・辛格。當英國的監管——最高主權——消失，喀什米爾陷入真空狀態。哈里・辛格猶豫不決，雖然明知保持獨立是不可能的。喀什米爾的北部，還有西部的境外領域都脫出了他的掌控，但一直到他知道巴基斯坦正派了住在西北邊境的好戰部落帕坦人5進入喀什米爾山谷，威脅到他的首府斯利那加，這位大公才向印度要求幫助，並簽署了加盟文書。印度部隊趕走喀什米爾的帕坦人，但是王公的北部領土和西部境外領土都還在巴基斯坦的控制下。喀什米爾長久以來「維持現狀」的尷尬處境，實際上是在英國撤退後的三個月內就已經決定了。

印度有個強大的支持者，就是喀什米爾最受歡迎的領袖謝克・穆罕默德・阿布都拉（Sheikh Mohammed Abdullah），雖然他是伊斯蘭教徒，但是願意加入一個現世主義的國家多於信奉伊斯蘭教的巴基斯坦。他對印度做了一些讓步，以維持當地有個民主的委託管理權，來合併分裂的喀什米爾，而其領土所有權不只是仰賴王公的決定。比喀什米爾所有權的論點更重要的是，謝克・阿布都拉在將喀什米爾併入印度邦聯、將加盟文書變為人民意願的行動中所扮演的角色。但是情況並非如此。在六年內，他就被罷免喀什米爾總理職位，接下來的二十二年，他不是被逮捕，就是被禁止進入喀什米爾。否認被稱為喀什米爾之獅的謝克・阿布都拉是個好商量的人就失於天真，然而他也絕對沒有準備讓印度享受到在邦聯中其他邦所有的權力，但是並無有力證據證明他對巴基斯坦的態度有所改變，或打算要求完全獨立的說法。倒是有證據顯示，他的土地改革，同時也是獨立以來最有效的改革行動之一，讓某個印度教徒黨派的中產階級成員不悅，而這個黨派煽動反對謝克・阿布都拉的行動。

不管謝克・阿布都拉的被罷免和被捕是對是錯，這件事在許多喀什米爾伊斯蘭教徒，還有與該邦有關的人心中埋下了懷疑印度態度的種子。

聳立在達爾湖畔的札巴旺（Zabawan）山脈，較低的地方有三棟建築物矗立在廣大的空間上，遠離城市，那原來是皇家住宅。皇宮現在是間旅館，王公蓋給妻子住的則變成總督官邸，而王公副官的居所，現在是秘書長阿秀克．傑特利（Ashok Jaitly）在住。其中一層樓被印度安全部隊改成審問中心。在德里頗負盛名的阿秀克——我在吉姆卡納（Gymkhana）俱樂部看過他——似乎是個受過英國教育、曾經主導過印度行政服務的現世主義菁英之縮影。但是他犧牲了在有如家鄉的德里那前途無量的職位，因為他對喀什米爾，還有現在擔任該邦首長的謝克．阿布都拉之子法洛克（Farooq）忠心不渝。坐在他寬闊宅邸外的草坪上，完美無缺的白牆在保安燈光的照耀下閃爍，他告訴我們他和法洛克面對的沮喪。

「不管我們想做什麼，我們都面對德里永不信任喀什米爾人的事實。我一直堅持這件事情，也堅持這是因為喀什米爾是伊斯蘭邦。法洛克沒有放過任何一次機會去告訴大眾，『不是所有的喀什米爾人都是巴基斯坦人。』當我問他為什麼的時候，他說這是因為他希望喀什米爾以外的人，知道他明白他們在想什麼，心裡有什麼。」

雖然印度行政服務的成員對中央政府忠誠，不是對邦政府，但是秘書長不是印度行政服務在喀什米爾的成員中，唯一相信印度從不信任喀什米爾伊斯蘭教徒的人。

不過之後的印度政府一直持相反態度。他們宣稱喀什米爾證明了他們現世主義的性格。因為喀什米爾是個伊斯蘭教徒占大多數的邦，反駁了印度教徒和伊斯蘭教徒不能住在一起，且是不同國家的說法，亦即真納❻對巴基斯坦建國的理論。就在我們抵達斯利那加之前，印度外交部長才又誇張地宣稱喀什米爾「是印度國家結合的核心」，但他所屬的印度教國家主義黨派印度民族黨，卻去製造對伊斯蘭教徒的不信任，有的人會說其意識形態乃是基於厭惡那個社群。同時現世主義者不僅對地方自治主義者懷有被害妄想症，也認為要相信當地的虔信者相當困難。至於國會領導階層，一直在肯定現世主義，或許比誰都更努力在創造喀什米爾的伊斯蘭教徒心中的疑問。

在進入國會，或國會支持的政府逾二十年後，甘地夫人終於在一九七四年和謝克．阿布都拉達成協議，並在隔年獲批准。謝克．阿布都拉除了同意維持憲法中保證喀什米爾獨特地位的章節之外，幾乎沒有得到什麼。大部分來自該條文的權力都消失了，不過喀什米爾之獅的確回去擔任首長。因為他沒有辦法參加之前的選舉，他的黨派成員在邦議會中沒有任何席位，而他卻要以議長的身分遂行統治，這是一個徹底尷尬的處境，讓指稱他和印度的協議是一種出賣的反對者更振振有辭。甘地夫人把自己黨派的利益放在提振謝克．阿布都拉的地位之上；為了證明她的善意，她拒絕允許邦議會選舉，好給新的首長有自己的授權去統治。

最後，並不是採現世主義的國會給了喀什米爾在阿布都拉首次被罷免後第一個完全自由公平的選舉，而是在緊急狀態後打敗甘地夫人的賈納特黨。諷刺的是，印度教國家主義分子，也就是印度民族黨前身的人民同盟（Jan Sangh），就是組成短命的賈納特黨的眾多黨派之一。一九七七年在賈納特黨支持下舉辦的選舉，讓謝克．阿布都拉的國家會議（National Conference）贏得邦議會的多數席位。這不能說他的統治良好，但是喀什米爾人會告訴你，他死的時候，有一百萬人去參加他的葬禮。

喀什米爾之獅的兒子法洛克．阿布都拉是個在英國執業的醫生，他對媒體的態度非常開放，通常不是那麼審慎。雖然他正在德里、詹木❼、斯利那加參加一連串會議，他還是同意見我們，討論在印巴毫無成果的高峰會後，發生一連串屠殺事件所造成的加強保安措施。我們從德里搭夜車抵達詹木，隔天在詹木火車站，穿著軍服的民兵朝某個月台上等車的人群開槍，有十二個人死亡。

要進入法洛克．阿布都拉的辦公室免不了要通過安全檢查。唯一對保安態度輕鬆的是隻嗅探犬，那是一隻結實、骯髒的金黃色拉布拉多犬，就在接待處的辦公桌後打瞌睡。辦公大樓是斯利那加少數的現代化建築之一。不像其他印度的山區市鎮，喀什米爾的首府並沒有被發展商用醜陋、沒規劃的建築物蹂躪。大部分的建築物還是低矮的木造或磚造房子，配著斜斜的屋頂，不是那種醜化了鄰邦首府西姆拉❽的水泥怪獸。這個邦不准外地人持有土地的法律阻遏了地產投機商人和發展商。

法洛克的辦公室在三樓。他從隔壁會議室和某個印度教社群領袖正在開的保安會議中快步走出，坐下，忽略我想表達正式禮儀的薄弱意圖，吼著說：「好，你想問什麼就問。」

這位通常愉悅外向的首長看來不尋常地有點短路。他有像父親一樣的身高和英俊外貌，但是他缺乏謝克的嚴肅。儘管頭髮花白稀少，但是法洛克身上還是有喜逸樂勝於政治的衝動年輕人的影子。他剛當上首長的時候，有報導說他用機車載著電影明星，在古爾瑪格❾繞著度假旅館兜風。記者塔芙琳．辛格（Tavleen Singh）在她關於喀什米爾的書中，確認了機車兜風這件事，但說在後座的是她的姐妹。

先不管法洛克的突兀舉止所給我帶來的方便，我開始說了一段雜亂漫長的話，解釋我們的書，還有關於治理不善的憂慮。

「治理不善，」他插嘴：「治理不善。你說的一切好像喀什米爾的管治特別糟糕。現在德里說我們需要提供良好管治來贏得喀什米爾人的心。我們在打仗，而他們說我們治理不善。」他輕蔑地說下去：「跟我們相比，看看他們該死的表現。我得把逃稅的人送進監獄，就算有些人是我朋友，我也沒辦法救他們。他們在德里可以這麼做嗎？」他問我，身體往前越過桌面，要我回答。

在我來得及回答之前，他又繼續說：「對這個國家的唯一答案是把權力下放給各邦。如果變成聯邦制可能還有救。這是個假聯邦的國家。可是沒有一個在德里掌權的人願意放棄權力。」

法洛克有很好的理由憎恨德里對喀什米爾的掌控。在繼承他父親之後沒多久，他發現自己在對抗跋扈的甘地夫人。決定要在印度每個角落留下足跡的甘地夫人，現在為緊急狀態後的敗選開始報復，她要求法洛克以她的盟友身分，參加一九八三年的選舉，可是他拒絕了。他告訴過甘地夫人，「這會摧毀我們支持的東西。民眾會認為我們把他們與生俱來的權利出賣給德里。」分散法洛克對喀什米爾的認同也對印度沒有好處，因為他是唯一來自喀什米爾的可靠領袖，又支持現世主義的印度，而非伊斯蘭教的巴基斯坦。但是甘地夫人才不管所謂現世主義什麼的。她急著要防堵因為法洛克的國家會議不願結盟而摧毀她的黨派在該邦的基礎，所以她利用了喀什米爾的宗教地理。雖然伊斯蘭教徒占了喀什米爾山谷的大多數，但是在詹木和皮爾潘賈爾嶺⑩的另一側，多格拉人⑪和其他印度教社群人數超過伊斯蘭教徒，而遙遠的拉達克⑫則有為數眾多的佛教徒。為了彌補法洛克在喀什米爾的追隨者，她毫無保留地押注在詹木地區的龐大印度教徒身上。她在那裡舉行了公開的社區活動，刺激印度教徒害怕被喀什米爾的伊斯蘭教徒主宰。有個負責採訪她在詹木活動的記者，形容她「比印度民族黨過份許多」。結果國家會議在詹木敗選，但是在喀什米爾其他地方則獲得大勝，讓法洛克在議會贏得多數席位。甘地夫人和她的國大黨沒有推展現世主義，而是操弄分化政治，在選民心目中創造出印度教徒的詹木和伊斯蘭教徒的喀什米爾。更甚的是，法洛克還是得回權力。

更糟的事情接踵而來。敗選造成統合失敗，加上法洛克和印度其他地方眉來眼去引起她的憤怒，讓甘地夫人利用長期以來的印度式策反手段，設計他下台。當她擔任總督的堂哥，有智慧有經驗的公僕尼赫魯（B. K. Nehru）反對此策略，他就被另外一名官員賈摩罕（Jagmohan）取代。他同意遵守命令，按時罷免法洛克，此時距離法洛克勝選才一年。在這一年內，顯然喀什米爾人對印度的敵意日益升高，在西印度板球隊選手前來斯利那加進行友誼賽的時候，有人叫喊反印度的口號。官方媒體報告有觀眾揮舞巴基斯坦國旗。有的記者堅稱那是喀什米爾伊斯蘭教徒的旗幟。法洛克下台只是提高對印度的敵意。一位擔任過喀什米爾總督保安官的資深警官維德．馬瓦（Ved Marwah）形容罷免法洛克是「對邦內支持印度勢力的致命打擊」，喀什米爾的伊斯蘭教徒的情緒又一次被忽略，以促進德里掌權者的利益。

法洛克被罷免不久，甘地夫人就被暗殺了。她的兒子拉吉夫也不能接受自己的黨派會輸掉喀什米爾，或事實上是其他所有的邦的事實，所以他說服法洛克和國會協商，作為重掌權力的條件。維德．馬瓦怪罪這個交易是「升高目前邦內的緊繃狀況」。我問法洛克，為什麼和甘地夫人處不好，還和她兒子做交易？

「為了修復一九八三年選舉所造成的傷害，」他回答的方式好像這是昭然若揭之事：「我告訴拉吉夫，每一次的選舉，越來越多的伊斯蘭教徒大規模地投我的黨，印度教徒就投你的黨。我們應該攜手合作，這樣國家才不會有族群分裂。但是一九八七年舉行選舉的時候，拉吉夫和我都發現我們的錯誤。我們應該單打獨鬥。我們的聯盟離間了彼此的追隨者，對這兩方來說都是個錯。」

可是現在法洛克正支持著德里的聯合政府，他的兒子是那裡的部長，而這個聯盟卻由印度民族黨主導。對大部分的伊斯蘭教徒來說，這不只是印度教國家主義詛咒，而且這個聯合政府還一直支持取消憲法所賦予喀什米爾在印度邦聯中的特殊地位。雖然升起目前正高掛在辦公大樓上的喀什米爾紅色旗幟的權利，只是區分喀什米爾和其他邦，但是該款憲法條文的確給了法洛克宣稱擁有更大自治權的基礎。

我建議：「和印度民族黨的聯盟一定會比你和拉吉夫的交易造成更多傷害，你已經承認後者是個錯誤了。」

「像你這樣的人會這樣說。你又不用治理一個邦，」他反擊：「如果我沒有跟德里拿錢，我甚至連員工薪水都付不出來。我要跟德里奮戰才能治理這個邦。和這個政府在一起，我有一項武器。我永遠都可以威脅要走，他們在國會沒有多數席位來彌補沒有我的議員的損失。」

當我說和印度民族黨聯盟會削弱他的伊斯蘭教徒色彩時，他更是勃然大怒，而那時他正在發動和巴基斯坦支持的伊斯蘭教分離分子的戰爭。「這裡危險的不是伊斯蘭教徒，是我們生活的方式。」他非常憤怒地說，害我擔心他可能最後會爆炸。「我為什麼要接受他們的伊斯蘭教？我是個伊斯蘭教徒，但不是像他們一樣的爛伊斯蘭教徒。我不要他們的伊斯蘭教。」

喀什米爾的伊斯蘭教徒

阿布都拉王朝在喀什米爾不是從來沒遇過挑戰的。他們的傳統對手是波斯文意思為「教長」的「米爾魏茲」（mirwaiz）此一古老組織。一九八七年選舉時的教長毛爾維・穆罕默德・法洛克

（Maulvi Mohammad Farooq）支持執行聯合國的解決方案：藉由公民投票來決定喀什米爾的地位，相信多數人會投票支持巴基斯坦。公投的解決方案不允許獨立，只能在印度和巴基斯坦中間選一個。教長和反對國家會議的喀什米爾黨派領袖在一九八七年合組伊斯蘭教聯合陣線參選，宣稱法洛克和拉吉夫會壟斷選舉。對於壟斷的範圍一直有爭議，但是一如往常，重要的不是發生的事情，而是民眾認為發生的事情。毫無疑問喀什米爾人認為他們的公平選舉又被奪走了。

教長藉由其門徒在喀什米爾最大的清真寺，斯利那加的星期五清真寺大聲斥責法洛克、拉吉夫、德里政府，營造選舉不公的氣氛。這間清真寺用磚和木頭所建，祈禱者大廳的屋頂由六十呎高的喜馬拉雅杉支撐。其庭院在印度是很少見的花園，而非整面鋪上石板，同時也缺少傳統的圓頂，而是令人想起東方寺廟的屋頂，而龍在屋頂上像怪物一樣往外伸出，顯然是受到佛教的影響。這座不尋常的建築物象徵著教長教導和實行的特殊喀什米爾形式的伊斯蘭教。

毛爾維·穆罕默德·法洛克在一九八七年選後爆發的混亂初期被暗殺，由他年僅十七歲的兒子烏瑪爾（Umar）繼承。我們和他見面的時候，他已經繼續對父親的門徒傳道，並領導其黨派十年了。被暗殺的毛爾維·穆罕默德·法洛克是個容易激動的人，曾生氣地對印度發脾氣，因為「喀什米爾被當成殖民地一樣對待」。他會用貶抑的口氣提到德里的接待廳和法洛克·阿布都拉，說他是個馬屁精。但是他的兒子是個冷靜、說話安靜、能夠看正反兩方論點的人。他說著從教會學校學來的流利英文，並沒有指控印度「虐待」喀什米爾，只是說印度嘗試要讓喀什米爾依賴該國。他相信印度已經錯失在喀什米爾的機會。

「就某個層面來看，民眾已經開始和印度統合，會去繼續他們在印度的生活。但是被壟斷的選舉，被罷黜的繼任政府，都創造了一種新德里不尊重人民政治意願的印象。這是國大黨和尼赫魯家族所犯的最大錯誤。」

「一九八七年的選舉有什麼特別？」

「那顯然遭到壟斷，所以參選的年輕人和伊斯蘭教聯合陣線黨派的代表才會發火。他們看到喀什米爾問題沒有民主的答案。」

烏瑪爾蓄著正統的黑色鬍鬚，和他喀什米爾人的膚色形成對比，而他瘦到可說是骨瘦如柴的特徵看起來很像狂熱分子，但意外地他說：「這主要是政治鬥爭，不是伊斯蘭教鬥爭。藉由公投達成選擇巴基斯坦是我父親的傳統立場，但是我覺得自從運動開始就改變了。喀什米爾人奮鬥了那麼久，應該要能接受喀什米爾派（Kashmiriyat）。」

喀什米爾派是一個特別的名詞，形容喀什米爾特殊的文化和宗教傳統。坐在我們船屋的陽台上，看著東昇的太陽散發出銀光，灑落在將喀什米爾分成兩半的山脊上，看著燕鷗在達爾湖上起起落落，小水鳥的家庭在高挺的粉紅色蓮花間活潑地划動，還有小翠鳥狼吞虎嚥掉一條不算小的魚，我們聽到白色大理石清真寺有規律的吟唱起落。從遠處聽，也有幾分像印度教的拜讚。烏瑪爾告訴我們，這是把伊斯蘭教引進喀什米爾的波斯聖人米爾・斯伊德・阿里（Mir Syed Ali）所立下的傳統之一。這位聖人向來被稱為哈瑪登（Hamadan）法王，哈瑪登是他的家鄉。哈瑪登法王發現那些婆羅門階層的改信信徒，想念他們在寺廟中的歌唱和偶有的舞蹈。烏瑪爾說，安靜祈禱「沒有給他們接近神的感覺」。所以哈瑪登法王從古蘭經經文和先知語錄中選出章節，給喀什米爾人在清真寺中吟唱。「我們的傳道也不一樣，」烏瑪爾說：「我們也不是只有在崇拜中交談。我會讀出古蘭經的經文，然後要民眾跟著我重複。那就是為什麼你會發現許多文盲知道古蘭經在說什麼、在哪裡說，都是因為這種教導方式。」

「但當然，」我說：「在這裡戰鬥的伊斯蘭民兵屬於瓦哈比德教派，他們是極為純粹的信徒，不會原諒你們的喀什米爾伊斯蘭教。」

「沒錯，」烏瑪爾承認：「大部分的戰鬥是由在巴基斯坦培訓機構出身的人進行的，而他們是瓦哈比德教派，可是只有軍事目標；如果民眾覺得他們在這裡別有用心，就不會支持他們。」

「你比較了解，」我說：「但是我沒有這麼確定，想到有這麼多外籍民兵來自阿富汗，而你知道他們那裡實行怎樣的伊斯蘭教。」

不過烏瑪爾沒有動搖：「我們不會允許阿富汗的情況在喀什米爾重演。是安全部隊引起我們伊斯蘭教認同的自覺，因為他們認為所有的伊斯蘭教徒都是敵人。」

烏瑪爾的論點獲得某位擔任資深印度文官的喀什米爾伊斯蘭教徒的支持，他告訴我們他怎麼被一個哨兵和搜查行動給截停。雖然他拿出身分證明，而且正在前往重要政府會議的路上，士兵拒絕讓他通過，並說：「我們得到的指示是所有喀什米爾人都是恐怖分子。」

但是某些烏瑪爾在泛黨獨立大會（Hurriyat Conference）的同事堅持這是一斯蘭教的衝突。泛黨獨立大會是一個由二十五個反對法洛克和印度的黨派組成的聯盟。該會主席阿布杜・蓋尼・布特（Abdul Gani Butt）說得很清楚，告訴我們：「我們支持巴基斯坦，因為我們是伊斯蘭教徒。」坐在他的黨——伊斯蘭教徒會議位於斯利那加後街某間房屋一樓的辦公室，他說他以前是個波斯文教授。他把我們當成他的學生，常常搖動手指，帶著警告的手勢，使用的語言只能說像詩句一樣。他跟我們說：「正義在喀什米爾就像鳳凰，大家都知道但是沒看過的鳥。」一九八七年選後的抗議是「印度傾聽我們心跳聲的最後一次機會」。回到甘地夫人和謝克·阿布都拉所簽訂的協議，這位骨瘦如柴、剃了光頭的教授的誇張修辭又出現新高峰。「當喀什米爾之鼠娶了一條叫做英迪拉·甘地的蛇，大家都可以推測得出結果——生不出小孩。」

他問我們是否介意他抽菸，我說我們不介意，但是可能對他不是很好，這又激發另一句詩句：「失去了光彩、目的、尊嚴的的生命不值得憂慮。我寧願有尊嚴地死，也不願苟活。」他警告我們要反對「說為理念而犧牲生命的人是恐怖分子」的誹謗之詞，並問道：「誰殺了無辜的人？讓國際特赦組織（Amnesty International）揭露那些應該負責的人的醜惡嘴臉。」他深深吸了一口煙，而香菸距離嘴巴還有一點距離，夾在兩隻手指間，和握緊的拳頭成直角。他排除了我們關於良好管治的理論。「即使天使從天上下來統治我們，和印度的紛爭還是會存在。」至於獨立大會的角色，是代表「我們年輕人沸騰的熱血」。但這位變為政治家的年長教授，確實承認在會內有支持獨立和支持加入巴基斯坦的分別。

喀什米爾「殖民統治」

之後的印度政府沒有認真考慮過恢復喀什米爾的自治。即使斯利那加的民眾在一九八九年底走上街頭，其行動只能稱之為起義，而政府的對待方式是「擊潰他們」。

起義開始的時候，是政府向詹木及喀什米爾解放陣線（Jammu and Kashmir Liberation Front）

的要求妥協，釋放五個該組織的領袖，交換內政部長被綁架的女兒。喀什米爾首府出現反對統治者的活動。群眾在街上跳舞慶賀印度被羞辱，喊叫著反政府的口號，發誓要為獨立戰鬥。蘇聯軍隊在阿富汗受挫、東歐共產國家潰散，特別是羅馬尼亞的希奧塞古（Ceausescu）總統垮台的消息激勵了熱情，群眾相信這次輪到他們。

印度政府的回應是用安全部隊擊潰他們，包括宵禁和當場射殺的命令。往斯利那加中心遊行，以抗議哨兵與搜索行動和隨意逮捕年輕人的人群遭到警方射殺。有一百人遭擊斃。這場屠殺讓斯利那加登上國際媒體，我記得在發生後的第二天，死者的涼鞋還散落在他們被射殺的橋上。國際間對警察酷行的報導令政府生了戒心，在百老匯飯店（Broadway Hotel）軟禁記者。我在斯利那加一位線索豐富的同事尤索夫・賈米爾（Yusuf Jameel）已經預期到會出現這種事情，早安排我住在他辦公室對面某個記者夥伴的家裡，所以我沒有在記者聚集的小酒店被抓。由於宵禁，我不能外出，這樣對BBC來說沒什麼用處，但是有個友善的警官雖然知道他的上級在找我，還是每天晚上來告訴我當天的事情。

斯利那加的起義乃是由詹木及喀什米爾解放陣線所支持，那是最受歡迎和溫和的喀什米爾分離主義組織，並要求獨立，不是加入巴基斯坦。政府可以嘗試和他們協商，或許提供喀什米爾在加入印度後所獲得的自治，提供條件讓他們留在印度聯邦。印度的確有這種條件，提供一個龐大的市場，還有幾乎是無限量的觀光客，他們不需護照、簽證，還有每年去喀什米爾度假的傳統。印度也保護喀什米爾特色的文化，並保護喀什米爾不受到像旁遮普人、古加拉特人、馬瓦利人（Marwaris）這種更商業冒險型的族群橫行。另一方面，喀什米爾人都知道巴基斯坦因為孟加拉人拒絕被西邊來的旁遮普人統治，而失去了東巴基斯坦。喀什米爾人也知道巴基斯坦內還有反旁遮普勢力。

印度政府沒有和詹木及喀什米爾解放陣線協商，而是派賈摩罕回去當總督，作為表現尊重喀什米爾自治的誠意，不過大家都知道他不見容於法洛克。一如所料，當法洛克辭職，賈摩罕就可以隨心所欲執行印度政府命令，讓詹木及喀什米爾解放陣線屈服在印度政府腳下。所以現在喀什米爾只對保證支持執政者和跨越控制線從巴基斯坦來尋求庇護的伊斯蘭教團體開放。

興達爾・提亞布吉（Hindal Tyabji）是一位像阿秀克・傑特利這樣的印度文官，大部分的事業都在喀什米爾進行，但他自己不是喀什米爾人。他相信新的政府是造成一個叫做潘迪特（Pandit）的印度教社群幾乎整個離開的部分原因。這個社群之名是因為他們的婆羅門種姓。從法洛克・阿布都拉防衛森嚴的住宅走下去，就是他的官邸。坐在那裡的屋頂上，抽著他似乎沒辦法保持燃燒的印度方頭雪茄，興達爾說：「現在印度教徒應該沒有離開喀什米爾的需要。畢竟我們這裡沒有像印度其他地方那樣的族群騷動。」

他確實承認印度教徒有害怕的理由。起義事件彰顯許多伊斯蘭教徒對印度教徒的憎恨。他也同意當賈摩罕「取締」某些清真寺，對潘迪特來說也是個警訊——離開，或者留下來看你和你的妻兒會遭到什麼下場。有的印度教徒真的遭到殺害。他們包括判某個詹木及喀什米爾解放陣線領導人死刑的法官。但是興達爾覺得這些都不能解釋在潘迪特之間所散播的恐懼和他們的出走。他繼續說：「賈摩罕否認政府故意鼓勵印度教徒離開，並提供他們交通協助。我能說的是政府也沒有壓抑他們。這裡的警察的確說了像『民兵會利用你們的屋子躲藏，我們不想你們受到傷害』這種話。而有的印度教徒的確搭軍車離開。」

興達爾不相信印度教徒現在會回來，也不認為政府會認真說服他們回來。「這讓政府在詹木有印度教難民，」他解釋：「可以給外國訪客看，當作受到民兵迫害的範例。同時，由於他們的地產沒有受到保護，被當地既得利益者拿走——所以問題是罪犯和黑幫，不是族群。」

不管出走的理由是什麼，很難相信政府在給予潘迪特安全感、說服他們留下，或者當安全部隊重占上風時回來等方面不能做得更多。也不能否認喀什米爾的伊斯蘭教徒有理由憎恨印度教徒。德里後來的政府雖自稱是現世主義，卻保障他們所聘用的人都是印度教徒而非伊斯蘭教徒。在喀什米爾，大家都相信這是因為政府不相信伊斯蘭教徒。印度疊床架屋的殖民地行政風格對於喀什米爾伊斯蘭教徒的感覺，沒辦法敏感地回應。

就某種程度上來說，喀什米爾可以看做是印度現世主義者所造成的悲劇，他們懷疑宗教和信教的人，而印度教國家主義製造出對伊斯蘭教徒的恐懼，如果不能說是絕對的憎恨。一個與巴基斯坦接壤、伊斯蘭教徒占多數的邦永遠都需要細緻的處理方式，它不會只是印度的另一個邦。可是印度沒有了解他們自己的宗教認同，就表示沒辦法接受喀什米爾應該有特殊待遇。

不過，這不是事情的結束。巴基斯坦的角色，還有貪污沒效率的行政所造成的影響不可被忽略。從英國人離開，行政效率從沒趕上過。斯利那加一位資深印度行政服務官員告訴我們，他的服務被稱作東印度公司，因為喀什米爾人覺得自己遭到殖民統治。

沒有比印度警察更為明顯的殖民主義了。他們對印度在喀什米爾的任務造成嚴重傷害。我最近參觀了海德拉巴的國家警察學校，菁英警察骨幹的培訓警官在此接受訓練。在我的房間裡，我發現一份學校報導。我懶懶地翻閱著，以為只是學生活動與當上警察這高尚職業的榮耀的尋常報告。意外的是，我發現兩篇資深退休警官寫的文章，悲嘆警方延續著殖民地傳統。其中一位前任警官堅持，英國政權於一八六一年通過的法案「到了二十世紀末還在統治我們警方的組織、結構、哲學、工作，更別提過去幾十年來我們在社會、政治、科學、經濟、文化層面的改變」。他指出一八六一年實行的法案是師法愛爾蘭警察部隊（Irish Canstabulary）的，因為愛爾蘭那時也是殖民地。

另外一位退休的警官，曾經指揮過在喀什米爾十分活躍的邊界安全部隊，列出歷來各種警察改革的委員會，然後評論：「建議得到的只是印度政府的虛應故事。政治領導階層沒有準備好讓警察享有實用的自治，因為政府發現這個行政功能拿來推展游擊隊活動是個方便的工具。至於官僚主義，控制警察變成一種令他們上癮的麻醉品，就是不願意放手。所以即使一八六一年的法案過了將近一百三十九年，還是被奉為聖經——是掛在警察脖子上的里程碑。」

向示威群眾開槍的殖民地做法是導致賈摩罕下台的原因。場合是我們見過的年輕教長的父親毛爾維．穆罕默德．法洛克遭到暗殺的時候。到今天沒有人知道是誰做的，但是很有可能是另一個嫌他對印度的攻擊不夠狠毒、對巴基斯坦立場不夠清楚的伊斯蘭教團體。這位教長被暗殺的消息如燎原大火一樣傳開，從一個清真寺到另一個清真寺，從茶舖到茶舖，從舊斯利那加的巷道上一家傳一家，伴隨著政府在其中醜惡角色的謠言。幾千名抗議者聚集在醫院。他們想從警方那裡搶到屍體，並帶著屍體遊行到毛爾維．穆罕默德．法洛克的老家。當中央後備警察看到遊行接近他們某個團總部時，他們開槍，射殺了六十二個人。德里政府命令擊潰起義，但是這太過分了。在沒有決定責任範圍的情況下，賈摩罕被解職。在一封信中，十位隸屬於喀什米爾骨幹的印度行政服務資深官員，包括阿秀克．傑特利和興達爾．提亞布吉要求換人，信中稱：「身為負責的領導人，我們著實訝異於缺乏計畫及深謀遠慮，也沒考慮到送葬者的做法，導致神經質又無自制力的安全部隊屠殺送葬隊伍中和平的人群。很明顯的，這些安全部隊無法從他們的長官得到指令，而且中央後備警隊也沒注意到邦警急切地從無線電傳來停止射擊的命令；這顯示了法治機制中指揮控制結構的崩潰。」

新的總督吉爾里西・薩克森納（Girish Saxena）原先是印度情報局的局長。在他任內，安全部隊一直蹂躪人權，而我在不只一個場合中跟他討論過這件事情。薩克森納是一個講話安靜、冷靜、非常有禮貌的人，當我問他，為什麼做出這些暴行的安全部隊成員沒有遭到審判與懲罰，來遏阻他們其他同袍，並讓喀什米爾人放心，他一直迴避直接回答。不過我得到的印象中，答案是「避免打擊安全部隊的士氣」。有的安全部隊成員被懲罰，不過由於印度政府的另外一項特徵，向來沉溺於秘密行動，民眾沒有聽到這些案例。所以他們只好相信所聽到關於軍隊和警察暴行中最惡劣的狀況。

即使在印度人權委員會和邦內的委員會設立之後，當局還是繼續他們令人困惑的做法。在這次拜訪中，我們看到一位警察對送到委員會的訴願的回答。這個抱怨是關於一個男人，根據目擊者的說法，他在步出斯利那加法院的時候被安全部隊擊斃。而這個警官用標準警察術語如「沒有根據、誤解、與事實和紀錄矛盾」等話語來否認該項抱怨，並用標準的事件描述：「擊斃與警方衝突的人」。沒有解釋衝突的原因，也沒有說明一個剛從法院走出來，一定被搜過身的人怎麼會對警方造成危險，需要開槍打他。一份叫做《偉哉喀什米爾》（Greater Kashmir）的日報報導，在我們抵達前二十天內，有三十五樁「司法程序」以外的處決。該報憂慮，被他們稱作「最討厭最血腥的現象」沒有完結的一天。兩個被警方以衝突的藉口射殺的年輕人家屬告訴該報，受害者在家裡被逮捕，完全沒有能力挑戰警方。高等法院律師協會（High Court Bar Association）理事長說，律師決定不要求被捕者保釋，因為人留在監獄裡是安全的，一旦被保釋，他就會「因為假的衝突而被殺」。

吉爾里西・薩克森納回到斯利那加繼續他的第二任總督任期。坐在總督官邸的陽台上，看著黑如墨水的達爾湖與對面城市的光芒，我提醒他我們在他前一個任期內的對話。他微笑著說：「沒錯，包括關於你朋友尤索夫・賈米爾的對話。那實在是很丟臉，我得承認。」尤索夫在沒有逮捕狀的情況下被兩名警官逮捕，帶到幾個不同的地方，蒙著眼睛被審訊，手臂被反綁，最後他被丟在距離斯利那加五十公里遠的地方。在尤索夫被帶走的兩天內，政府否認他被任何安全部隊抓走，堅稱是民兵綁架了他。

我告訴總督，安全部隊的的高壓手腕繼續讓那些政府一直說要去贏取的民心疏遠。他接受有某種程度上疏遠的說法，「過去十二年，我們遇到五萬次恐怖分子暴力行動。即使對這些案件的百分之三的回應牽涉到我們的暴行，這也表示有一千五百件——很大的數字。這是我們得付出的人權與政治成本，民眾的確覺得厭惡和憎恨，這的確也提高民心遠離的程度。心是很重要的。」

「所以在防止這些暴行上為什麼沒有多做一點呢？」

「好吧，你得接受這不是選美會，是戰爭。在詹木車站，民兵在六十秒內射光三個一共三十發子彈的彈匣。三分鐘就有九十發。我們的安全部隊也有傷亡。我們的傷亡比例和他們比起來是我們少些，但是有起有落，並非一向如此。」

我得承認我們記者通常會忽略另外一邊的故事——民兵的「暴行」、被當作目標的安全部隊的困境、印度軍警的傷亡。

總督官邸的完美僕人端著印度菜餃和其他點心走來走去，一隻小鶺鳥棲息在百葉窗頂端，而傳來的聲音不是槍聲，是呼喚禱者和知了無數的吱吱聲，我們似乎距離戰爭非常遠。很難相信這位待我們如友的年長總督，在一場雙方都犯下暴行的戰爭中扮演著關鍵角色。但是當我不只一次問他關於警察逮捕年輕人並要求金錢才釋放他們的指控時，他承認：「我們一定要清理門戶。我們應該要嘗試用更多想像力和智慧來執行安全措施。應該要以智取勝。」

在我們離開前，吉爾里西．薩克森納向我們保證事情會比他上個任期時要改善。為武裝衝突所苦的伊斯蘭教徒的恐懼心態曾經令全市的娛樂事業關門，婦女也從頭包到腳。他指出現在電影院重開，也有一兩間酒吧，不少人在蒙兀兒花園（Mughal Garden）野餐，而且在兩名婦女因為沒有包頭而遭到攻擊之前，面紗也很少見。「基本教義派在撤退，」總督跟我們保證：「舊日的自由正在回來。」

錯在誰?

我們開車回去的路上經過幾個檢查哨。我很擔心被截停，因為最好不要和沒有自制力的武裝警察爭執。好險所有的檢查站看來都沒有人。我們的司機每天和安全部隊打交道，讓他非常討厭任何穿卡其裝的人。他評論道：「這是個懦夫軍隊。他們天黑了就不敢上街。」但是他說得太早了。他讓我們下車以後沒有辦法回家，必須在尤索夫的辦公室過夜，因為安全部隊不讓他通過被軍方兵營包圍的區域。

我們也在尤索夫的辦公室度過快樂的時光，向他徵詢對我們所聽到的故事有何指引，還有請他幫助安排訪問。那是一間附帶圍牆與一小塊花園的房子，英國的一年生植物讓花園更有生趣，這是媒體一塊領地，距離斯利那加的鬧區拉爾喬克（Lal Chowk）才五分鐘。這個領地目前以一個在郵包炸彈中殉難的攝影師木須塔克・阿里（Mushtaq Ali）命名。那個郵包炸彈是一九九五年寄給尤索夫的，就在他的辦公室裡爆炸。送信來的是一個宣稱自己是「信仰的女兒」⓭成員的女性。該組織推展女性全都蒙上頭紗，並過著嚴格的正統生活。木須塔克打開了郵包。尤索夫記得聽到爆炸聲，看到閃亮的黃色火燄，發現他的頭被打到，然後開始念誦古蘭經的經文，因為他以為自己要死了。煙霧和灰塵充滿了整個小房間。他什麼也看不到，但是他聽到尖叫，然後站起來。他被地上的一個人絆倒，摸到那人的鬈髮，他發現那是木須塔克。他搖搖晃晃地走到外面求救，頭還在暈。木須塔克被送到醫院，但是醫生對他不抱希望，而他最後因為胸腹之間受傷嚴重而在醫院過世。尤索夫相信那個女人不是來自「信仰的女兒」，而是那些「變節者」——亦即曾為民兵或其支持者，後來轉變立場，目前為政府工作的人。在郵包炸彈送達前，在BBC德里分局和倫敦辦公室的人警告過尤索夫，印度政府對他的報導非常不悅，並建議他對於行動要極為小心。某個記者知道有個陰謀想將他和最近暗殺總督失敗的行動牽扯在一起。在BBC的日子裡讓我知道，政府有多討厭尤索夫在喀什米爾做的勇敢獨立報導，他的報導在控制線兩邊都有廣大的聽眾，因為那是由BBC烏爾都語服務所提供的。

很有可能是這些「變節者」知道當局對尤索夫的態度，所以決定要消滅他。他們沒有協調、沒有訓練、沒有軍人或警察的紀律守則，有自行執法的前例。某個在喀什米爾政府升到最高位的年長公務員，在「變節者」洗劫並殺害他的鄰居之後逃走。他現在跟兒子住在一起，但是「變節者」還在找他麻煩。「投降的民兵也會來到這個房子，」他告訴我們：「他們要求我們晚上回來的時候，要準備熱食和兩萬五千盧比現金。我們從屋裡逃走，我又聯絡了當地軍隊的少校。他道歉並保證我們不會再有麻煩。」

還有一位像以上的公務員但不願身分曝光的年輕人，承認他在起義早期參加過民兵，但是後來離開，去德里做生意。最近他回到位於喀什米爾布德加姆（Budgam）區的故鄉，就被警方特殊部隊逮捕。他告訴我們後來發生的事情。「警方的督察長帶我到他的房間，那裡有兩個副探長和警官。他叫他們帶我離開然後打我。我被打了四天以後，督察長告訴我，如果我幫他們弄些錢就讓我走。我爸爸給了一個助理副探長六千盧比，隔天他就來帶我走。現在如果我到喀什米爾也不回家，我留在斯利那加的叔叔那裡。」我要這個年輕人告訴我他所受到的酷刑，可是他拒絕，說：「有女人在房間我不能說。」但是他給我們看被打腳底時折斷的大拇趾。

當安全部隊繼續讓喀什米爾疏離印度的時候，經濟論點也反印度。好幾次為了贏得喀什米爾人的忠誠，當局推出「財政方案」要加速當地的經濟發展，但還是沒有任何有特色的工業。從平原進入山谷的道路自從五十年代就沒有改善過。當時建了一條隧道通過皮爾潘賈爾嶺，以避過冬天會被雪阻斷的標高九千呎通道。甘地夫人承諾延長詹木到烏坦普爾⓮的鐵路，讓火車靠近斯利那加一點，但是這個計畫進行了二十年以上，到現在還沒完成。當國際機場如雨後春筍般在印度各地出現，斯利那加機場的主管單位甚至還不是民航部，而是國防部。當地向來電力缺乏，如果觀光業沒有被和民兵的戰爭搞砸，也沒有辦法展現全部的實力。斯利那加的觀光局長指出，中國一年有五千六百萬的觀光客，還有五百萬個旅館房間。整個印度只吸引了不到兩百五十萬個觀光客，房間數還只有八萬。為什麼？我問。「官僚主義，」他想也不想地回答：「中國沒有像我們要在德里取得的執照與許可。」對那些不能在工業或觀光業找到工作的年輕人來說，更糟糕的是他們要是想去國外工作還會被德里政府刁難。根據局長的說法，他們要花兩年才能取得護照。

巴基斯坦的經濟不能保證，一旦喀什米爾在伊斯蘭馬巴德⑮統治之下，就會變成流著奶與蜜的地方。當地的觀光市場更是小了許多，而伊斯蘭教的戒律，特別是禁止飲酒，不會吸引更多外國人到喀什米爾參觀。巴基斯坦的民主紀錄，特別是其控制的喀什米爾地區，沒有顯示該國會允許喀什米爾舉辦自由而公平的選舉，而巴基斯坦的貪污問題可沒有比印度更好。但是從拉瓦平第⑯直接進入喀什米爾的路即將開通，還有連接斯利那加和詹木的短程鐵路也是。喀什米爾本來可能也被允許開發河川水源，例如印度河、杰赫勒姆河⑰、傑納布河⑱等。印度將使用這些水源的權利讓給巴基斯坦，以交換使用旁遮普東部的河流。在巴基斯坦，年輕人被積極鼓勵往中東發展，這樣他們匯回家的錢有助外匯存底。

德里主張，如果給了喀什米爾的「財政方案」沒有被貪污和治理不善所浪費掉，喀什米爾應該很有錢。但是在斯利那加，這種說法不被接受。例如興達爾・提亞布吉就說：「德里的人來討論貪污實在好笑。這裡是個小社會。每個人都知道你有沒有賺錢，你可以做你喜歡的事情，還是可以有良好名聲。中央在跟喀什米爾的發展要把戲。我們得到的錢少於應得的。」阿秀克・傑特利怪罪他的印度行政服務同事，說：「官僚階層就是把輪子卡住的輪軸。政治人物同意給我們錢，然後官僚去找他們，說如果你們給喀什米爾五千萬盧比，你們也得給其他邦五千萬盧比。有時候我問他們這麼做的理由是什麼。看來他們想要我們一直跑去求他們。」生氣的首長給了我們一個例子，是中央官僚對待他的方式。「我們又有新的方案承諾，」他氣急敗壞地說：「現在就在德里，在他們手上。為什麼被拖延呢？沒人告訴我。即使身為首長我也不知道。我兒子到現在還是國家級部長，他也不知道方案發生什麼事情。我一直碰到該死的壁。」

當我們在斯利那加的時候，德里的國會議員顯示出他們對這種憤怒幾乎一無所知，不只是法洛克的憤怒，幾乎是我們遇到的每個人的憤怒。他們厭惡在詹木車站的屠殺事件後的國會辯論又落入老套，身為反對黨的國大黨的領導成員指控「歷史上沒有一個國家的政府在維持法律秩序上失敗得這麼悽慘」，而內政部長承諾派出更多安全部隊，還給他們更多權力。但是日報《印度教徒報》（Hindu）在尖銳的社論中痛責國會議員：「無法想像我們在部隊數量業已過於龐大的詹木與喀什米爾，派駐更多人還有什麼好處，」該報抨擊並警告，更多安全部隊幾乎可以肯定會造成更多的人權侵犯。然後《印度教徒報》報提出了國會議員完全忽略的一點：「確保詹木和喀什米爾的安全不只是防止民兵的不法活動，也是要確保經濟環境和社會機會，還有不是最蹩腳的管治。」如果《印度教徒報》沒錯，印度就不能把喀什米爾所有的問題歸咎於巴基斯坦。

【注釋：】

❶李察·丁伯比（Richard Dimbleby）：丁伯比為BBC在二次大戰時的特派員，亦為該公司首位

駐外特派員。五十二歲時因癌症逝世。

❷瓊．芳登（Joan Fontaine）：一九一七～　，美國女星。

❸尼爾森．洛克斐勒（Nelson Rockefeller）：一九〇八～一九七九，出身美國鋼鐵大王家族，曾任美國副總統。

❹斯利那加（Srinagar）：印度北部詹木和喀什米爾行政區的夏季首府，位於喀什米爾谷地杰赫勒姆河（Jhelum River）畔。始建於六世紀，一九四八年成為首府。名勝有佛教遺址、一六二三年清真寺等。

❺帕坦人（Pathan）：分布在阿富汗東南部和巴基斯坦西北部的民族

❻真納（Jinnah）：Mohammed Ali Jinnah，一八七六～一九四八，巴基斯坦國父。

❼詹木（Jammu）：印度西北部詹木和喀什米爾邦冬季首府，傍達維（Tawi）河。為鐵路與製造業中心。

❽西姆拉（Shimla）：印度北部雪山邦山城，位於昌第加東北，海拔約二千二百公尺。一八一九年建為英屬印度的夏都。

❾古爾瑪格（Gulmarg）：詹木和喀什米爾印度控制區巴拉穆拉縣療養地。海拔二千六百公尺，城名意即「花的原野」。從該鎮可以俯瞰喀什米爾河谷全景，遠眺南伽山（Nanga Parbat，標高八一二六公尺，為世界第九高峰）的壯麗景色。現為旅遊勝地。

❿皮爾潘賈爾嶺（Pir Panjal Range）：屬旁遮普喜馬拉雅山脈西段，位於印度西北部和巴基斯坦北部，自吉申恆伽向東南延伸逾三二〇公里至貝阿斯河上游。海拔平均逾四千公尺，南為詹木山，北為喀什米爾谷，越喀什米爾谷即為大喜馬拉雅山脈。

⓫多格拉人（Dorga）：屬於拉其普特部族，迄今仍在印度詹木和喀什米爾邦擁有統治地位。

⑫拉達克（Ladakh）：喀什米爾東部地區，位於印度次大陸北部。範圍包括喜馬拉雅山西部的拉達克山脈，以及環繞喀喇崑崙山脈和印度河上游谷地。

⑬「信仰的女兒」（Dukhtaran-e-Millat）：該組織為全女性的軟性恐怖組織，其組織名稱即Daughters of the Faith。

⑭烏坦普爾（Udhampur）：行政上屬印度管理的詹木和喀什米爾邦城鎮，地處海拔七六○公尺的高原。鎮名是為了紀念該邦創始人和統治者古拉布・辛格（Gulab Singh）的長子烏坦・辛格（Udham Singh）而來。烏坦普爾是印度北部的一個重要軍事營地。鎮北十公里處有四座濕婆廟組成的克里姆奇（Krimchi, 十一世紀）寺廟群，毘濕奴神殿是印度教的一個主要朝聖地。

⑮伊斯蘭馬巴德（Islamabad）：巴基斯坦首都。位於博德瓦爾高原，距前臨時首都拉瓦平第東北十四公里。城市建築開始於一九六一年，力求結合伊斯蘭建築傳統與現代建築的形式與要求。

⑯拉瓦平第（Rawalpindi）：巴基斯坦北部旁遮普省城市，一九五九～六九年為巴基斯坦首都。位於博德瓦爾高原。拉瓦平第意為拉瓦爾（Rawal）人的村莊。

⑰杰赫勒姆河（Jhelum）：印度旁遮普邦五條印度河支流中最西一條，發源於印度的詹木和喀什米爾邦的一條深泉。全長約七二五公里。下游用於灌溉和發電，築有曼格拉壩和灌渠。

⑱傑納布河（Chenab）：印度西北部、巴基斯坦東部河流，由印度旁遮普喜馬拉雅山脈中的昌德拉河和帕加河匯成。西流經詹木和喀什米爾，穿過西瓦利克山與小喜馬拉雅山，向西南流入巴基斯坦，與印度河支流蘇特萊傑（Sutlej）河匯合。長約九七四公里，與許多灌溉渠相連。

結語

一九九七年二月二十七日，薩巴馬提快車（Sabamarti Express）從瓦拉納西到阿罕默德的兩天旅程接近尾聲，有人拉動警報，讓這列車在古加拉特邦北部的勾德拉（Godhra）車站停下來。火車停下來時，遭到伊斯蘭暴徒的攻擊，並在車廂放火。根據古加拉特政府的說法，有五十八人活活被燒死。許多車上的旅客都是屬於右翼國家主義印度民族黨的姐妹組織的活動分子。這個黨目前在古加拉特執政，並主導德里的聯合政府。這群活動分子自稱為卡爾什瓦克（karsevak），字面上的意思是藉由工作服務的志願者之意。他們從阿逾陀回來，希望在那裡被毀的清真寺原址上建一座崇拜羅摩神的神廟。有的卡爾什瓦克就薩巴馬提快車上被活活燒死。沒有人，至少政府全部的人，可以提供確切報告，說明伊斯蘭暴徒怎麼突然集結，或是火災怎麼發生的。但是有許多報告，包括一份警方情報部的報告，是關於三個禮拜前搭火車經過勾德拉的卡爾什瓦克的挑撥行為。我們可以相信這些報告，在十年前清真寺被拆毀時，同樣也聽到褻瀆的反伊斯蘭教口號，看到卡爾什瓦克的挑撥行為。

協調阿逾陀行動的世界印度教會議，在勾德拉事件後一天在整個古加拉特發起罷工。政府知道這可能引起暴力行動，但印度民族黨完全支持罷工。在古加拉特的最大都市兼商業中心阿罕默德，印度教暴徒以前所未有的人數，對伊斯蘭教徒和其財產發動暴力攻擊。有證據確鑿的強姦、許多人被活活燒死、清真寺和伊斯蘭教神廟被摧毀或遭到褻瀆。就在警察委員會辦公室的前面，印度最出名的伊斯蘭詩人之一，瓦理．古加拉蒂（Wali Gujarati）的墳墓被剷平，現場被灑上柏油碎石。政府自己承認有三天情況失去控制。暴力事件從阿罕默德波及到古拉加特其他地區，也發生許多伊斯蘭教徒的報復攻擊。古拉加特政府說有七百一十九人被殺。國際人權組織和人權觀察（Human

Rights Watch）引述非官方估計，稱死者接近兩千人。

調查此次暴力事件的法律團體國家人權委員會（The National Human Rights Commission）引述報告稱，「一群群組織嚴密的人帶著行動電話和地址，挑出特定的人家和財產進行殺戮和破壞──有時候就在警局和警方的視線內。」一個成員來自印度各地的婦女獨立組織去參觀古拉加特，並在報告中寫道：「這個邦──包括選出來的議員、施政者、政府、警察──逃避保護所有市民的責任。更糟的是，還默許對古拉加特的婦孺進行傷害肢體、強姦、屠殺等行為。」國際人權組織稱，「邦政府和警察沒有採取有效的行動，在屠殺中保護邦裡的民眾，在某些情況下更縱容攻擊者。」人權觀察則說，「在古拉加特對伊斯蘭教徒的攻擊是由邦政府官員和警察積極支持的。」古拉加特政府宣稱，和印度民族黨未執政時所發生的四個暴力時期相較，他們叫出軍隊來幫助恢復秩序，更快讓情況回到掌握之中，而且以「非常好的態度盡到了責任」。當我們拜訪阿罕默德時，我們聽暴力事件的受害人、記者及在難民營工作的非政府組織人員說，初期大部分的警察在阻止暴力上，不是做得很少就是根本沒有做，有的警察和知名印度民族黨姐妹組織的成員幫助和教唆攻擊伊斯蘭教徒。當我問一個不願具名的官員，為什麼政府至少向伊斯蘭教徒道歉都沒有的時候，他說：「印度教徒在三天之後就覺得他們已經為勾德拉擺平了這件事。」

這不是印度的政府首次放棄保護所有公民和其財產的責任。在甘地夫人遭到暗殺之後，國大黨政府允許在德里攻擊錫克教徒的行動延續了好幾天，才採取決定性的行動。在阿逾陀，不管是中央還是邦政府，都沒有嘗試阻止清真寺被破壞。在阿逾陀事件後，孟買發生的暴力行動中，警察就是暴民。

失敗的行政體系

國家人權委員會顯示了印度的一股力量。就像其他如最高法庭和選舉委員會般的機構一樣，確有勇氣直指政府的錯誤，並採取立場。拜訪阿罕默德並寫出勇敢報告的婦女團體，還有許多在難民營工作的非政府組織，說出了印度公民社會的氣勢。除了某些古拉加特的報紙之外，媒體在記者遭受攻擊的狀況下還是堅守崗位。攻擊記者的案例中，至少有一個是遭到警察攻擊，而古拉加特政府一直有反電子媒體的行動。又一次政治人物和官僚失敗了。不只是印度民族黨的政治人物。一位追隨聖雄甘地的年長新聞記者，也是現世民主運動（Movement of Secular Democracy）的卓越成員，告訴我們：「古拉加特的國大黨對暴動不發一語。這非常可惡。黨內有派系害怕趕走印度教徒的票源。」當古拉加特有難的時候，政治人物玩弄政治。

公務員和警察也站在政治人物這邊。有警官在古拉加特盡其職責，驅趕暴民——他們有人被調職。有個印度行政服務的成員辭職，以抗議古拉加特事件。但是警察和行政系統整體來說也失敗了。他們的失敗，至少有一部分原因是我們在本書一開始所點出的施政問題，是沒有改革的殖民地行政體系的問題。

在報告結尾，國家人權委員會把注意力放在「對警察改革的更深疑問，儘管一再要求付諸行動，國家警察委員會和國家人權委員會的建議都被擱置。委員會認為最近在古加拉特的事件，事實上還有在國家內其他邦的事情，突顯了刻不容緩執行已經建議的改革之需要，以保護調查程序的統合性和避免外來的影響力」。

警察改革沒有執行的原因是，政治人物希望能夠擁有「外在的影響力」，而太多警察樂於讓他們這麼做以收取代價。一位警察菁英骨幹的資深警官拉格哈文（R. K. Raghaven）最近寫道：「殖民地思想的餘毒」留存在警察系統裡，並指出基本問題是「人民選出的代表——國會議員和立法會的成員——想在所有層次上完全控制公務」。

但是錯誤不全在政治人物身上——公務員和警察也不能逃避他們的罪過。文官中各種分支的菁英分子，包括警察，都交出了他們的自主權。安德拉邦的前文官首長多雷斯旺米（P. K. Doraiswamy）在退休後寫道：「高級官員在公務員裡猶大和布魯特斯❶之輩的無恥協助之下，騷擾與破壞誠實和傑出的官員；而這些叛徒已經準備好背叛、在同事背後放冷箭，以換取權力所帶給他們的短暫好處。」政治人物在口語裡被稱為奈塔（neta），官僚被稱為巴布（babu），兩者會互相照顧，那就是為什麼英國人離開後留下的空缺，被這種「奈塔—巴布政權」所填滿。

文官和政治人物並沒有互相監管，而是手牽手分享從政府得來的剝削，因此貪污變成這個政權無可避免的副產品。每個印度人都抱怨貪污，從告訴我們「不管我投票給誰，都把我的票給吞下肚」的貧窮村民，到聯合國秘書長文雅世故的助理沙西・塔魯爾（Shashi Tharoor）。沙西・塔魯爾將貪污形容為「一國經濟進步的最大敵人」。這當然不是說所有的政治人物和官僚都貪污。在整個印度我們也發現誠實有效率的公僕和警官，雖然他們幾乎全部都抱怨這個系統妨礙他們發揮潛力。我們已經認識許多最廉潔的政治人物，在他們的事業生涯中是越來越窮，而非越來越富有。但是V. P.辛格能夠當上總理的唯一理由是他擁有誠實美名，他向我們承認，他能夠不染塵埃，是因為其他人都在賺可稱之為印度政治貨幣的髒錢。

甘地夫人曾經說過貪污是全球性的現象。她說得對嗎，印度還有沒有不一樣的地方？我們相信有。當然所有地方的政治都有金錢牽涉在內，許多國家的商人公開承認賄賂。但是在印度，生活中幾乎沒有一個層面是不被奈塔—巴布政權貪污的。這是因為政府的觸手散布得如此之廣泛。英國政權被稱為父母政府，是一個宣稱他們所做的一切就像父母為子女所做的一樣的政府。獨立後的印度也是父母政府。以家長作風之名，想要為公民提供一切，搞到沒有事情是自動自發。在拉賈斯坦邦，當地官員被前來幫助村民收成水的非政府組織冒犯。身為父母政府的官員，他們認為水收成是他們自己的責任，而為了證明這件事情，他們下令摧毀攔水壩。接踵而至的爭議中，拉賈斯坦的灌溉部長被引述說了這段話：「每一滴水都來自於灌溉部之下的雨。」這場爭議最後是官員認輸。

政治人物懶得隱藏政府和金錢之間的關係。他們公開討論「油水多的部會」。鐵路還是國營的事業單位之一。結果是，根據鐵路部前部長普拉薩德（M. N. Prasad）的說法，「印度鐵路有個可疑的特點，是全世界唯一的主要鐵路系統，其投資政策和組織，是看政治人物的奇想和幻想來決定。」一次又一次，這個被媒體稱為「政府的麵包和魚」的誘惑，公然被用來「說服」邦議會的議員行不義之舉。最近有個北方邦的首長發現，需要給將近一百位議員好處，來保持他在議會得到多數席位。

蘇維埃式的計畫經濟牽扯到控制與控制完成這些計畫的花費，所以印度並沒有認真地改革另一個政權——執照與許可政權——直到被迫這麼做，也不足為奇。一九九一年印度面臨破產的威脅，才取消境內投資的控制——這些控制之荒謬到工業家可能因為有生產力，生產超過執照許可而遭到處罰——並開放貿易與境外投資。要求印度這麼做的世界銀行與國際貨幣基金會認為，至少奈塔—

巴布政權對經濟的掌握會放鬆。國際間的商人與女性工作者湧向德里與孟買、邦加羅爾、馬德拉斯，相信開放的經濟會提供中產階級無限的賺錢機會，某些樂觀的人估計中產階級人數達兩億五千萬。但是我記得和某個熱切的西方外交官說：「這就像是走進沙子裡面。」事實證明我有一半是對的，或者一半是錯的，端看你怎麼理解。

一九九一年的危機迫使印度改革，而反應之快速強烈，顯示了該國經濟的潛力。但是對改革的熱情沒有持續很久，而工業成長的衝勁在五年後停滯下來。改革十年後，《商業標準》（Business Standard）的編輯寧南（T. Ninan）抱怨：「太多案例中的態度業已慢慢地凍結，而改革者，就如十年前一樣，還是沒希望的少數族群。」某些「沒希望的少數族群」帶著嫌惡離開。某個印度經濟學家受到改革前景激勵而自美國返回，擔任政府顧問，但是很快就因為幻想破滅而離開。最後一根壓垮他的稻草，是某個官僚驕傲地宣布，由於程序簡化，需填妥的表格由十五份減至五份，但是當這位經濟學家問到需要多少個簽名的時候，他帶著自滿而非羞怯的笑容回答：「十五個。」

印度官僚程序的複雜、規定與規範的混亂、無數程序的繁文縟節、可以用來放行或攔截的可怕任意權力，全部都製造出奈塔—巴布政權的第二項副產品——沒效率。有個非居民的印度工業家跟我說：「我很想投資自己的國家，但是我到東南亞去了，因為在那裡雖然我得付錢，可是我知道我的錢值得。在印度，這個體系之繁複，所有的事情都拖得好久，你永遠不知道你付出的最後會得到什麼。」政府自己的保安委員長哀嘆已經沒有「誠實的貪污」，他說：「現在你付了錢，但是事情還是辦不好。」

印度目前慢慢地經歷所謂的經濟改革第二階段，但即使社會主義經濟管理的批評，也沒有說政府應該完全向市場投降。倫敦政經學院兩位學者史都華・科伯利吉（Stuart Corbridge）和約翰・哈里斯（John Harris）在比較印度和東亞經濟較為成功的國家後，達成的結論是「發展中國家必須持續干預『市場』供需關係，並且必須向這些確保長期經濟成長發展的條件存在之產業和機構（包括基礎建設、教育、健康照護），提供穩定的財務支援。」但是政府干預市場必須基於有效執行的踏實政策。我們最近聽到一位傑出的經濟學家曼摩罕・辛格博士（Dr. Manmohan Singh），也就是推動首批改革的財政部長，主張印度不能擁有工業政策的原因是，管治水準太糟。基礎建設、教育、健康都是印度最不成功的產業。

貪污和素有的沒效率是奈塔—巴布政權的兩項副產品。壓迫是第三個。由於官僚和政治人物合作，政府毫無限制地濫用邦的機制。不管是所得稅部門或是警察，都對他們向「泰錫卡」投資者「第一環球」所採取行動之合法性毫無置疑，即使他們很明白他們收到的命令，還有政府的動機都相當有問題。比較民主印度，和被軍隊統治多年的巴基斯坦的自由與經濟似乎看來很愚蠢，但是歷史學家阿耶沙・賈拉爾（Ayesha Jalal）寫過，「後殖民時代的印度和巴基斯坦展現了極權主義的不同型態。透過一絲不苟地遵守印度的選舉儀式，政府議會型態的滋養，讓政治領導層和非選舉的各邦機構間的夥伴關係駕馭了民主極權主義。」

這是因為印度古老、複雜、沒效率的政府系統允許金錢轉移、不守規則、程序破壞，所以不管是奈塔還是巴布對改革都不表示興趣。或許說政治人物故意用其他方法來轉移印度人對良好管治的注意力，是將上述理論詮釋過度，但是說種姓和地方自治主義，也就是印度以宗教為基礎的政治，把這個議題排擠掉，絕對是真的。或許有人想過經濟政策，特別是消滅貧窮，是在改革開始後選舉裡辯論最熱烈的話題，因為有證據顯示經濟開放只對中上階級有利，但即使改革後的三次大選，一如往常是由種姓和地方自治主義來主導。

政治與宗教牽扯不清

自獨立以來，地方自治主義就是印度政治的顯著議題。在早期，當憲法還在辯論的時候，尼赫魯說：「對我們來說，要解決的關鍵問題是，我們是否以複合國家的角度從基礎運作基本政策，或是以印度教國家運作而忽略其他族群的觀點。」尼赫魯知道這個問題有多關鍵，是因為他面臨國大黨內外都有刺耳的聲音要求一個印度教國家，而他堅持承認印度是個多宗教國家是肯定沒錯的。

尼赫魯的現世主義是個值得讚美的理論。每個人都有自由信奉自己的宗教，沒有國教的存在，宗教也和政治分離。但是實際上，尼赫魯的現世主義看起來是對宗教抱持反感，而印度教徒主義❷的支持者就可以將其描繪為反印度教。現世主義這個詞也有不好的聯繫：牛津字典將褻瀆列為其意義之一，在印度，它常被翻譯為「不如法」（dharma nirape Kshata）。根據憲法學者辛格維（L. M. Singhvi）的說法，就是「國家與宗教之間的分離或敵對。」

雖然尼赫魯希望他的現世主義可以讓宗教遠離政治，結果卻適得其反。目前政治的一大部分是現世主義者和導致阿逾陀的清真寺被毀的印度教主義倡導者之間枯燥無味的互相叫囂。這並不出人意表。凱倫・阿姆斯壯（Karen Armstrong）在她關於基本教義的書《為神而戰》（*The Battle for God*）之中寫道：「基本教義和具侵犯性的自由主義或現世主義是共生關係，以致任何紛爭都無可避免會變得更苦澀、極端、失控。」

聖雄甘地有一次說：「相信印度會由同一個召喚而運作或取得共識是個錯覺，除非有靈性的基礎存在。如果要長存，並滲透到偏遠的印度鄉村，這個基礎一定要廣泛。」印度的確有宗教多元化的古老傳統，遠在歐洲人想到這個觀念之前，印度就是個多信仰的社會。這個傳統就是甘地希望印度能取得的共識，而多年之後在提到古加拉特暴力事件時，身為古加拉特人的英國亞洲學者，碧谷・巴里克閣下（Lord Bikhu Parekh）寫道：「我們需要包羅萬象的概念，不屬於印度教徒主義，而是印度人主義（Bharatiyata），一個確認並珍惜我們豐富的文化與宗教多樣性，並刻畫於這些我們全都或是應該堅守的公共價值、感覺、制度中。這個偉大的歷史計畫需要歷史性的敏感想像、文化協調的智慧、政治可能性的敏銳感覺。可悲的是這些素質沒有一個是明顯的，不管是在忙著摧毀自己宣稱熱愛的國家的狂熱印度民族黨理論家，還是他們那些自尼赫魯死後幾乎沒進步、頭腦簡單的現世主義對手。」

種姓在政治中的顯著角色也分散了投票人對施政的注意力。在印度傳統中，社群比個人重要，對大部分的印度人，不只是印度教徒，還有伊斯蘭教徒、基督教徒、錫克教徒來說，種姓就是社群。所以印度人的政治戰爭是舉著種姓的標制，而不是階層的標誌，並不令人意外。尼赫魯秉持著西方的自由主義，希望建立個人有強大權利的政治秩序，這可能會鼓勵印度人突破種姓束縛，可是他的黨派不能抗拒實行種姓政治的誘惑。

幾乎全都來自上層種姓的印度菁英，傾向非難種姓政治，雖然他們為低等種姓帶來民主革命，但由於人多勢眾，現在主導了政治生態。權力多年來是占優勢的上層種姓國大黨的特權，現在必須要和代表低階種姓的政黨分享。這些低階種姓包括了達利特，也就是不可碰觸的賤民。不幸的是對低階種姓來說，他們選出的領導人想加入集團，自己成為奈塔，分享政權的油水。因為這讓他們更有錢，就算是會壓迫他們的支持者，他們也不想改革政府。不過無疑的是，達利特和其他被傳統權力結構排除在外的人從種姓政治贏得相當大的好處。政治學家阿胥土希・瓦爾許尼（Ashutosh Varshney）寫過，「無論經濟平等是否惡化，但社會不平等絕對緩和了，即使最低等的種姓達利特也是。這是重大的成就。」但是對於達利特和其他窮困的種姓階層得到的經濟利益上的疑問，在政治人物擴大他們的議題之前，是沒辦法消除的。德里的賈瓦哈爾拉爾尼赫魯大學（Jawaharlal Nehru University）政治系教授佐雅・哈珊（Zoya Hasan）的說法一點沒錯，她寫道：「……北印度的近代歷史，特別是北方邦的近代史顯示，要將集團的力量變成真正有力量的政黨，一定要超越種姓。」

儘管奈塔和巴布一直阻礙改變和進步，印度自獨立以來還是持續在前進。事實上，證據顯示印度終於有在加速，就如我們在前言中所說的。印度的實力正逐漸顯露。即使在奈塔—巴布政權的阻撓下，還是可以創下全球有數的高成長率，想想看若是沒有這些絆腳石，印度將會增長得多快。如果印度有的地區可以在健康和教育方面達成可敬的指標，想想看如果落後的邦掙脫奈塔—巴布政權那特別惡劣的形式之後，整個印度的數據看起來會是怎麼樣。可是誰能去做幫貓繫上鈴鐺的老鼠呢？

到目前為止，在菁英中有許多抱怨的聲音，但是沒有跡象顯示他們或中產階級想要揭竿起義。我有一次聽到阿魯娜・羅伊主張，那是因為他們有關係和金錢扭曲目前的體系來迎合他們，所以他們不會鬧革命。但並不總是這樣。古加拉特人以他們的生意上的精明聞名，他們的邦也是印度增長最快速的邦之一；該邦的工業生產每七年就增加一倍。這些古加拉特人目前正在計算暴力事件所造成的高達數百萬英鎊的傷害，並為該邦是理想投資好地點的美名受到打擊而懊悔。阿魯娜相信這些受到奈塔—巴布政權壓迫的人會逐漸破壞這個政權。她的資訊自由抗爭活動的成功，支持了這個論點。

即使賈納瓦德村的公聽會也帶來某些改變。在發現村委會宣稱完工的一百四十一項工程中，真正妥善完成的只有二十一項以後，邦政府設立了一個委員會，要求向當地官員收回被盜用的七百萬盧比。公聽會也讓政府下令當地公共工程的計畫書不再用難懂的技術性英語書寫，改以簡單的印地語書寫，讓村民了解並質詢。

但是我們相信改變會以更加印度的方式進行。奈塔—巴布政權會慢慢消失。環境會迫使政治人物和官僚交出越來越多的權力，並且去執行那些在公眾利益，而非個人利益下他們可以保留的權力。九〇年代初期的經濟開放是因為政府面臨破產在即而被迫實施的，而這次的開放的確讓政府減少對經濟的掌控。全球化、國際性競爭、世界貿易組織等，都迫使奈塔和巴布交出更多手中的經濟權力。電腦化的運用，導致官員濫用權力來保留檔案、破壞檔案、隱匿資料、延後交付法官等做法更為困難。政治人物現在都太清楚所謂的「反職權因素」——選民會因為政黨沒有做到該做的事而讓他們下台。這終於讓政治家發現，種姓和教義都已經不夠用，他們必須要有績效，而沒有更好施政就不會有績效。錢德拉巴布．奈伊度並不是唯一專注在施政效率上的首長，特別是在轉移權力和官僚權力分散方面。奈塔和巴布也必須更小心。越高級的法院，特別是最高法院一直在注意他們，甚至會干預施政。以德里為例，現在污染情況有所改善，因為最高法院命令政府用瓦斯代替柴油來驅動市公車。自由媒體是另外一個監管單位，而公民社會也一直在給予壓力。但如果那些聽到選民說期望有更好施政效率的政治人物，能夠拿掉牽制印度的羈絆，而非慢慢、意興闌珊地放開，豈非更好？他們可以藉由聽從國家人權委員會的忠告和改革警察做起。從這裡他們可以著手改革文官體系和法律體系。但是這表示會失去目前體系的利益，而奈塔和巴布都不會自願交出去。

印度通常和笨重的大象相提並論：無法阻擋，但是走到哪裡都很慢。有個學派的想法是，這也不錯，緩慢和穩定終將會贏得比賽，所以印度千萬不要急著一頭栽進資本主義和消費主義，而摧毀了固有文化。但肯定的是，這並不表示大象應該被奈塔和巴布政權的鎖鏈綑綁吧？殖民地過往的那些破敗機構只會丟印度文化的臉，並不能保護文化。至於印度緩慢進步乃是民主代價的說法，政治學者薩伊蘭德拉·沙爾瑪（Sailendra Sharm）已經指出，民主不應該等於現狀。他說過：「對印度和許多新興或轉型中的民主國家來說，訊息很清楚：建立與復興國家的行政和機構性能力，是解決經濟挑戰的根本之道。」對印度人來說，這表示瓦解奈塔─巴布統治，這樣才能發揮印度那驚人的潛力。

【注釋：】

❶猶大（Judas）和布魯特斯（Brutus）：兩個人皆為西方史上有名的叛徒，猶大背叛耶穌，布魯特斯背叛凱撒。

❷印度教徒主義（Hindutva）：將印度教與政治結合的主義。

國家圖書館出版品預行編目資料

印度慢吞吞／馬克・涂立（Mark Tully），吉莉安・萊特（Gillian Wright）著；鄭家瑾譯 .-- 初版 .-- 臺北市：馬可孛羅文化出版：城邦文化發行，2004〔民93〕

面；　　公分 .--（當代名家旅行文學；90）

譯自：India in Slow Motion

ISBN 986-7890-76-0（平裝）

1.印度—社會生活與風俗　2.印度—政治與政府

737.19　　　　93006617

【當代名家旅行文學】90

印度慢吞吞
India in Slow Motion

作　　者／ 馬克・涂立（Mark Tully）、吉莉安・萊特（Gillian Wright）
譯　　者／ 鄭家瑾
策　　劃／ 詹宏志
責任編輯／ 黃美娟
封面設計／ 王小美

發 行 人／ 涂玉雲
出　　版／ 馬可孛羅文化
E-mail：marcopub@cite.com.tw
台北市信義路二段213號11樓
電話：(02)2356-0933
發　　行／ 城邦文化事業股份有限公司
台北市民生東路二段141號2樓
電話：(02)2500-0888　傳眞：(02)2500-1938
郵撥帳號／ 1896600-4 城邦文化事業股份有限公司
http://www.cite.com.tw
E-mail：service@cite.com.tw
香港發行所／城邦（香港）出版集團有限公司
香港北角英皇道310號雲華大廈4/F，504室
E-mail：citehk@hknet.com
馬新發行所／城邦（馬新）出版集團
Cite (M) Sdn. Bhd. (458372 U)
11, Jalan 30D/146, Desa Tasik, Sungai Besi,
57000 Kuala Lumpur, Malaysia.
電話：603-9056 3833　傳眞：603-9056 2833
E-mail：citekl@cite.com.tw
排版印刷／ 中原造像股份有限公司
初　　版／ 2004年5月12日
定　　價／ 360元

This Edition arranged with Rogers, Coleridge and White Ltd.
Through Big Apple Tuttle-Mori Agency, Inc.,
A Division of Cathay Cultural Technology Hyperlinks.

ISBN：986-7890-76-0　　（英文版ISBN：0-670-88558-4）